典当·拍卖教材丛书

举案说收藏

——收藏案例评析

李 沙 著

學苑出版社

图书在版编目(CIP)数据

举案说收藏/李沙著. --北京:学苑出版社,
2012.1

ISBN 978-7-5077-3927-5

Ⅰ.①举… Ⅱ.①李… Ⅲ.①收藏—基本知识 Ⅳ.
①G894

中国版本图书馆 CIP 数据核字(2011)第 268506 号

责任编辑:张 翔
责任校对:袁大维
封面设计:周 毅
出版发行:学苑出版社
社 址:北京市丰台区南方庄 2 号院 1 号楼
邮政编码:100079
网 址:www.book001.com
电子信箱:xueyuan@public.bta.net.cn
销售电话:010-67675512、67678944、67601101(邮购)
经 销:新华书店
印 刷 厂:北京市广内印刷厂
开本尺寸:250×170 1/16
印 张:13.5
字 数:200 千字
印 数: 3000 册
版 次:2012 年 2 月第 1 版
印 次:2012 年 2 月第 1 次印刷
定 价:42.00 元

前　言

收藏具有双重性，它既是文化现象又是经济现象，本质上属于文化产业，尤其是它与社会发展的繁荣程度密切相关，故千百年来向有“乱世黄金，盛世收藏”之说。

收藏同时又是一个高利高风险行业，一方面孕育着无限商机，另一方面又存在着巨大风险，本书从不同角度所选录的近180个典型案例，就充分说明了这一点。

书中的案例都是近年来在收藏实践中发生的，既有经营案例，又有司法案例；既有国内案例，又有国外案例。总之，形形色色的收藏案例涉及到收藏行业的方方面面，诸如书画收藏、瓷器收藏、珠宝收藏和邮品钱币收藏等，五花八门，包罗万象。有些案例是收藏者决策失误所致，有些案例是收藏者技能欠缺所致，有些案例是收藏企业或中介机构违规经营所致，有些案例则是犯罪分子手段狡猾所致，各种案例令人眼花缭乱，触目惊心，但仔细品读之后，都会给人以启迪，促人以警醒。

本书是国内第一部关于收藏案例的著作，书中不仅分门别类地精选了多种案例，而且运用各方面的法规、知识和经验，对每一个案例都进行了比较深刻和准确的评析。因此，对于广大收藏者来说，阅读本书可以做到学有参照，吸取教训，提高素质，有效防范收藏风险；而对于广大收藏企业或中介机构从业者来说，阅读本书则可以做到举一反三，总结经验，修身自好，加强法律道德意识，真正实现公平交易合法经营。

本书的特点是贴近生活，反映实践，集知识性、法律性、可操作性于一身，因而是收藏交易双方及相关人员有用的工具书。衷心希望本书的出版，能为我国收藏事业的繁荣发展做出应有的贡献。

李 沙

目 录

一、书画类

二、瓷器类

三、珠宝类

四、邮票类

五、钱币类

六、杂项类

一、书画类

1.90 万元买画的纠纷

为得到2000万元的银行贷款，一家公司以90万元从中间人黎某手里买得一幅据称是郑板桥真迹的画作，价款作为“介绍费”。可是画买到手，贷款却没有下文，中间人最后用了一张假汇票搪塞，这家公司随即报案。因该画作被不同鉴定机构鉴定，结论一真一假，因此案情变得扑朔迷离。前不久，广州中院一审认为控方指控黎某诈骗罪证据不足，判决黎某无罪，并当庭释放。

黎某是广州人，中专文化，案发前是他以私人名义注册成立的广州某贸易公司法定代表人。

据广州市检察院指控，2008年1月，黎某隐瞒自己已从广州市财政局辞职的情况，以帮助珠海市某集团公司办理银行贷款为借口，用自己公司的名义，要求该集团公司以人民币90万元的价格购买他拥有的郑板桥名画《园林小景图》作为贷款的“介绍费”。

控方还称，同时，为了取得集团公司信任，黎某还将其朋友以广东省财政厅处长的身份介绍给该公司。2008年8月，黎某收取该公司付给的“介绍费”90万元后却无法履行合同条约，遂虚构事实，将一份篡改过的人民币2000万元的假银行汇票传真给该公司搪塞。

据此，检察机关认为黎某虚构事实诈骗他人钱财，数额巨大，构成诈骗罪，诉至广州中院。

贷款前集团公司曾以高价买下的黎某的一幅板桥名画的真伪，成了认定他是否构成诈骗的焦点。

为证实黎某“以提供贷款为名与集团公司洽谈——以支付‘介绍费’为名要求对方购其赝品——赝品高价售出无法为人落实贷款——传真假汇票搪塞”的诈骗过程，庭审中，控方提供给法庭两份截然相反的鉴定意见。一份是当年黎某提供给集团公司的、由中国书画家研究会做出的鉴定结论:此图是郑板桥真迹;一份是广州市公安局委托广东省文物鉴定委员会做的鉴定,认为此画不是郑板桥真迹,为清中期仿品,估价为5000~6000元人民币。

但是,黎某当庭否认自己诈骗。他的辩护律师——广东某律师事务所宋律师提出,控方没有确凿的证据证实涉案的《园林小景图》是赝品,更没有证据证实黎某在卖画时明知画是赝品、不值钱。宋提出,没有这些证据,便可认为黎某一直以为画是真迹,值90万元,将画卖给对方;集团公司也是心甘情愿付这90万元,双方是等价交换。

合议庭经过审理后,认定控方证据不足,判决被告无罪,并当庭予以释放。

尽管案发后,广东省文物鉴定委员会受侦察机关广州市公安局委托,出具鉴定意见证实此画并非郑板桥真迹,而是"清中期仿品",但是,法院指出,从证人证言和黎某的供述看,黎某手里的郑板桥名画是从他人购得,并且当时卖方提供了由中国书画家研究会鉴定小组成员戴某出具的鉴定结论,这份结论认为该画是郑板桥真迹,该研究会对此鉴定也予以备案。

所以,本案合议庭认为,既然目前控方无证据证实黎某在交易当时明知该画是赝品,更无证据证实他与书画鉴定有不正当交易,所以,这桩"诈骗案"没有证据证实黎某当时明知《园林小景图》是赝品还出售给集团公司。

合议庭还指出,黎某和集团公司就书画买卖达成了协议,该公司愿出90万元买郑板桥名画,买卖并不违背其意愿,并且也没有证据证明书画的买卖与贷款的成败有必然联系,因此,难以认定黎某以提供贷款为名,非法占有集团公司90万元。所以,法院认为控方指控黎某诈骗罪证据不足,黎某罪名不成立。

评析:本案中的黎某具有明显的诈骗嫌疑,然而集团公司却苦于没有过硬的证据将其绳之于法。后者的麻烦就在于那张《园林小景图》真伪难辨,这恰恰是中国书画缺乏客观鉴定方法的又一突出表现。

于是,既然无法证明黎某知假卖假,那么集团公司便是愿打愿挨,所以法院也只能判黎某无罪。

需要吸取的教训是:当有人以任何借口让你买他手中的中国书画时,切记不要让陷阱把你给骗了。

2. 买到假画后的烦恼

C女士是京城一家艺术品公司的老总,也是一位中国书画收藏爱好者。2009年8月初,C女士通过熟人介绍认识了一位在国家级群众团体工作的Y主任。Y主任告诉C女士,她所在部门的上级单位收藏有很多中国画大师的作品,单位领导想把其中一些作品出售，销售所得给单位做经营费用，指派她们部门具体承办。同时表示，保证这些画作全是真品，可以开具证明，并承诺如果发现画作有假，可以随时办理退货还款。

有熟人的关系，有信誉度极高的国家级单位的招牌，还有 Y 主任信誓旦旦的承诺，所有的一切不由得 C 女士不信。于是，C 女士在 8 月 4 日来到 Y 主任的办公室，买走了黄胄先生的两幅作品《九驴图》和《欢乐草原转场图》，为此 C 女士花了 34 万元。8 月 18 日，C 女士再次登门，又在 Y 主任的办公室里，花 10 万元买了齐白石的一幅《紫藤蜜蜂》，花 4 万元买了黄胄的一幅《群驴图》，花 2.5 万元买了黎雄才的两幅山水《黄山苍松图》和《黄山清凉台》，还花 2.5 万元买了一幅黄宾虹的《山水》，这次 C 女士一共花了 19 万元。两次花了 53 万元买了 4 位国画大师的 7 幅画作的 C 女士虽然满心欢喜，但仍未满足，8 月 25 日，她又来到 Y 主任的办公室，花了 5.5 万元买了刘继卣的一幅《兔子》，花 1.2 万元买了胡爽庵的一幅《虎》。

先后总共花了 59.7 万元，买了 6 位著名画家的 9 幅作品的 C 女士虽然满心欢喜，但是对购买的画作真伪还是有些担心，于是，她又托朋友请中国嘉德、北京翰海拍卖公司及黄胄艺术馆对所购画作进行鉴定。鉴定结果让 C 女士大吃一惊，9 幅画作全部为赝品！这样的结果是 C 女士做梦也没有想到的，让她无法接受。于是，C 女士多次找到 Y 主任，要求其遵守承诺，收回 9 幅假画，返还全部画款。这时的 Y 主任态度完全改变了，不再像以前那样和蔼亲切，诚实可信，既不承认 3 个单位的鉴定结果，也拒绝收回假画返还画款。万般无奈的情况下，C 女士于 2010 年 5 月 3 日向北京市某区人民法院提起诉讼。

2010 年 10 月，北京首都博物馆中润文物鉴定中心接受该法院的委托，根据该中心文物艺术品鉴定管理办法及有关规定，本着独立、公正、客观、科学的原则，按照文物艺术品鉴定评估的一般公认办法，由该中心鉴定专家对 C 女士 2009 年 8 月间 3 次购买的 9 幅绘画作品，按照必要的程序和规定进行研究考证后，做出了《中国书画鉴定报告书》。

北京首都博物馆中润文物鉴定中心在中国嘉德、北京翰海拍卖公司和黄胄艺术馆的鉴定基础上重新复议，对 C 女士送鉴的黄胄的《九驴图》、《欢乐草原转场图》、《群驴图》，齐白石的《紫藤蜜蜂》，黄宾虹的《山水》，黎雄才的《黄山苍松图》和《黄山清凉台》，刘继卣的《兔子》，胡爽庵的《虎》，同以上 6 位著名画家同时期所作真迹的笔法、款识、印鉴以及纸墨等进行认真比较，反复分析考证，认为这 9 幅画作的笔法、款识、印鉴以及纸墨与真品出入较大，9 幅画的用笔呆板、软弱，所有墨色混浊、层次不分明，款识书法功力低劣，印章为仿刻。根据以上的综合分析,该中心认为送鉴的9幅画作均为现代仿品(赝品)。

评析:投入巨资却买来9幅假画,谁遇到这种事都会十分郁闷。更令人气愤的是,销售假画的人还态度蛮横,拒不退款。

此案让我们看到,知假卖假的骗子往往准备了一套花言巧语,让你防不胜防。因此,轻信是收藏的一个大忌。要想不上当,只能百倍提高警惕,尤其不能相信“朋友的朋友”,无数事实证明,这样的“朋友”十有八九是地地道道的骗子。

3.买9万元书画可当经理

姚女士将北京某书画研究所告上法庭,因为她应对方要求购买6万元书画后,所任主任职位有名无实,卖不出所购书画还拿不到工资。

姚女士到法院诉称,2009年11月21日,她在月坛招聘场发现该书画研究所招人,便前往应聘。事情顺利得有点出乎她的意料,她毫不费劲地通过了面试,接着是3天培训,主要讲解书画研究所的展望与未来、收藏意义、中国画的基础知识等等。培训结束后所里提出,想入职的人必须有业绩。听完这句话后,姚女士有些发蒙,工作还没有展开何来业绩?也许这是意料中的事,所里当即给出“答案”:买他们书画就能增加业绩,买3万元书画可转为正式员工,月薪600元;买6万元书画可直升为主任,月薪2400元;买9万元书画可当经理,月薪4000元,另有提成奖金。他们同时声明,花钱不同会员级别也不同。

姚女士见有书画公证书、合同书、收藏证书,而且合同中明确载明,两年后退还本金,遂出6万元“买了”主任级别的职位。但买完画不久,姚女士发现情况有变,所谓的主任职位只是一个空职位,工资是效益工资,也就是说,如果所买书画卖不出去,就拿不到工资。姚女士觉得被骗了,好在合同中有“合同期满可退还本金”条款,姚女士只好坐等合同期满。然而,2010年11月合同期满后,对方借口生意不好,不退钱了,姚女士便一纸诉状将对方告上了法院。

评析:以购买书画作为招聘条件,实属闻所未闻,可见这家书画研究所的真实目的就是推销假画。

然而警惕性不高的姚女士,一是过于热衷取得较高“职位”,二是对所谓“书画公证书”之类过于轻信,因而花费巨款自寻烦恼,到头来还有可能无法胜诉。它告诉我们,凡是面对推销书画或者其他艺术品的,无论是个人也好还是单位也罢,大家都应当留个心眼,以免上当受骗。

4. 书画拍卖假得繁盛荒唐

2009年夏，书画拍卖格外火热，仅大规模的拍卖活动就多达几十场。众多书画爱好者奔走上海、北京等地，竞相举牌，总数逾千万元的成交金额，让不少拍卖行眉开眼笑。

然而，在书画拍卖“热火朝天”的背后，却是异声四起：“到处都是张大千、齐白石，哪有这么多的名家书画？”“徐悲鸿的马、郑板桥的竹，拍出不超过千元的低价，不是假画又是什么！”不久，在由文化部艺术服务中心等单位主办的首届中国书画产业论坛上，书画之“假”又成了众矢之的。

一面是繁荣，一面是虚假，书画拍卖中的这一反常现象，令人深思。

在收藏界，假画泛滥于拍卖活动，已是一个公开的秘密。市场上究竟有多少赝品？因无法作确切统计，众说纷纭。有的说多达90%，有说超过一半，有说占1/3。但众口一辞的是，大拍卖行真货稍多，小拍卖行信誉较差，一些中小型拍卖会，几乎没有一张真品，“满眼皆假”。

假画从何而来？有关人士透露，在不少地方，已经形成了从绘画、题款到裱贴的“一条龙”。制假、做旧手段不少，最常见的是“套棺材”——搜集不知名的破画进行剪裁，配以旧的绫子、绢子、轴干装裱好，使其受潮、变旧，甚至蛀虫。不少人临摹名人作品，装裱好，把书画放在点柴火或烟煤的厨房里熏，效果逼真。此外，用烟灰和烟油涂抹新画，放进专门的烘烤房里，经过高温和化学药剂处理，也能乱真。

与此同时，贪利者陆续开发新手段，让假画生产更上了一个“层次”。有的参照图录，把印鉴做成照相版，连专家都难以辨别；有的翻拍原作，放置在玻璃板上直接勾描，“既快又好”。有的一边制作假画，一边伪造港澳地区出版的画册，以“证明”该画的出处，引诱书画爱好者上钩。

假书画骗不了行家，骗子瞄准的就是那些刚入门、不识货的新买家。近年来，随着生活水平的提高，不少市民萌生了这样的念头：何不买几张名人书画，在家里挂挂可以添风雅，做礼物送人更加不俗。百姓对精神文化产品日益增长的需求，为造假者提供了市场空间。不少市民刚开始走入拍卖会，就遭遇了骗局，在旅游公司任职的林某就是其中之一。

2010年,杭州举行了一次书画拍卖会。林先生看介绍,见其中有一幅《清气乾坤图》,作者为岭南派名家陈树人。林某心想,这是全国性大规模拍卖会,不大可能会有赝品,便没有好好参观预展会仔细看画。竞拍时,林某频频举牌,终以1.35万元夺标。

然而,画拿到手上,林先生越看越不对劲:画中一株沉甸甸的葡萄,不往下坠,反而冲天生长,葡萄藤则是上细下粗,就连一瓣瓣叶子也是向上张开。不仅不符常识,构图、笔法都非常稚嫩,毫无美感。再瞧落款,"二十三年之夏"表明是1934年的画作,但这几个字吃墨不深,模仿痕迹很深,明显是后来添上去的。

画送到浙江省收藏协会书画委员会,很快得出结论:赝品。这幅"冲天葡萄",是割裁旧画,添上款,想出个"清气乾坤"的名字挂上,和陈树人没有丝毫瓜葛。

一万多元买了一张"荒诞画",林某上诉法院,结果却以败诉收场。业内人士透露,近年来,这样的假画官司并不少见,绝大多数的买家都打不赢,最主要原因是,拍卖公司有《拍卖法》第六十一条"护身"。

《拍卖法》第六十一条规定,拍卖人、委托人在拍卖前声明不能保证拍卖标的的真伪或者品质的,不承担瑕疵担保责任。也就是说,即使原告拍得的画是赝品,只要拍卖行不是知情而故意隐瞒,就可免责。在《清气乾坤图》一案中,拍卖公司出示了拍卖图册。在一篇洋洋洒洒共57条、印得密密麻麻的《拍卖规则》中,"不能保证拍卖标的的真伪或品质"的字样确实在其中。

《拍卖法》这一规定,在法律界人士中也引来了众多质疑:无论画作是真还是伪,也无论买家在竞拍时是否知道作品是假的,只要一个愿买一个愿卖,成交后便可概不认账,这样的保证条款为拍卖行逃脱责任留下了漏洞,导致了一些拍卖行有胆量进行赝品拍卖,有的拍卖行甚至可以自己组织人制作假画,拿来拍卖。前有高额利润刺激,后有法律漏洞可钻,假画泛滥也就成了自然而然的事。

评析:有些人总是天真地认为,在拍卖会上竞买书画等艺术品应该十拿九稳,正如本案中的林先生那样。

然而他们想错了,事实上,如今的许多拍卖企业根本没有信用,同时也缺少起码的职业道德,往往以假充真,在拍卖会上兜售赝品。

另外,《拍卖法》中的第六十一条第二款仅对拍卖企业有利,即只要在拍卖前声明不能保证拍卖标的的真伪或者品质,则不承担瑕疵担保责任。所以,有些艺术品拍卖会已经沦为假货市场,而《拍卖法》中的那则"条款"也成为拍卖行知假卖假的护身符。

5. 知名书画家遭遇诈骗

2010年7月23日，笔者在贵阳警备司令部纠察连看到了被抓获的假冒军人的吴志华、吴胜华和吴贵兴3人。3人称是江西进贤县文港镇人，初中文化。就是这3个人，归案之前半个月时间，以丁青春、胡诚、陈玉辉、李之华等名，打着某部队首长要画，让书画家支持部队工作的旗号，坑蒙诈骗贵州省知名书画家杨某、戴某等书画作品达160多幅，总价值在50万元以上，而行骗的手法却基本相似。

据以上书画家介绍，此伙假冒军人自称为由福建迁至贵州，现驻扎在贵阳西郊，首长是军旅画家，特别喜欢书画（还有一说是部队需要一批书法作品做礼品希望书画家支持）。假冒军人所施伎俩均是以一套家庭影院音响赠送，由于怕对方引起怀疑，在没有军车运送的情况下全部采取打的士送至家中，谎称部队的车子在来的路上被他人的车撞坏了，现在和交警处理交通事故，委托其他同志来送音响后拿走书画。

省国画院一级画家鲁某是这次遭骗作品最少的一位。据鲁回忆，7月上旬一天，突然接到一个电话：声称部队新调防，需要大批画，他们部队有两套“家庭影院”，部队留了一套送他一套，先送他们14张画。另要鲁个人账号，他们还要40幅作品，然后给其账号打入25万元。翌日，天下着雨，电话告之说车遇到交通事故，叫一位小战士先将音响送到家，但音箱上没有一点雨淋痕迹。鲁见“小战士”没戴军衔，便问他是否有证明，他说外出都不带证明，鲁便请他把音响拉回去。于是，这位“小战士”就给“金处长”打电话，对方口气很大，还责怪鲁不领情。几番轮回，从要14张减到几张。最后鲁答应给“首长”一幅画，打发他们走，音响还是叫拉回去。事后，他托市公安局的一个军区干部子女打听有否某部队，回话是否定的。

一二天之后，画家黄某来电话问鲁是否知道此事，鲁告诉他说是骗子。

省文联书协一级书画家张某则是此次遭骗最多的一位。张从过军，见名叫“陈玉辉”的助理员身着军装但无军衔，便询问。陈说他是一杠两花副连，张又问政委是什么军衔？他说两杠四花，李之华处长也是两杠两花，才把四尺对开75张、四尺对开斗方25张书法作品交给了“陈玉辉”。第二天“李之华”打电话说作品尺寸小了，又提出要25张横幅换25张四尺整张，还说“政委”19日从北京回来后与他一起来看望并带回应退的作品。等到19日又说还在广西北海搞训练，再拨手机才知是本地手机（用座机打），才清楚是一场骗局。

评析：现如今的诈骗手法堪称花样翻新，登峰造极，3个初中文化的人就敢假冒部队首长的名义向书画家行骗,而且屡屡成功,说明不少善良人缺乏应有的警惕性。

本案的张某可谓受害最大,损失惨重,他仅凭来人对军衔与军职的关系对答如流、毫无破绽,就轻而易举地被人骗走100幅书法作品,教训极其深刻。它表明,对于前来索要书画的陌生人,无论他打着什么旗号,装扮成什么角色,善良人都不可掉以轻心,这样才能确保万无一失。

6. 受害人设计"钓"出骗子

买"名家书画"被骗一万余元,一位退休干部前不久设计将骗子"钓"到警察手中。

某市退休干部尚某收藏书画多年。2010年下半年,他十余次接到一陌生人的电话。对方自称张某,在农村发现一位八旬老农收藏有许多名人书画,老人去世后,家人想卖掉这批书画。

2011年3月10日,尚某终于被说动了心,来人与"张某"见面,花1.1万元从"张某"手中买下3幅"清朝名人书画"。3月16日,他又花2600元从"张伟明"手中买下当代名家汤文选的"虎图",另一幅"郭沫若的字"因觉不像真迹,没有成交。

既然"郭沫若的字"可能有假,"汤氏虎"就不能假?回家后,尚某疑窦丛生,用纸擦拭"苏六朋"的仕女图,发现颜料一擦就掉。他又请行家鉴定,买来的4幅"名家书画",全是赝品。

其后,尚某再次接到"张某"的电话,于是将计就计,答应在一旅社"看货",随后向警方报警。

某日上午11时,派出所民警陪同尚某去"看货",将"张某"及其同伙抓获。经审查,两名嫌疑人系某市农民,他们在文物市场打听到尚某的住宅电话后,精心设计了这一骗局。

评析:禁不住陌生人的游说,就花一万多元买下其推销的假画,说明现在的一些收藏爱好者存在着"饥渴"心理和侥幸心理。他们太想获得名家作品了,又希望能"捡漏",于是很容易成为骗子的猎物。

好在本案中的受害人最终协助警方抓住了骗子,否则又是一场难以摆脱的骗局。

7. 书画诈骗蒙住画廊老板

开画廊的刘老板对自己的鉴别力从不怀疑,但这次却被几个只有小学文化、根本搞不清吴山明到底是怎么回事的农民,在吴山明的画上给骗了。

一天,在某派出所,他还百思不得其解地说:“你看看,这随心所欲的线条、色块和水渍斑斑的肌理,这虚实之间的留白,这墨韵、墨趣……怎么看都是吴山明作品啊。”

前几天,刘老板的画廊突然来了个不速之客,这个男人30多岁,瘦瘦的,脸削尖,身着一身黑色唐装,头发梳得精光,看上去气宇不凡。“我是安徽红星宣纸厂的,我给你送些宣纸来。”刘老板正缺宣纸,便和他聊起天。此人自称姓张,称经常出入杭州吴山明等书画大师家送宣纸,所以一些书画大师送了些随兴而作的作品。

“这是吴山明大师的画作。”当此人展开大师墨宝时,刘老板的眼睛直了,他梦想着能遇到大师的作品,这可以卖出高价。刘老板学过画,还是相关专业的研究生,用“火眼金睛”鉴别后,最后以1.2万元成交。隔了几天,又有人上门,称是上次那个朋友介绍的,刘老板从其手中又以4500元的价格买下另一幅“吴大师”的佳作。

后来,刘老板想想不踏实,找行家鉴别了一下,想不到行家说是假的。可是,那两人的电话已打不通。

不料,两天后,画廊里又来了一个自称宣纸厂的人。刘老板拉住对方衣襟,要对方还钱。对方说那两人在望江门,刘老板赶过去正好看到。

“抓人啊!”刘老板急喊。那几个男人撒腿就跑,正巧被巡逻至此的派出所民警撞个正着。民警顺藤摸瓜,在海潮路一家旅馆内当场抓获涉嫌的14名犯罪嫌疑人,缴获了50多幅书画赝品,大部分为模仿吴山明和沈立新作品。

这伙涉嫌诈骗的人来自江西进贤县,年龄均在三四十岁,只有小学文化。他们说,他们根本搞不懂吴山明到底是什么风格。

不过,骗局是经过精心策划的,他们在衣着上下过一番功夫,多选择西装、中山装、唐装等比较斯文的打扮,在谈吐上也进行设计,还买了几本大师的作品集,作为诈骗道具。这些书画都是假的,模仿程度高,多是他们出钱找有相当绘画基础的人模仿的,一般人很难鉴别。

评析:开画廊的刘老板自以为学过画,又是研究生就放松了应有的警惕。殊不知“山外有山,天外有天”,尽管对手仅有小学文化程度,但他还是轻而易举地被其诈骗成功。

本案表明,当今书画收藏市场鱼龙混杂,没有过硬的功力,要想在高仿与真迹之间炼就火眼金睛谈何容易。进一步说,某大师的作品突然有许多人都声称“拥有”且售价便宜,那十有八九准是假货,因为不符合常理,过于离奇。

8.《池塘》假画出售者喊冤

“我这幅画也是从别人手里买来的,我也是受害者。”在吴冠中亲自证实《池塘》为伪作之后,假画案的委托人、某艺术中心老板萧某这样说。一天下午,萧在约见笔者采访时称:“既然买画人已经起诉到法院,那就走司法程序吧。”而购画者苏某聘请的诉讼代理人、上海某律师则表示:“北京市第一中级人民法院已经受理此案,我将于今天去交2.7万元的诉讼费。”

萧某称,2010年9月,自己从江苏的云达画廊老板张某那里以120万元的价格买下了《池塘》,在核查这幅画的真假时,张拿来了安徽人民美术出版社1984年出版的著录,著录上显示这幅画为吴冠中所作。但是,自己没有核查著录的真假。10月,自己的朋友、北京翰海公司油画部主管经理李某建议他将此画出售,最终以230万元的价格拍卖成交。

萧特意强调:“我买画、卖画都是用的私人名义,和公司没有关系。另外,我也没有让李某说退还120万元,只是说要有证据证明这幅画是假的。”他还告诉了笔者张某的电话。

张某称,公司以前的名称叫作江苏云达艺术家画廊,2004年改名为鼎英画廊。2005年,自己从一个新加坡人薛先生那里购得此画,后来拿着画到北京卖给了萧某。“一年多以前,萧先生告诉我,买画人说这幅画有问题,让我找到原来的卖主。我们找到现在,也没有找到,我估计这个人是用假身份来行骗。”

购画者苏某表示,李某当时确实在电话中说,她代画廊老板萧某传话,意思是这幅画萧某也不要了,愿意退给她120万元,另外133万元将由北京翰海公司在未来一至两年内以帮助苏某卖画的方式从拍卖佣金中扣除,但自己没有同意。“我当时反问她,‘要是买画的是你,你愿意吗’?”笔者拨通了李某的手机,但被呼叫转移。

评析:一幅画几经倒手,在拍卖会上以230万元成交另加10%的佣金,最后却被著名画家吴冠中认定为赝品,演变成一场官司,这已是书画收藏界司空见惯的例子,一点也不新鲜了。

不过值得关注的是,画家本人对自己的作品所做的鉴定就一定可靠吗?署名某画家的作品,在辨别其真伪时,难道该画家不应该回避吗?事实上,诸如此类的问题,目前在我国还很难寻求到客观公正的解答,这也正是本案带给人们的最大看点。

9. 老人被骗走55幅画

75岁的迟大爷,是一位书画收藏爱好者,用他的话说攒了一辈子,所有的积蓄都押在这上了,这些画可是他的命根子,然而突然有一天这些画却不翼而飞了,难道迟大爷遇上了强盗吗?

迟大爷说,他从小就喜爱收藏名画,攒了几十年才攒了这55张“宝贝”,迟大爷之所以把他收藏的画当宝贝看,是因为这些画都很贵重。

在迟大爷收藏的画中还有唐伯虎等诸多名家的真迹。可如今这些名画却变成了一页页单据,只有少数单据上标明了画的价钱,1万~2万元不等,多数单据上只是注明了画名与作家的名字,那么,迟大爷的画到底哪儿去了呢?

据迟大爷讲,2010年4月,他在一次拍卖会上认识了胡某。胡某听说迟大爷有很多名家的真迹,就想到迟大爷家开开眼界,迟大爷也没有多想就带着胡某来到了家里,可是迟大爷万万也没想到,他自己这次是引狼入室。

胡某把这些画一看就动心了,动心了就一个个签字,写一个搁一个写一个搁一个,看太多了他说都能卖,然后他就挂电话,来了一个吉普汽车都拉走了。

55张画被胡某骗了个精光,然而胡某却一分钱也没给迟大爷留下,只留下了迟大爷眼前的这些单据。一次拍卖会,两个陌生人相见,迟大爷怎么就会任由他人把这些宝贝带走呢?

迟大爷说,当时就相信他是搞拍卖的,心想他有名片,最后再找他,找他不就可以把这个一笔一笔办完了吗?结果再找就没有了。

仅凭一张名片,迟大爷就相信了胡某,迟大爷觉得自己当时真有些糊涂。

评析:55幅名画转眼间被人骗走,本案中的迟大爷的确是糊涂。

细想一下,糊涂后面还包括贪心。迟大爷认为对方是搞拍卖的,能够帮他高价卖画,果真如此当然就发财致富了,所以麻痹大意。然而事与原违,骗子是不讲什么良心的,拿走了迟大爷所有的藏画,却连一分钱也没给迟大爷留下。如此深刻的教训,相信每个人都应当吸取。

10. 糊涂收藏者买了5万元假画

得到专家的鉴定结论后,酷爱收藏书画的杭州人徐先生还有点不敢相信这个事实,他没想到自己先后花了5万多元买回来的“名画”竟都是赝品,他马上报了案。

2010年5月20日,杭州市某检察院依法以诈骗罪对3名卖给徐先生假画的嫌疑人提起公诉,让人没料到的是,3名骗子竟是一家人。

徐先生虽然喜欢收藏书画,但自知鉴别能力不够,因此经常找熟人交易。2009年6月,徐先生的朋友叫他去拿一幅某知名画家的山水画,因此认识了靠买卖古董书画谋生的李某,得知这幅山水画是李某提供的,便向其流露出自己也很想买这位画家作品的意思。李某答应帮他找找,两人互相留了电话便分开了。

10多天后,徐先生接到一个自称姓洪的陌生女子打来的电话,说自己以前和那位知名画家是同事,并说她这里有一幅画家送的牡丹图,因为女儿考上大学需要用钱,所以想把画卖掉,问徐先生想不想买。因为早就听说那位画家以前工作的地方,该陌生女子说的也没错,又加上非常喜爱那位画家的作品,所以徐毫不犹豫地买下了那幅画。当得知自称洪姓女子的同事的儿子那里也有这位画家的作品收藏,所以就托她帮忙联系收购,并答应给她介绍费。就这样,在短短的几个月里,徐先生先后花了5万多元从陌生女子及其“同事的儿子”手里买下8幅画。

当徐先生知道自己上当了,便去报警。很快,卖画的几个人都被抓住了。原来那个自称洪姓女子、“同事的儿子”以及李某其实是一家子,洪大姐也不姓洪,她其实姓华,“同事的儿子”就是她儿子,那几幅画是她丈夫李某从收藏品市场买来的赝品。

评析:短短几个月的时间,就能购来同一位知名画家的8幅画,这本身就存在很大的破绽,然而徐先生对此却毫不怀疑,可见缺乏应有的风险防范意识。

事实上,所谓知名画家的作品在普通公众手中应该是少之有少,故如果一两个人集中销售,难免其中有诈。这就再次提醒人们,书画收藏“水深火热”,稍有不慎必然上当受骗。

值得玩味的是,一家三口都涉及书画收藏诈骗实属罕见,说明当今社会想不劳而获、一夜暴富的人实在是大有人在。

11. 被疑卖假画拍卖行拒退保证金

因怀疑自己在拍卖会上拍来的名画是赝品,徐女士多次到拍卖公司讨要一万元保证金,却屡遭拒绝,气不过的徐女士一怒将拍卖公司告上法庭。

在法庭上,徐女士陈述道,2009年1月14日,北京某拍卖公司在保利大厦3层多功能厅举行拍卖会,徐女士付了一万元保证金,拿到了竞买号牌66号,拍到了275号拍品——吴冠中先生的作品《山水》。为避免自己拍来的名画是赝品，徐女士在《拍卖成交确认书》上写道：如果该画为赝品，公司应退还所付钱款，不收取任何费用，但是这一条款仍然没有保障徐女士购得真名画。事后，徐女士找到清华美院卢先生在网上对此画进行鉴定，卢先生用十分肯定的口吻告诉徐女士："虽然画得很像，但这是赝品。"据徐女士介绍，卢先生为吴冠中先生的学生，并同吴冠中先生合作过作品，对吴冠中先生作品的鉴定很有把握。此后，徐女士踏上了讨要保证金之路。该拍卖公司却答复称，不会退还保证金。"卖了假画还这样有理，他们还说我不懂拍卖的规矩。"

拍卖公司称，拍卖前所有拍品已经挂出展示，竞买人可以自行鉴别。而且在拍卖规则中，也已经写明拍卖公司不担保拍卖标的的真伪。

评析：本案的焦点又是《拍卖法》第六十一条第二款产生的问题，即拍卖行在拍卖前声明不保真伪则可免责，因此徐女士买到假画之后无能为力。

另外，知名画家的学生对自己老师的作品做出的鉴定结果未必有效，也未必被法院采信，所以徐女士很难胜诉。

再者，徐女士在《拍卖成交确认书》上写的那段话，属于徐女士的单方意思表示，对于拍卖行没有任何约束力，故她不但可能要不回来拍卖保证金，还可能因拒绝支付拍卖价款遭到拍卖行反诉。

12. 调包古书画负刑责

河南省固始县农民贾某平时爱好收藏古董，但因为自己是个门外汉，时常上当受骗。2009年5月，与贾某相识的固始县农民刘某与杨某合谋，谎称帮贾某鉴定几幅古书画，乘机将其中的古书画掉包。2010年6月19日，河南省固始县法院以盗窃罪判决被告人杨某有期徒刑2年，缓刑3年，并处罚金2万元。

固始县人贾某收藏有清代书法家秦树声（祖籍固始）的四条屏书法。由于贾某家境贫寒，遂打算将四条屏卖掉。但苦于不懂古书画行情，遂邀请相识不久的刘某找人鉴定并出售。刘某带着四条屏私下找人鉴定过，得知确是秦树声的真迹，便与被告人杨某合谋，欲将古书画据为已有。

2009年5月14日晚，被告人杨某伙同刘某，以帮助贾某前往广州销售古书画为由，将贾某骗出，乘其不备，用两卷报纸换下贾某用塑料袋包装的古书画。贾某于当晚在县城下车后发现画被盗，于次日一边找杨某索要，一边向公安机关报案。被告人得知后，怕追究责任，向110报告，古书画被迫退还被害人。

经河南省信阳市文物鉴定组评定，古书画为清代书法家秦树声真迹，系国家三级文物，市场参考价2万元。被告人畏罪潜逃，后于2010年4月22日到固始县公安局自首。

法院审理认为,被告人杨某以非法占有为目的,采取秘密手段盗窃他人古书画,其行为已构成盗窃罪。被告人于案发后主动报案,后自首,且赃物已退被害人,可从轻处罚。

评析:家境贫寒想卖画为生,但不懂鉴定与行情,于是引出一起盗窃案。对于受害人贾某来说,他原本应当去找国家有关机构咨询此事,然而他却误入那些街头骗子的怀抱,的确是个教训。

相比之下,本案中的刘某和杨某见财起意,采取掉包手法盗窃他人书画作品,已触犯刑律,理所当然要受到应有的处罚。

13. 几十万元拍得一堆疑似假画

人头攒动的古玩市场、如醉如痴的收藏爱好者、场面火爆的艺术品拍卖市场……在收藏界,有人想一夜暴富,有人想借机出名,也有人沉醉于收藏的乐趣,但无论何种目的,"风险",则是他们不得不面临和承受的"游戏规则"。然而,在正规拍卖会上购得假货,这是某市民间收藏家孙先生始料未及的。因为信任拍卖行,他花45万余元拍回了6幅疑似假画。

几个月前,孙先生在武进某中学原校长张某的介绍下,认识了自称是"上海某拍卖有限公司"工作人员的王某和蔡某,跟他们接触后,孙觉得两人为人还不错,便答应参加他们推荐的一个大型书画拍卖会。

2010年6月20日,"2010年首届书画拍卖会"在某花园酒店举行,王某和蔡某邀请孙先生参加,听说有好多名家作品参拍,孙先生参加"小玩"了一下,拍下了20多万元的书画作品。然而,让孙先生惊诧的是,就在他以8万元拍下刘海粟的《熊猫》图后不到一分钟,王某、蔡某和拍卖公司的董事长宣某就一起找到他,告诉他《熊猫》是假的,让他别买。孙先生以为拍卖公司反悔,说什么也不信,坚持把《熊猫》买了下来。此后几天,王俊等人几乎天天上门来"要画",并一再表明《熊猫》是赝品。孙私下找人鉴定,发现《熊猫》有假后,便将画退给了拍卖公司。而拍卖公司则很快将钱款退还,还又赠送了刘海粟和房师田的2幅仿作给他。

经历了这场风波之后,孙先生反而更加信任该公司了。

9月23日,上海该拍卖公司组织的第二场拍卖会如期举行,孙先生依旧是"座上宾",这次,他一口气拍下了50多万元的书画,其中有幅刘海粟的《一树独先天下春》,以30.8万元的价格被他拍下。

据孙先生说,拍卖会之前的几天,王某等人就先后3次约他去酒店观赏,并暗示,刘海粟这幅画是好东西,孙先生对此也很感兴趣。拍下9幅画后,孙先生把除了《一树独先天下春》以外的8幅画带回了家,并写了张借据给该公司,讲好请专家鉴定后再去取回。拍卖会结束后第三天,孙先生就兴冲冲地把拍下的价值20多万元的8幅书画拿到江苏省博物院去鉴定,可结果一下让他懵了,专家表示,8张画中有5张是假的,其中附有中国书画鉴定委员会某专家鉴定书的黄胄的《毛驴图》,竟然也是假的。打击之下,对于自己拍下的价值30多万元的那幅画,孙先生心情复杂地将拍卖公司提供的画录拿到刘海粟纪念馆去鉴定,专家意见很明确:画风与刘海粟的相差甚远。

得知自己花45万元买回了6张很可疑赝品,孙先生十分恼火,他和拍卖公司进行交涉。哪知,拍卖公司却因孙先生没有按时买下那张《一树独先天下春》,还扣了他1.5万元保证金。

评析:孙先生受拍卖行邀请,两次参加拍卖会,两次都买到假画,但两次的结果却不一样。

第一次,拍卖公司的人自己指认拍卖标的中的一件赝品,并且热情地帮助孙先生退款,于是骗取了他的信任。

第二次,对拍卖公司已产生好感的孙先生买到了6件赝品,此时拍卖公司就翻脸不认人,不但不退款,而且还没收了孙先生的拍卖保证金。

由此看来,这家拍卖公司每次拍卖实际上都含有假画,但为了"放长线钓大鱼",他们便向孙先生施以小恩小惠,从而达到诈骗孙先生更多钱财的目的。这家拍卖公司的卑鄙手段真是何其毒也,善良的人们必须加倍提高警惕。

14.徐悲鸿弟子名画被骗走

骗子冒充中国美术家协会向著名画家发邀请函,著名画家徐悲鸿的弟子杨某(1950年就读于北京中央美术学院绘画系,接受徐悲鸿亲自指导)接到邀请后寄去两幅价值数百万元的作品,随后便杳无音讯。

前不久,北京丰台警方宣布成功破获了著名画家徐悲鸿的弟子杨老先生被诈骗案,两幅被骗的价值数百万的画一并起获,嫌疑人吴某也被押解回京被刑事拘留。

"我父亲的两幅画应邀参加北京的画展,现在不见了踪影。"2010年11月21日,丰台警方接到一位中年妇女报案。经了解,这名女事主的父亲为知名的岭南派画家杨某,受父亲委托,她专程从广州赶到北京。同年7月初,杨老先生收到一封邀请函,上写9月20日在北京举办画展,届时将评选出优秀作品并颁发奖品证书。本次画展是由中国美术家协会主办,落款处盖着该协会的专用章,与会的评委栏里印着数十个国内当代知名画家的名字,显得非常正规。

杨老将自己的《恩师徐悲鸿》和《人体写生》两部作品按照邀请函上的地址寄给了北京南三环某商务楼,两天后杨老与对方联系,得到的答复是组委会已经收到了杨老所寄出的两幅画,并让杨老耐心等待。但直到10月下旬,杨老仍没有得到答复,此时邀请函上的电话已经关机。杨老打电话向中国美术家协会进行核实,对方称不久前确实在京主办过画展,可是从未采取过发函的方式。杨老立即委托女儿远赴北京,向丰台警方报案。

接报案后,丰台警方到中国美术家协会核实,证实杨老的确遭到了诈骗。随后侦查员来到位于南三环那家商务楼,发现这是个地下室招待所。

据招待所的工作人员反映,在六七月份曾有一名自称陈某操着江西口音的男子在这里住过。后来,该人退了房,临走时打听了一下招待所值班室的电话,并再三嘱咐,一旦有信或者包裹寄到他所曾租住的房间,无论收件人是谁,都要妥善保管。种种迹象表明,陈某有较大的作案嫌疑。

侦查员兵分两路,一路去广州,联系事主杨老,另一路奔赴江西寻找陈某的下落。侦查员了解到,两幅被骗的画都是杨老近几年的作品,业内人士估价画作价值百万余元。在江西南昌,侦查员于12月14日将正在寻找买主的嫌疑人抓获,起获了两幅被骗的画作。侦查员连夜赶往广州,经核实这两幅作品就是杨老的真迹。

经审讯,在外自称陈某的嫌疑人其实姓吴,在北京一直从事着卖毛笔的生意,其在推销毛笔时,通过上网查询了大量当前知名画家的住址电话等详细信息。然后吴某私刻了中国美术家协会的专用章,炮制出数份邀请函,上面所留下的地址就是自己位于南三环的地下室招待所,为避免事主产生怀疑,吴某特意将地下室写成负一层,然后印上自己的小灵通和手机号作为联系方式,随后就等着愿者上钩。

评析:仅凭盖有公章的邀请函,老画家就相信是中国美术馆在向自己征画,于是寄去价值数百万元的作品,这是毫无风险意识的典型表现,原本是不应该发生的事。

它表明,有些画家特别是老画家,太想参加画展了,尤其渴望参加类似中国美术馆这种国家级、高水准的画展,这也正是一些不法分子得以诈骗成功的原因之一。因此,当今社会人们一定要有交易风险意识,切勿上当受骗。

15. 市民玩画落圈套

近年来古董收藏越来越热,湖城很多市民纷纷试水“古玩界”,一些不法分子就趁机钻起了空子，如湖州一陆女士落入“香港古董老板”设下的骗局，被以“巨款求购徐悲鸿马图”为饵骗走了16万元。

2010年8月，陆女士接到以前做过古董生意的蔡某的电话，称有个香港老板托他买画，问陆女士有没有。陆女士说家里有，于是蔡某便赶到陆女士家里，看了画后说香港老板关某想买徐悲鸿的画，自己有个老乡张某刚好有画，但他不方便出面，就叫陆女士出面打电话问张某卖不卖画。

于是，陆女士就打电话给张某了。张某在电话里告诉陆女士，手上的画是徐悲鸿的马图，家里祖传的，开价40万元。蔡某跟陆女士讲，徐悲鸿的马图现在至少值100万元，可以把画买来再卖给“香港老板”，赚个差价。陆女士觉得可行，便让张才尽快把画送来。画送来后，经过“香港老板”关某和其手下李某的鉴定，关某表示愿意出96万元购买包括徐悲鸿马图在内的3幅画。陆女士认为有利可图，便立即打电话给张某，说要买画。经过讨价还价，最后张某同意以36万元的价格把“徐悲鸿马图”出售给陆女士。陆女士找朋友筹集了16万元现金支付给了张某，并出具了一张20万元的欠条。拿到画后，陆女士马上联系香港老板，但此时“香港老板”已不知去向，而手里的“徐悲鸿马图”也是假的，陆女士这才意识到自己上当受骗了。

近日，以假画行骗的张某、李某被吴兴区法院以诈骗罪，分别判处有期徒刑5年和4年6个月，并各处罚金人民币5万元。

评析：又是一起因贪利而失财的案例。

陆女士原本想作为中间人赚一笔差价，然而没有想到假画的“上家”和“下家”是同一伙骗子。于是，她刚把价款付给“上家”，“下家”就溜之大吉了，致使陆女士白白损失了16万元，上了一个大当。

此案再次告诉我们，天上不会掉馅饼，欲靠居间倒画发财没那么容易。相反，非但没吃到馅饼，还掉进了陷阱。

16. 书画扣押骗局

骗子假借首都机场安检名义，以书画在机场被扣为由，要求事主向指定账户汇钱。日前，首都机场公安分局发出防范提示，提醒旅客如遇此类情况，切勿急于汇款，可拨打首都机场公安分局公开电话咨询。

机场警方介绍，2010年10月以来，分局指挥中心接连接报三起假借机场安检名义进行诈骗的案件，有两人被骗钱财达1.5万元。其中一名事主赵某反映，他接到通过报纸征婚认识的女友高某打来的电话，称她在首都机场因携带古玩店购买的书画被安检人员扣押，要交纳保证金方可放人，让他与机场派出所“李所长"联系,并给了一个联系电话。

赵某和"机场派出所李所长"联系,"李所长"证实确有此事,并让他与"机场财务科"联系,让赵某向一个指定的账号汇保证金。赵某在汇完5000元后产生怀疑,向机场公安分局指挥中心打电话咨询方知被诈骗。

另外一位被骗事主则是接到女网友刘某的电话,称她在首都机场乘机时因携带文物书画被机场公安扣押。一名自称"机场公安处处长"的男子打电话告知刘某要交赎金一万元,刘某于当日便向"机场公安处处长"提供的银行账户汇入一万元。

警方发现,这些诈骗案手法如出一辙,自2009年国庆节黄金周发生过几起,近期又有发生,有几个特点较为明显。首先事主一般是被网友、征婚或认识不久的朋友诈骗,其次都是以打电话的方式编造事实,通知事主,编造的故事多是"假期去看望你,可是在首都机场过安检时因携带书画被罚款(且罚款数额一般较大),要事主向指定账户汇款",最后是开户行一般都在福建、厦门等地。

据悉,目前一些诈骗成功的案例涉案金额最多达6万余元。经民警调查,诈骗人一般使用显示为北京的虚拟号码,但装机地在福建、厦门等京外地区。

机场警方提示,"机场分局安检处"这个单位根本不存在。安检部门只对影响航空安全的物品加以管理,国内航线旅客正常携带书画乘机,不会受到任何部门限制。

评析:以书画被扣押实施诈骗堪称一项发明,如今的骗术真是令人闻所未闻,眼花缭乱。

然而其诈骗手法其实很简单,无非是利用"未曾谋面"或相识不久这一点忽悠对方,诱使他人上当受骗。但总有一些善良的人对此丧失警惕,竟然向骗子指定的账户汇款,这是十分不应该的。

进一步说,有些人可能对信用卡诈骗保持警惕,轻易不会上钩,但他们对花样翻新的书画扣押诈骗却没有防范,所以不断翻车。看来与人(特别是陌生人)打交道先要问个为什么,才能以求自保。

17.假借八大山人骗取名家书画

南昌市某派出所披露,2007年12月8日,该市八大山人纪念馆保卫科科长到该所报案称,近日,该馆连续两次收到邮局退回的挂号信件,信封上的寄件人一栏打出的是八大山人纪念馆地址,由于纪念馆从来没有印刷过这一类型的信封,故引起有关领导的重视。

纪念馆在有关人员监督的情况下当即将信件拆开,发现里面内容为,一名叫吴某的人，冒充该馆工作人员，以“纪念八大山人诞辰380周年全国名家作品邀请展”为名，向全国知名书画家发函邀书画参展。11月11日开始，八大山人纪念馆又陆续收到了全国各地多位知名书画家的13幅书画，其价值相当珍贵。为此，八大山人纪念馆工作人员从书画家函件中获取了联系方式，并立即与画家取得联络告知真相。

接报后，南昌市公安局成立了专案组。民警经过调查发现，八大山人纪念馆收到邮局退回的挂号信件地址为南昌市迎宾大道257号，且信封上和邀请函上均盖有“八大山人纪念馆”和“江西省政协书画院”字样的印章。与此同时，民警还发现，收件函上的地址是南昌市迎宾大道一家名为“益加意”宾馆的门牌地址。

随后，办案民警来到该宾馆进行调查，但在宾馆的住房登记单上，却没有发现有吴某这个名字登记入住过。所幸，邀请函中留有这个叫吴某的联络电话，但还是没能找到吴某这个人。民警分析认为，犯罪嫌疑人肯定会再次在益加意宾馆或八大山人纪念馆出现，于是，立刻对两地进行监视布控。

果然不出民警所料，11月27日中午，一名男子自称是浙江知名书画家骆恒光的朋友，向八大山人纪念馆工作人员索取骆恒光寄来的参展作品。工作人员见状，马上提高警惕，并立即将此事转告馆长助理廖某。廖某一边稳住该名男子，一边通知了派出所的民警。该所接到电话后，马上组织办案民警赶往现场，当场将该名嫌疑男子抓获，并在其身上查获一张叫“吴某”的身份证。

民警对该男子审讯后查明，该名男子叫熊某某，34岁。此人曾在山东济南推销毛笔，与一些书画名家打过交道，了解到众多书画家对八大山人可谓是顶礼膜拜。这在熊某某看来是一个“商机”，11月中旬，熊某某在山东济南私刻了两枚“八大山人纪念馆”和“江西省政协书画院”字样的印章，并制作了一张名为吴某的假身份证。随后，通过网上查询、画展中心查阅等方式，收集了全国各地书画家的地址、姓名、联系方式。之后，自己以“纪念八大山人诞辰380周年全国名家作品邀请展”为名制作邀请函，发函件“请”书画家将书画寄到南昌市迎宾大道的益加意宾馆，他猜测肯定会有画家寄书画来参展。

熊某某交代，他共发出了93封邀请函，被抓获前陆续收到10幅书画，并藏入进贤老家。之后，他又从邮局获悉，其余13幅书画已被寄往八大山人纪念馆。因此，他才赶来该馆骗取名作，不想落入法网。紧接着，办案民警当夜赶到熊某进贤老家，搜到了著名书画家林剑丹的作品《墨竹》、张森的《隶书》、郭全忠的写意画《诸葛亮挥泪斩马谡》、杨志印的《塞外琴声》、王勤的《篆书》、康金城的《寒梅吐艳》、王祖铭的《垄上春光》、骆恒光的《秋山图》、《行书》、赵俊生的《观梅觅菊》等10幅书画。据办案民警介绍,被骗书画家有22名,其中一名书画家寄来了两幅作品。

据八大山人纪念馆工作人员介绍,早在2006年9月2日,该馆便举办了中国书画艺术展,因适逢八大山人朱耷诞辰380周年,当时邀请了许多画家共飨盛举。江西省著名画家林峰则告诉笔者,从目前全国各地骗来的23件作品来看,可以说件件都是优秀作品,书画家们都经过了长时间的准备和创作。而此次被骗的书画家中,有多位是全国著名书画大师,如杭州西泠印社社长刘江、温州博物馆书画家林剑丹、写意画家郭全忠、著名花鸟画家赵俊生、隶书大师张森、著名山水画家言恭达等等,这些被骗的书画作品价值40多万元。

评析:一个骗子发出了93封邀请函,成功诈骗了22名书画家,骗到了23幅书画作品,诈骗成功率23.65%,可见近1/4的书画家完全被蒙在鼓里,没有任何风险防范意识。

究其原因,仍然是个人的表现欲望太强作祟,他们一看见举办书画展的所谓邀请函就兴奋,就认为应当参展从而获得某种成就感。因此,只要有邀请函,特别是所谓"八大山人纪念馆"的邀请函,这些书画家就忘记了存在诈骗的可能性,居然未经有效核实便寄出作品,甚至还有一位画家寄出了两幅作品,教训十分深刻。

18.卖假画的遇上拿假币的

一个书画贩子在天水路上骂大街,缘由是他的一幅画卖了几十万假币,遇到了骗子。这是发生在兰州市天水路令人喷饭的一幕。

据知情人向笔者介绍:这个书画贩子来自陕西,早晨,他在天水路就摆开了摊子。他只在街头上放一幅画,便拿着一张报纸煞有介事地看起来,等待顾客光顾。到了11时左右,来了一位主儿,细细地"研究"起摆在地上的画卷。看了半天,那人突然大声说:老乡,你这画是假的!书画贩子还要辩解,那人也不搭话,扭头就走。书画贩子忙赔笑脸说:你老哥且留步,今天算是遇到识家了,我给你看样东西。说着,从怀中掏出一卷东西,说:看看黄胄的毛驴假不假?顾客也不言语,蹲下细细地揣摩起来。看了好半天,脸上才渐渐有了笑意,说:看起来你是深藏不露,这幅画还真是黄老先生的真迹。画贩子也顿时变得眉开眼笑,和顾客讲起价来。画贩子说:黄胄的毛驴是论驴腿的多少论价的。顾客说:以腿论价对,但大毛驴的腿价高,小毛驴的腿应降个档次,被遮挡住的驴腿不应算价。说来说去,这幅画3000元成交。

可顾客只是爱不释手地看画,却没有付钱的意思。画贩子焦急地对顾客说:

要买就快一些,一会儿工商所的人来要收管理费。顾客为难地说:我刚买进了一幅画,人民币已不够了!我身上只有越南币。说着,从很漂亮的钱夹中掏出一沓大额的,粗粗一算,有好几十万元。顾客说:你不要看有几十万,也就只兑换人民币2000元左右。

书画贩子说:罢了罢了,算我吃亏!两人买卖成交。但当书画贩子拿着大额钞票去兑换时,方知那钞票是外国作废的纸币。据知情人对笔者说:那画贩子的画也是假的。

评析:贩卖假画的骗子本想靠赝品挣钱,没想到被使用假币的买主套牢,这种“黑吃黑”的例子已经屡见不鲜。它表明,当今社会诈骗之风甚浓,且有愈演愈烈之势,故我们每个善良人都应当提高警惕,慎对书画收藏交易,一要防止假货泛滥,二要防止假币流行。

19. 新疆画家作品被骗

2010年4月23日,远在广州的新疆画院青年画家朱某在电话里向笔者传递了一个消息,他说,广州警方已将新疆著名油画家克里木·纳斯尔丁被骗的4幅油画作品交给了他。

正在美国治病的克里木·纳斯尔丁听到案件破获,犯罪嫌疑人被抓,4幅油画作品完好无损的消息后,流下了激动的泪水。

据朱某介绍,去年秋天,两名男子自称是广东文化出版社的,拿着公函、证件及文件,找到克里木·纳斯尔丁,说他们正在筹备全国大型画展,希望克里木·纳斯尔丁将自己的油画作品送去展出。

经过多次接触,克里木·纳斯尔丁将自己珍藏多年的4幅人物肖像作品交给了这两名男子,两名男子拿上作品后,就失去了联系,随后,克里木·纳斯尔丁向广州警方报了案。

克里木·纳斯尔丁是我国著名的维吾尔族油画家。2009年10月,他在中国美术馆举办了个人画展。其间,中国美术家协会和中国美术馆为他举办了作品研讨会,国内美术界对克里木·纳斯尔丁给予了高度评价。

克里木·纳斯尔丁的油画作品既有对古西域佛教壁画传统的继承,又有对民族民间工艺美术营养的吸收,加之多年来的不断探索与不懈追求,他的油画创作已形成了一种集装饰性与表现性于一体,有着鲜明民族特色、地域特色和强烈艺术个性的风格特征,具有浓郁的西域特色,故目前在国内和一些欧亚国家的收藏市场价位持续走高。

朱某说,广州警方在侦破此案时,寻找蛛丝马迹,最终将犯罪嫌疑人抓获,追回的4幅油画作品价值100万元。

评析：本案又是画家被骗，犯罪嫌疑人的诈骗手法仍然是“举办画展”。

看起来并不高明且无新意的骗术，为什么能骗到价值百万元的4幅作品呢？说到底，还是画家有虚荣心，总想参加画展，于是禁不住骗子的花言巧语，特别是给你“戴高帽”、把你吹得天花乱坠时，一些画家就完全放松了应有的警惕性。他们甚至连核实对方真假这样的事都觉得不好意思，生怕对方看不起，所以使“举办画展”这类骗人的把戏能够屡屡得逞。

20.搞收藏轻信买假画

市民包女士是位书画收藏爱好者，经常购买一些名家书画和朋友一起欣赏。前几天，包女士的一位朋友对她说，她收藏的一幅著名书法家沈鹏的作品是赝品。听朋友这么一说，当时包女士心就一惊。原来，这幅沈鹏的作品是包女士从一名北京画家刘某手中花6000元购买的，而且，近一年来，她从刘某手中陆陆续续购买了包括著名画家范曾画册在内的20多件作品，共计价值30万元左右。

为了彻底搞个明白，于是，包女士就带着这些书画作品，亲自赶到北京荣宝斋去做鉴定。虽说有了思想准备，但是鉴定结果还是让她惊呆了。

包女士去了北京以后，那个荣宝斋掌眼的说，确实是假的，而且是假得很。那掌眼人还说，她的这些赝品，在荣宝斋门前的地摊上多了去了，通常一幅仅值50元。他说你根本不懂，人家就是欺骗你的。

包女士说，人家50元的还是裱好的，而自己这没裱的连50元都不值。

看着自己花了大价钱购买的东西竟然是一堆不值钱的赝品，包女士气愤不已。包女士说，要说自己会上这么个大当，一来是轻信了北京画家刘某，直到赝品的事情被揭穿，包女士才知道那个名片上印的清华大学教授、国际美术家联合会副主席的头衔不过是骗人的招牌；二来还是怪自己实在不知道收藏的水有多深！比如说，当时，她花4万元购买了这本范曾的画册，事后才知道，这本画册要是真的话，价值至少在400万元以上，如果购买的是真品，哪可能这么便宜。

评析：一年当中从一个人手中买到20多件作品，这本身就蕴涵风险，聪明人至少应当想想，对方哪有这么多真东西。

然而本案中的范女士却并非如此，她直到花掉了30万元之后才想起来去做鉴定，但为时已晚。更可悲的是，范女士竟然相信骗子名片上印的那些头衔，什么“清华教授”，又什么“国际美联副主席”之类。这种“小儿科”骗术原本很难得逞，只有毫无风险意识的人才会中计，实在是不应该呀！

21. 假画卷走女教师50万

前不久，安徽一所大学的老师，20万元买到冯大中的一幅老虎画，30万元买了宋雨桂的一幅山水画，她辗转找到辽宁省美术家协会主席、国画大师宋雨桂请求鉴定。当宋雨桂指出她所购买的两幅画都是假画时，她不相信冯大中的画也是假的，还拿出一本冯大中画册，并翻到了其中一页，上面正是她所买的冯大中的那幅画。此时，宋雨桂拨通了冯大中的电话，冯大中在电话中对那位老师讲，"不仅画是假的，连那本画册也是假的。"听到此言，那位大学老师放声大哭，50万元可能是这位大学老师的所有积蓄，可却让假画给骗了。

让人想不到的是，收藏这两幅画的竟然是一位在大学里做美术工作的老师。一位搞美术多年的老师都上了假画的当，说明时下很多假画都做了很好的伪装。

评析：本案中的受害人被人骗惨了，50万元巨款就这样打了水漂。

然而人们在痛恨骗子时又不由地想到，一位大学美术老师为什么如此糊涂，你就不能先鉴定作品真伪后付款吗？在号称"名作"满天飞的今日，你为什么不把自己的血汗钱看紧一些呢？

事实再次告诉我们，购买在世书画家的作品更要小心，因为民间仿做的"高手"有的是，千万要提高警惕，谨防上当受骗。

22. 画家受邀参展被骗

程某现为中国美术家协会会员，曾两次出版《山水画册页》，作品被编入《当代中国书画名人图录》。

不久前，他收到一封名叫张某的男子发来的电子邮件。该男子在邮件中自称是"中国长通通信工程处"办公室主任，并称他所在的单位建成了一座现代化的办公大厦，单位准备邀请全国知名画家作画，并将这些画挂在大厦内展览。在邮件中张某一再表示，单位给的价钱会比市场拍卖的价钱高。此后，为了取得程某的信任，张某还给程某发了盖有"中国长通通信工程处"公章的资料和邀请函。

据程某说，接到张某的邀请函后，他多次和张某在电话里进行了联系，张某提出要程作4幅山水画，报酬13万元。商定之后，程专门在网上查阅了关于"中国长通通信工程处"的资料，看到该公司不仅在甘肃兰州，而且还是一家国有企业时，程才深信不疑。

于是程某专程从北京来到兰州。次日，他约张某在胜利宾馆见面后，张提出，因为公司的大厦开业在即，全国来的画家很多，为了让领导将程某的画全部挂在大厦内,需要打点一下。张某要求程拿出2万元进行打点,但因程当时身上没有带那么多的现金,只好将随身所带的3幅山水画交给张某。

然而,让程某没有料到的是,张某离开宾馆后就消失得无影无踪,电话也联系不上。程某在宾馆等了一天后,感觉不对便去位于雁滩的"中国长通通信工程处"询问,结果被告知该公司根本没有此事,也没有张某这个人。

程某被骗后,他立即向城关公安分局报案。而在此前,警方已经接到全国国画名家同样的报案10多起,而且被骗方式如出一辙。

据警方介绍,这些国画名家在兰州被诈骗金额达30多万元,初步估计这是专门诈骗国画名家的团伙所为,目前他们已经对此进行立案侦查。

评析:凡画家智商应该不低,但却屡屡被骗,可见人不能太贪财,否则鸡飞蛋打,难免成为世人笑柄。

如本案中的画家程某,因贪图骗子的开价——"4幅作品13万元",就贸然赶赴甘肃兰州,结果被人略施小计就骗走了3幅画,另有其他10多位知名画家也遭遇类似的骗局,实在可悲。

无数事实证明,画家要甘于寂寞,为艺术不能太功利,即便出售自己的作品也要通过正规渠道,这样做也许卖价低,但总比被人诈骗要强得多。

23.画家遭遇诈骗

画家张先生最近接到一个电话,对方称年前曾送过他瓷器,画家答应给他画,现在是否画好了?张先生一头雾水:哪有这事啊?对方则非常肯定地说,你一定忘了。张先生问:你给我的是什么样子的瓷器呀?对方于是描述了一番。张先生说,家里从来没有这样的瓷器。而对方一口咬定,一定是你送别人了。从此以后,对方不断来电、来短信骚扰,甚至威胁,最后声称,你拿出几千元钱也就算了,否则让你过不好年。现在"画骗子"行骗花样繁多,以上行径属于"武骗"法。

而"文骗"法更是防不胜防。画家韩美林和史国良前两年遇到的骗子颇有"演技"。据报道,对方假冒北京电视台主持人田某打电话给这两位画家,声称自己的儿子赴美国签证需要他们的画打点,希望以最低的"友情价"买到画家的画。因为对方的声音与田某非常相像,于是二画家慷慨地把价值数十万元的作品,仅收了几万元就交给了来取画的田某的"妹妹"。事后,田某大喊冤枉:"我没有孩子,也没有妹妹。"

"文骗"法还往往以帮助画家宣传来诱惑画家上当。曾有人假冒某权威机构的名义,声称要出版名家大师的大型画册,想要刊登就要出钱,每页一万多元,多出钱就可以多登画。“谁占据的版面多，谁的地位就高。”有的所谓杂志，事先不与画家联系，更未征得对方同意，就刊登了画家介绍，随后要求画家以画作为答谢。一位画家称，她每天都会接到一两个要求采访、给她做版面的电话。

画家的电话乃至家址，“画骗子”了如指掌。据悉，美协和书协的艺术家通讯录，是“画骗子”们必备的。让画家掏钱买版面是最直接的方式，有的还能开发票。通常是出一套系列丛书，比如叫“中国当代实力画家几百家”等等，一个印张几千元、几万元不等。有的画册往往以“大师名家”为诱饵，骗子会对画家说，如果你上了我们这本画册，就跻身于徐悲鸿、刘海粟、林风眠、李可染、程十发等大名家的行列了。很多时候，这种画册基本不走市场，比如一共做10个画家，每本印100册，基本上就是给画家出一本小宣传册，用于业内相互交流，这还算是提供了一些“服务”了。

评析：本案揭示了骗子专骗画家的“文骗”法与“武骗”法。前者打着“友情”或出版画册的旗号，花言巧语，装腔作势，迷惑性很高；而后者则来势汹汹，强词夺理，一副“黑社会”面孔。

其实，无论“文骗”还是“武骗”，骗子都是在寻找画家的人性弱点下招，要么利用画家爱面子、不愿得罪人的心理行骗，要么利用画家胆小怕事、息事宁人的心理行骗。总之，尽管骗子的行骗方法五花八门，但并非不可防、不可控，画家只要提高警惕，骗子的任何伎俩都必将难以得逞。

24. 随机托运名画不翼而飞

一次，吉林收藏者孟某乘机抵达深圳交流古玩书画，前往行李提取处拿托运的手提箱时，发现箱子上的锁不见了，箱内表层的一幅齐白石书画及一只犀牛角杯遗失。深圳机场警方遂立案调查此事。

“手提箱里装着书画、瓷器等物，都是多年的收藏精品。”乘坐南航某航班来深的孟某说，起初他认为托运不安全想随身携带，但长春机场工作人员认为手提箱超长超宽。于是他买了把20元的密码锁将手提箱锁上，办理了行李托运。孟说，遗失的齐白石书画是1993年在张家口买的，价值至少在15万元以上，犀牛角杯重234克，价值至少7万多元。航空公司工作人员仅答应按每公斤100元赔偿。

南航深圳公司地保部工作人员称，此事正在调查，箱子从飞机货仓到行李提取处仅半小时，如此短时间失窃，除非是被小偷早就盯上。经联系长春机场，工作人员称确实提醒孟先生买锁，但仍未查明哪个环节出问题。

评析：乘民航客机托运艺术品遭窃的确让人难以接受，它反映出如今民航市场的治安环境并不尽如人意，尚有许多需要改进的地方。

然而另一方面，本案中的孟某缺乏应有的被盗风险防范意识，因为20元的秘密锁是无法挡住江洋大盗的。你随便托运贵重物品，又不上保险，最后出问题，大部分损失当然只能由自己承担，因为民航方面按国际惯例只能以克为单位对灭失货物进行赔偿。

25. 造假激怒画家

一边制作假画，一边伪造正规出版社出版的画册，以“证明”该画的出处，引诱书画爱好者上钩，利润估计有上百万元……前不久，著名画家何水法激愤喊打假《何水法写生集》，但令人遗憾的是，由于受精力、时间所限，以何水法一人之力，根本无暇发起全面的打假行动。

何水法介绍，上个月他出差途中，北京的一个朋友打来电话说：有朋友想买他的精品画，正好碰到有人在兜售一幅他的《牡丹花》，说是曾印入天津人民美术出版社出版的“名家写生”中《何水法写生集》的第二页，不知是真是假。“我一听就觉得不对劲，自己在去年10月确实有此画集出版，但第二页不是这张画”。于是，何水法一回杭州就找来画集核对，果然不对。何水法再让朋友快递寄来那本画集，仔细一看，里面的画只有一张是临摹的，其余都是乱画的。之后，石家庄、山东的朋友和河南的买家也都说看到了这本画集。

笔者仔细将真假“画集”一对，发现封面、封底、开本、装帧、前言页、版权页、条形码均无二致；但定价不一样，假的定价56元，比真的还高20元，页码有46页，比真的多了12页。

无独有偶，何水法还拿出一套标着“浙江人民出版社”新近出版的明信片，正面是何的作品，背面为“中国邮政”。而浙江人民出版社办公室副主任王某说，他们出版社从上世纪90年代开始就没有出版过明信片。

假画从何而来？有关人士透露，在不少地方，已经形成了从绘画、题款到裱贴的制假“一条龙”。制假、做旧手段不少，最常见的是“套棺材”——搜集不知名的破画进行剪裁，配以旧的绫子、绢子、轴干装裱好，使其受潮、变旧，甚至虫蛀。不少人临摹名人作品，装裱好，把书画放在点柴火或烟煤的厨房里熏，效果逼真。此外，用烟灰和烟油涂抹新画，放进专门的烘烤房里，经过高温和化学药剂处理，也能乱真。

与此同时，贪利者陆续开发新手段，让假画生产更上了一个“层次”。有的参照图录，把印鉴做成照相版，连专家都难以辨别；有的翻拍原作，放置在玻璃板上直接勾描，“既快又好”。而这次，造假者的手段更是登峰造极：一边制作假画，一边伪造正规出版社出版的画册，以“证明”该画的出处，引诱书画爱好者上钩。

目前，就是参照假《何水法写生集》，河南一买家已经以5000元一平方尺的价格（远比市价低）购得两幅四尺大小的假画。据介绍，如果46页的册子中50幅左右的假画全部出手，可以卖到100万元左右。

何水法说，这种“套画”他是第一次发现。一般地下作坊制作成本可能只要两三万元，但全部出售可以赚100万元左右。“所以，买画不要贪便宜。”

评析：既制作假画又制作假画册，让你按图索骥对照假画册买画，从而上当受骗，这已是当今书画收藏界骗术的升级，大家不可不防。

然而防范这类风险的难度却很大，原因是普通读者缺乏辨别真假画册的能力。例如，人们总不能对每一种印有××出版社出版的画册都去核实吧，那样做无疑加大了交易成本，会给收藏者带来许多不便。这也正是书画骗子谙熟之处，他们利用人们对出版社特别是国有出版社的充分信任，以假乱真，瞒天过海，致使不少善良人遭遇陷阱，实在可恨。

26. 食客“吞了”饭店名画

“客人走了，画就没了。”大连一家餐厅包房里的一幅清末名画失踪，饭店老板怀疑是几位食客偷走了那幅“价值70万元”的画。

这家饭店的老板侯先生为了增加饭店的文化品位，在饭店里挂了上百幅的书画作品。一天，几名食客在包房里用餐后，包房里最贵的一幅清末陈少梅的画没了。侯先生称这幅画他收藏了多年，为清末岭南画派领袖陈少梅的真迹，价值70万元。

包房的服务员介绍，那天中午来了5名客人，他们前两天曾经在这里用餐，他们来了就要求还到那个包房用餐。大约15时左右，这个包房又来了两名客人。服务人员进包房上菜的时候还看见画挂在墙上，过了一段时间客人下楼结账走了，服务员才发现墙上的画不见了。

70多万元的名画竟然挂在饭店包间内？这让很多人感觉到难以理解。大连以画竹闻名的画家梁某说：“高档书画一般都不敢在公共场所露面的，除非这家饭店老板特别有实力。”以画鸡闻名的大连画家林先生也表示，饭店包间挂着名画真迹让人难以理解。他没有见过那幅画作，不好谈论其真伪和价格，但即使是真迹，也要视作品的品相、年代、功力和保存情况等确定价格。

这幅名画的名字是什么呢？侯老板竟说他也不知道，他坦承自己对这幅画并没有深入研究过。这幅画是否找人鉴定真伪了？侯老板说是上辈人传下来的,应该是真的。为什么说这幅画价值70万元?侯答复说,不久前有一收藏者愿意出70万元购买这幅画,但是他没有卖。

侯老板表示,由于陈少梅不以卖画为生,所以作品稀少而珍贵。名画在被偷前,侯老板曾经给画拍过照片。拿着这张名画照片,笔者在网上查阅了陈少梅40多幅流传下来的名作,但没有一张和照片能对上的。

侯先生发现画被盗后马上报了警,目前警方已经立案。

评析:客人顺手牵羊,吃完饭将餐厅墙上挂的名画偷走,这种事在实践中是可能发生的。

本案的关键在于,餐厅失窃的所谓名画是真迹还是赝品?如属前者,案值较高,作品所有者的损失也较大;而如属后者,则案值很低,作品所有者的损失也很小。总而言之,这是一起财产盗窃案,破案之后才能鉴定书画的真伪,从而衡量作品所有者的损失程度。

应当吸取的教训是:不要把名家之作挂在公共场所,以免贼惦记,即便是名作的仿品,也会引起可能并不辨真假的小偷见财起意。

27.3幅"名画"仅值百元

3幅古画竟只要100多元钱,当以为买到宝的小叶将画给朋友们看时,朋友们却给他泼了冷水:上当了,这几幅画一钱不值。

小叶是湖北某高校大二学生,平时颇喜欢收藏。一天上午,他经过孝感城区某菜场时,一个地摊上的两幅古画吸引了他。这两幅古画分别是清代著名画家袁江的《郦山避暑图》和明代著名画家徐渭的《桃园三结义》,小叶当即被这两幅裱装精美、画面发黄的古画所吸引了。

地摊的主人是一个70多岁的老汉。他告诉小叶,这两幅画是他曾教过私塾的父亲留下的。由于没有什么文化,他只知道这两幅画还值点钱,自己的5个儿子还为这画抢得打架。老汉开价一幅500元,如果小叶两幅都要的话,他只收300元钱。小叶听后赶紧回校筹集了200元钱,当他带着钱返回时,发现老头又摆出了一幅袁江的《大明盛世图》,上面有袁江的落款和清光绪帝之师翁同龢对此画的评语及落款,小叶看后更是爱不释手。经过一番讨价还价,小叶最终以116元钱买下了3幅画。

当小叶把这3幅画传给同学们看时,一些懂行的同学指出,这3幅画的笔触过于工整,完全没有国画特有的"水墨味",应该是批量产的印刷品。感觉上当的小叶带着同学找到了卖画的老头,经过说理协商,最终从老头那儿要回了买画的100多元钱。

某收藏者协会会长提醒众藏家,收藏要小心冷静,不要被卖主的表象迷惑,关键要看货。最重要的是,平时一定要留心学习,多积累收藏知识,才能降低被骗的风险。

评析:一名大二学生被文盲老汉编的故事蒙骗,又是一起“高智商”败给“低智商”的典型例子。

这位叶同学也不想想,116 元就能买到 3 幅古代名画,这不是骗局又是什么?再者,那位卖画老汉的 5 个儿子难道会为这 100 多元钱的财产“抢得打架”吗?

我们还想说的是:原本破绽百出的“故事”,竟然能轻而易举地骗倒在校大学生,可悲啊!奉劝大学生们,努力学习吧,别老想着发财的事。

28. 求画者卷走老画家作品

一天上午,73 岁的画家陈某向警方报案称,两名求画者骗走其 7 幅作品。陈某说,被骗作品总价值约在 20 万~30 万元之间。

陈某回忆,大约 4 天前,他接到一陌生人的电话,对方自称叫王某某,来自山东德州,曾经和陈某在一次笔会上见过面,希望能求几幅书画。

次日,王某某如约前来拜访陈某。“他大概 1.65 米左右,瓦刀脸,戴副眼镜,山东口音。”当时在场的陈某女儿回忆说。在这次拜访中,王某某向陈老求购 5 张画、5 张字,双方约定于某日取字。

陈某说,那天上午 10 时许,陈某正在画室教一个日本学生。王某某和另一人突然到来,王将陈某叫到门外,要求 2000 元买走陈某 7 幅作品,遭到回绝后,王某某又拿出 2 万元钱交给陈某,就在此时,同来男子飞速将陈某画室内 7 幅作品卷走,王某某在离开前趁陈没缓过神,将其手中的 2 万元钱拿走。

正在其他房内的陈某的女儿闻声赶来时,二人已乘一辆山东牌照的轿车离开。陈某的女儿称,被骗的作品为两幅虾蟹、两幅蔬菜、一幅花鸟和两件书法条幅。

“我们已经为他作了笔录,有什么消息会立即通知陈老。”北京某派出所值班民警在电话中称,由于只有王传堡的外貌描述这一线索,案件目前还没有什么进展。

评析:本案已不是一般的书画诈骗,而属于我国《刑法》中提到的“以其他手段”实施的“入室抢劫”,故受害人较难防范。

不过,受害人陈某对陌生人高价求画的行为并未拒绝,并且允许其进入自己的画室,从而为犯罪分子提供了作案的条件,应当说还是“引狼入室”,所以必尝苦果。

这就再次提醒我们，永远不要贪利。你的作品值多少钱你自己知道，陌生人出的价钱再高无非是诱饵，切记不可飘飘然而上当受骗。

29. 卖画被买主拘禁

江苏省江阴市某法院审理了一起特殊案件，引发案件的是一幅仅值数百元的假古画，却以14万元成交。

一幅被卖方自称“年代久远的祖传古画”，结果被鉴定出只是民国七年的货，自觉受骗的买方在退货不成后，将卖方非法拘禁3日。日前，买主因犯非法拘禁罪被法院判处拘役6个月，缓刑6个月。一位收藏者称，江阴民间古玩交易异常活跃，但缺乏专业市场为载体交易，鉴定交易品真伪全凭买主自己一双眼。

不久前卢某因业务关系，认识了黄某。春节过后，黄某告诉她，自己家里有一幅“年代久远的祖传古画”，让她帮忙在上海找个买家，事成后给予一定的“介绍费”。为了尽可能压低价格，卢某让朋友出面帮她买画，以14万元买下了这幅“古画”。

但上海的专家鉴定“古画”后，认为这幅“年代久远的祖传古画”成画于民国七年，仅有80多年的历史，市场交易价格为800多元。卢某马上联系黄某要求退货，但对方一口回绝。而后，卢某想到黄某还有一张想出售的红木床，她就以有人要买红木床为借口将他骗到了上海，并准备扣下他退画。黄某到上海后一看苗头不对，马上报警离开了上海。觉得买了假画的卢某紧追不舍，多次来到黄某的老家，并请求当地派出所进行调解，但一直未有结果。

在退画不成的情况下，卢某伙同他人将黄某拘禁至一家旅馆内，并逼迫他写下了借条和还款计划。3天后，警方将黄某从旅馆解救出来。

在江阴，一批先富起来的老板、商人，相对富裕的家庭，正把目光投向古玩收藏与投资。但收藏者、投资者之间的古玩换手，大都是民间一对一发生的自由交易、现金交易，而且没有严格的手续，由于缺乏专业的市场载体，出现赝品、假货的案例便时有发生。

评析：被价值几百元的假画骗走十几万元，谁遇到这种事都会对骗子恨之入骨。然而，这种愤恨不是犯罪的理由，你无权对骗子实施拘禁，因为这是法律所禁止的。

本案中的卢某因被黄某诈骗后退画不成，便将其拘禁在旅馆内“私了”，这就触犯了我国《刑法》，故从受害人角色转变成犯罪人角色，理应受到法律制裁。

正确的做法是，从事书画交易首先必须防范赝品风险，而一旦受骗则应当通过法律渠道解决问题，至于采取非法手段则是万万不可以的。

30. 画家现场打假

一幅由已故国画大师苏葆桢及郭克、方凤富等人创作的《万朵红霞春意闹》，拍卖参考价50万元，前不久被揭穿画皮，假画被当场撤展。

当场揭穿假画的方凤富是苏葆桢的弟子、国画界擅长画葡萄的“中国葡萄王”，他对着拍卖公司人员愤怒地说：“画家真正的作品卖不起价，赝品反而价格高。”

当日下午1时，重庆宾馆阳光厅内，由重庆某拍卖公司主办的预展正在举行。现场人多，启功、苏葆桢等人的书画异常引人注目，按事先安排，这些书画将由该公司拍卖。进入阳光厅的左边，《万朵红霞春意闹》显眼地挂在墙上，375×174厘米的“体形”系整个展览中最大块头的“名”画，该画的左上角落款称：创作于1983年春节。为表示该画的真实性，画的一边还张贴了一张苏葆桢画画的生活照，并用红色字体标识“有鉴定证书和作者创作此幅作品的照片”，不时有人在画前驻足观望。

方凤富的到来打破了整个展览的平静。他先绕整个展场默默转了一圈，展场中的所有工作人员，都没有认出他来。10分钟后，方站在《万朵红霞春意闹》前，看了看，指着画问工作人员：这是怎么回事？拍卖公司一不愿透露姓名的负责人坚称，这是真作。

面对拍卖公司的坚决，方只好表露身份。之后，主办方马上另有人前来表示：这幅画确有其作，鉴定书也是真的，但画不排除有假的可能。

方先生随即对墙上的画一一批驳，他介绍，《万朵红霞春意闹》确有其画，但真作已不知去向，该画原作者之一的郭克因为在病中，所以只有自己前来打假。

围观的人越来越多。13时15分，拍卖公司不得不将画从墙上摘了下来，在该公司负责人的请求下，方写下对此画的终止展览意见。

拍卖公司负责人坦言，作为拍卖方，公司有义务为书画的真假把关，由于公司人员业务水平欠缺，没有识别出该画的真假。

评析：近些年来，由于书画收藏领域赝品盛行，故画家本人现场打假的事时有发生，这对于净化国内艺术品拍卖市场、打击书画界的造价气焰十分有利。

本案中的拍卖行正是由于画家的据理力争，才将假画从拍卖预展中撤下的。然而值得关注的是，画家对本人已经入市的作品所进行的鉴定是否产生法律效力，这是目前国内收藏界、拍卖界和法律界普遍争论不休的问题。因为画家的作品一旦进入流通领域就成为“公器”，其真伪与否当然不能任由画家本人及其近家属或学生说了算,所以,我们并不认为“画家本人打假”就一定公正,应当找出更加合理合法且有效的操作方式才对。

31.拍卖会中途夭折

前不久,南京要举办一次国画拍卖会,先是因为所拍卖的国画中有多幅出自名家之手,而备受各界人士关注;后来又因某拍卖公司涉嫌违法拍卖文物,拍卖会中途夭折。

在这次准备拍卖的416件国画中,有署名钱松岩、宋文治、齐白石、张大千、傅抱石、林散之等名家珍品。其中有4幅为傅抱石之子傅小石的作品,有人将“南京经典·十竹斋2010中国书画拍卖”图录中傅小石的画样与《傅小石作品集》对照,发现有明显不符之处。为证实情况,笔者专程到傅小石家中进行了采访。

笔者来到傅小石家中后,傅小石的夫人告诉笔者,傅小石已仔细看了这本图录,发现署自己名的画有3幅不对。笔者看到,小石老师已经把这几页图录一一标了出来:第一幅是027号《对弈图》,估价8000元~1.5万元,尺寸是65×132厘米。据介绍,傅小石曾画过这个题材,但从来没画过这么大的,而且笔法也不对。第二幅是089号拍品《泛舟图》,这幅画原来的名字叫《野渡》,笔者对照其家人提供的真迹图片,发现“真假作品”之间,虽题材相同,但细微处有明显差异。第三幅是354号的《裸女》图,估价3000~6000元,真迹的名字叫《梦幻仕女图》。

在傅小石家人指出几幅拍品为假画后,笔者随后与某拍卖公司取得联系。公司负责人葛先生却说傅小石作品是由“十竹斋”古玩店提供的,“这幅《裸女》还是傅小石的亲戚委托拍卖的,不可能是假的。”

为此笔者又与有关人士取得联系,但得到了否定的回答,最后葛又说《裸女》是由某商场提供的。在笔者要求下,葛又提供了委托拍卖人周先生的电话,没想到周先生一接到笔者电话就连连喊冤:“不瞒你说,这幅画我自己买的时候也是上了人家的当,我是花4000元在北京买的,这次拍卖只卖了3000元,以前也请人看过,也有过疑虑。”对此葛说,就算是假的,这也是鉴定的问题,中国画随意性太大了,今天看是对的,过几天看看也许就是假的了,又没有科学仪器好鉴定。笔者告知真、假画之间有明显差别的,但葛认为,一个画家同一题材也可能画好几幅。如果有假,那也是拍卖公司看走了眼,主观上不可能有意卖假,拍卖前都要反复鉴定的。至于《裸女》之外的另两幅画,葛先生说再让傅小石仔细看看,会不会上次看走眼了。

傅小石夫人随后告诉笔者,她也接到了一些电话。傅小石很生气:“自己的画还会看走眼?假的就是假的。”傅小石家人说,他们并不想在这个风波上给对方添麻烦,只是想告诉那些做书画生意的人要诚信经营,以后遇到同样的事最好事先能与他们打个招呼。画家本人就在南京,眼睁睁地看着别人在家门前卖假冒自己的画心里很郁闷!

评析:又是一起“画家本人打假”的案例,只不过画家的名气较大而已。

更重要的是,画家亲属提出了一个观点,即今后拍卖公司拍卖艺术品“最好事先与他们打个招呼”。

对此我们认为,这既不是一个好建议也不是一个合理的要求。因为拍卖公司拍卖任何人的作品是有一套鉴定机制的,不可能也没必要拍卖谁的作品就去与谁打招呼或找其鉴定,这样做不但增加交易成本而且同样难保公正。

正确的做法应当是,拍卖公司通过一个公正有效的鉴定机构去做这件事,其中的关键是确保该鉴定机构的成员具有相应的鉴定能力和良好的职业道德。

32. 造假者赚百万

溧水一个农民10年前专仿武中奇的字,10年发了财,在夫子庙花90万元买了一套150平米的房子!而仿陈大羽公鸡的造假者,十几年也赚了100多万元,仿喻继高和钱宋亚魏的人也不少,南京几大古玩书画市场都有他们的卖点。一个搞了30多年山水画的业内小有名气的画家日前对笔者痛心地说,眼下,书画造假者发了大财,只要书画有市场的名家,都有人在造他们作品的假!而认认真真做学问勤学苦画的人难有出头之日,大多过程是自生自灭,赝品仿品泛滥的书画市场谁能认真去管一管?

上海一位老资格的艺术品拍卖师说,他始终没有搞明白,现在艺术品拍卖会上的一些热拍的书画名家的作品怎么会越拍越多。以张大千为例,张大千生前画画速度并不是很快,但在现如今的艺术品拍卖会上,号称张大千的拍品是铺天盖地,“拍”不胜“拍”,似乎永无穷尽。一些艺术品鉴定界权威人士一语道破天机:“不是张大千留下的作品多,而是现在仿冒张大千书画的水准越来越高,足以令最权威的鉴定师有时也会看花眼。”2005年国内某大城市的春季艺术品拍卖会总共不过举办了20多场,但是,竟然出现了50多幅号称创作于上个世纪40年代的张大千的青绿山水画,当然,其中不少都是赝品、仿品。在江苏拍场上,2005年下半年萧平的画势头开始走热,那么一场暑拍就出现了30多幅萧平作品!圈内人透露,只要是市场好的名家,都有赝品仿品,而萧平赝品出生地就在扬州!

伴随着各地风起云涌的艺术品拍卖热，赝品也是泥沙俱下，而其中造假的手法更是千奇百怪，令人眼花缭乱。比如，以假充真，假货标真品价格。齐白石的工笔草虫画向来身价不菲，一只“草虫”以数万元计，于是乎有的所谓的齐白石作品竟然出现了七八只草虫漫天飞、满地爬的乖张情形。齐白石生前润单上向有“横幅不画”的声明，近年来拍卖市场上却冒出了大量齐白石的横幅画，至于拍卖市场上时常可以见到的名画家作品的“双胞胎”乃至“多胞胎”现象，其中更是有诈。

又比如，张冠李戴，拍品目录或是图录说明书常常存心误标、乱标，误导收藏者。还有的赝品，介于真品与假货之间，如假画真款等。现在还流行一种造假的方法是，请当代活着的书画名家在一些有疑问的赝品上题签，以蒙蔽收藏者。

令收藏者防不胜防的是，现在的造假已经从过去的个体做假发展成为团体做假，从造假的原料（如纸张、笔墨）到设备、人才一应俱全，形成了规模化的一条龙服务，大大提高了造假的效率。目前的艺术品造假，已形成了区域性的分工。如上海仿陆俨少、程十发，广州仿高剑父、高奇峰，西安仿石鲁，香港仿林风眠、陈之佛，台湾仿张大千、黄君璧，南京仿钱宋亚魏等。

“临摹是一个提高技艺的必经过程。”南京某著名画家说，纯粹的临摹是个人自由，如果临摹后假人名义出售就是一种不道德甚至是诈骗行为。该书画家说，现在南京、浙江等书画市场的造假行为，已经对行市造成了冲击，人为抬高了价格，也败坏了名家们的声誉，关键是这样做的结果是让勤学苦练老老实实的人寒心！

如良心发现的假画造者张先生自爆内幕说，他是国画大师陆俨少作品的主要仿造者。作为主攻山水的国画专科学生，仿陆老的画，还很有些功底的，起码能在神形上打个七八分。而有些书画掮客一来就点名、出高价。你不相信，我们可以把赝品画印出在画册上，由不得你不信！都出了书了，这样的画价格自然就高。如果是为了送人还可以理解，如果把这样的方法用到拍卖上，就会造就一个个财富神话。就以他的画为例，5000元拿走的画出现在拍卖会上时可能就是3万甚至5万元。通过一本画册，一幅画价格十几天内就能翻好几番。现在他仿一幅画，每平方尺不会低于8000元。这么高的价人们肯来买，说到底是画的本身。关键是有人要，真的太贵了，假的便宜买了送人，关键前提是接受的人也不懂！像买赝品的人一般都不会亏，甚至有几倍甚至几十倍的赚头。

造武中奇字的溧水某农民10多年练仿功，开价每张从200元涨到现在的1000元，尺寸有4尺、6尺等各类品种，而且假书画的身价也根据“仿临的质量高低”有不同的身价，而且涨幅可观！笔者到南京某古玩市场看到，假的陈大羽公鸡也“按质论价”,3尺的最便宜的要500元,最贵的要5000元。南京一资深的民间画家私下坦言,钱宋亚魏的作品古玩书画摊位随处可见,有的摊位数量甚至多达10来张,大师们一生能画这么多张吗?不少古玩书画市场租金很贵,一个小摊位一年要10多万元,包租者如果不卖点儿名人假画,光是卖小名头和民间书画家的东西,老板喝西北风啊!

评析:有一定书画功力的农民或名不见经传的书画家专门模仿大名头的作品再出售,几年之后发财致富,此类情形古已有之,并不新奇。

值得人们关注的是,如今这样的事空前之多,高仿造假市场日益红火,哪位书画家的作品越好卖,其仿品的数量也越大。有个人造假的,更有团体造假的,后者更是人、财、物一应俱全,没有仿不出来的,没有仿不到位的,它们已经成为书画收藏界的造假源头,而且是法律制裁的盲点。

无数事实告诉我们,书画收藏界造假太多,收藏者必须慎之又慎。

33.书画家被骗讨说法

近日,十余名书画家聚集在一家广告公司讨说法。一名画家向某报社曝料称:“有350余名书画艺术家被该公司骗取广告费达百万元。”但这一说法尚未得到警方证实。

“这简直是诈骗!”一位姓张的画家气愤地说,从2009年六七月份开始,北京某广告公司通过电话或现场推销,先后联系了全国各地众多书画艺术家,称将印制一本《2008全国铁路旅客列车时刻表》,发行量高达120万册,上面要印10名艺术家的作品。“开始是一名女子和我联系的,她说印出的时刻表上将有张海、靳尚谊等书画名家的作品,如果我答应向他们提供几幅,他们就不再约别人了。我一听说发行量有120万,就没有拒绝。我告诉她我从不花钱登广告,然后这家公司要走了我5幅画,以设计费为由收了我500元,我可能是损失最小的人之一了,他们用同样的话先后骗了300多人。”

据张某介绍,从洽谈到交款,他都亲自到公司见面面谈,并查看了对方的营业执照,“2010年2月17日左右,我又来到这家公司,当时他们正在整理刚印制出来的时刻表,我是最先发现受骗的人之一。原本说只印10位名家的作品,结果密密麻麻排了350多个人的。谈好的版面也被任意更改,封面变成了夹页,尺幅被缩小。最惨的一个人原本被承诺给两个整版,却变成了1/12版。后来我又听说,实际出版数量还不到1万册,和120万册相差太远了。”昨天,闻讯赶至北京的十余名书画艺术家聚集在这家广告公司的门口,最终只有称是前来交广告费的画家才被允许进入。“所以他们还在骗人!”张某推测说。

笔者看到这本列车时刻表的封面、封底和内页确实都有书画作品，中间夹着列车时刻，每幅作品下都有画家的名字和简介以及联系方式。上门讨说法的艺术家中还包括王某，他说这家公司按照不同版面收取不同的费用，被承诺将出现在封面上的艺术家交了至少 2 万元的广告费。自己向这家公司交了 8000 余元广告费，以为自己的名字应该和张海（中国书法家协会主席）、靳尚谊（中国美术家协会主席）、刘大为（中国美协常务副主席）、欧阳中石（著名书法家）、王明明（北京画院院长）等大腕儿并列，结果却满不是那么回事儿。

评析：本案中的王某支付了 8000 余元的广告费，就以为能和国内一些排名靠前的书画界大腕儿并列，殊不知这只不过是一场骗人的把戏。

广告公司印制火车时刻表，印数不到 1 万册，骗人说印 120 万册；许诺只用 10 位艺术家的作品，其实上了 300 多人；如此等等都是为了诱惑那些想出名的人上钩，诈骗其钱财。

然而可悲的是，许多善良的书画家不辨真假，上了本不应该上的当。其主要原因还在于从事艺术太功利，乃至功利到被人诈骗，痛失钱财。

34. 拍卖场里的“托儿”

“4 万元一次！4 万元二次！4 万元三次！”拍卖师一槌定音，唐先生也放下了手中的牌子，“应该有人出更高的价钱啊。”唐先生有些郁闷。

是的，虽然最终以 4 万元人民币拍下了台上的那件书画藏品，但唐先生却高兴不起来。因为唐先生的真实身份和他身边的那些竞买人不同，他其实就是组织这次拍卖会的某拍卖公司的一名员工，他参与竞拍的目的也不是为了收藏，而是为了抬高人气和价格。他是个“托儿”，火热拍卖市场中的助燃剂。

唐先生所在公司的一家客户带来了 13 件藏品，在会场上拍出了 6 件，可当客户满心欢喜地来收钱的时候，公司告诉客户实际上一件也没有真正拍出去，当时现场竞买人实际上是拍卖公司自己安排的，客户只好带着自己的 13 件藏品打道回府。

“虽然没有实际交易量，但至少我们把藏品的价格抬上去了。”唐先生告诉笔者，那件他用 4 万元“拍”下来的藏品，已经有了价格纪录，下次再拍就可以以 5 万元起价。

“藏品一件没拍出去，客户一旦翻脸起诉你们做假怎么办？”笔者问。唐先生说不用担心，一旦打起官司，拍卖公司可以把责任推给“参拍人”。至于那个“参拍人”，谁还找得到？目前法律对参拍人还缺乏约束。虽然藏家亏了，但拍卖公司却赚了。唐先生说，举行一次这样的大型拍卖会，拍卖目录整版广告

2000元,半版1000元,保管费每件平均1000元,即使不算成交后10%的佣金,仅印刷目录和保管费,拍卖公司拍卖1000件拍品就可以赚100万元以上。

一位资深业内人士说,有些拍卖公司为达成交易,会迁就买卖双方的暗箱操作要求,其中之一就是虚增成交价。具体做法是,委托人、买受人、拍卖人按事先约定"真实"成交价和"真实"佣金,比如约定拍品的落槌价为1000万元,再加10%的佣金,最终成交价为1100万元。此后,拍卖就进入了表演阶段,拍卖师会再虚叫到1800万元落槌,加上10%的佣金,最终成交价变成1980万元。但是这个价钱是给别人看的,不会按这个价钱进行结算。

评析:如今拍卖场里的"托儿"的确不少,特别是在艺术品拍卖领域,这样的人更多。

究其缘由,就在于拍卖企业违法经营:或者单独造假,欺骗他人;或者与委托人恶意串通,联起手来欺骗竞买人;或者与委托人、买受人恶意串通,大家共同欺骗整个社会。总之,拍卖场里的"托儿"都是这样的无良拍卖企业制造出来的。这样的拍卖企业极尽商业卑鄙之能事,十分可恨,一切善良的人们务必擦亮眼睛,提高警惕,防止上当受骗。

35. 昏头买下"《清明上河图》"

"我还以为捡到宝贝了,没想到懂书画的朋友一看就说它是赝品,不值钱。"家住义乌胜利小区的吴大姐昨天见到笔者时一脸沮丧地说,"希望义乌的其他市民别再被骗了。"

一个多月前的一天傍晚,吴大姐逛完超市回家途中,看到路边蹲着一个貌似穷困潦倒的中年人,头压得很低。他面前有一张纸片,膝盖上放着一筒画卷。纸片上写着:因家贫子病,变卖祖传书画求现。同样为人父母,吴大姐很理解这名男子的举动,便上前与他聊了起来。该男子一板一眼地说:"为了治儿子得的怪病,把老家房子都变卖了,可依旧没治好。最近我找到一种偏方,据说效果不错。不过配药需要几千元钱,但手头没钱,只好变卖这幅祖传的《清明上河图》。"

说完这番话,该男子将膝盖上的画卷展开。画卷约五米,纸张有些泛黄,里面的人物也活灵活现。吴大姐隐约记起《清明上河图》很有名,于是问:"这幅画怎么卖?"

"这是祖传的画,最少2000元。"

"能便宜点吗?"

"看你蛮有诚意的,给你打个八折吧。"男子大方地说。

"我不懂书画方面的知识,买你的画是因为同情你的儿子。这样吧,你打个六折，1200 元我买下了。”吴大姐说。

中年男子也爽快，当即同意了。

吴大姐喜滋滋地拿着画回家，与丈夫一起庆祝这“天大的便宜”，并把画妥善收藏。

某日，一位在书画鉴赏方面颇有造诣的朋友到吴大姐家玩，吴大姐就将“《清明上河图》”拿出来。

“你多少钱买的？”

“1200 元。”

“亏了，这画是赝品。泛黄的纸张是加工出来的，从笔墨上看，这幅画是最近画的，最多值 100 元钱。”朋友直言不讳。

评析：1200 元就能买到《清明上河图》，本案中的吴大姐也未免愚得有些可爱。

上这样的当不能怪别人，只能怪吴大姐自己太缺乏历史常识。试想，北宋的《清明上河图》属于国宝，怎么会落到街头骗子手中呢？

由此看来，收藏绝不能头脑发热，尤其不能有太多的“捡漏”思想，需知：“漏儿”并非人人可得，市场上哪有那么多机会让你随便就撞上呢？

36. 假画难退

2011 年 3 月，书画爱好者老王在北京潘家园旧货市场附近的松榆小区，遇到一个卖画人。那人说：“我孩子出国急需钱，想把刘文西的一幅画给卖了。你要吗？”老王很喜欢刘文西的作品，就跟着那卖主来到小区内一间半地下室看画。

这是一幅工笔人物画，塑造的是“文革”时期几个陕北农民戴着红袖标坐在地头读报纸的形象。卖主说：“要不是急用钱，你给 30 万我都不卖，现在只好割爱了，一口价，10 万你拿走。”经过讨价还价，老王以 6 万元买下来。

老王兴冲冲地拿着画请他熟悉的书画鉴赏家田某过目。田先生初看时觉得这幅画的画工精致，人物传神，确实有刘文西的风格，而且尺幅也很大，如果是真品，30 万元都值。但仔细鉴赏，发现这画的墨色焦亮，不像“文革”时期的墨色散润，怀疑是仿作。为了慎重，他又请一位同行来鉴赏，那位一看就肯定地说是赝品。原来是落款题的“乙酉”两字露出了马脚：最近的“乙酉”年是 2005 年，这时画家不会再画“文革”题材的画，即使画，也不会是这个格调。上个“乙酉”是 60 年前了，更不可能画这种画了。

老王立即找卖主退画。一进门，四五个壮汉围了上来，卖主说：“退画，不可能，当时你是看好了的。正规拍卖行假的都不退，别说我了。”

当时人单势孤，老王没敢跟这帮人纠缠。过了几天老王带人再来时，已是人走屋空。

评析：买画碰上了黑社会，这是本案中老王的遭遇。

按说当代画家的作品并不太难鉴定真伪，而且老王的朋友已从各方面找到了破绽，一致认为该画是假货。然而，由于老王与骗子已经成交，对方收取了老王6万元，故骗子不可能再让煮熟的鸭子飞掉，从而满足老王退画的要求。

更为严重的是，当老王去退画时，遭到四五个彪形大汉的威胁，这就有黑社会的色彩了。它使人联想到，当前书画造假不仅仅是一个个不同的团伙，其中有些团伙中暴力犯罪的倾向还十分明显，故提醒人们在收藏中务必提高警惕，不仅要防假防骗，还要确保人身安全。

37. 德国游客告赢徐悲鸿假画案

2009年3月，德国游客约翰先生在北京徐悲鸿纪念馆里的某文化艺术服务中心买下名画家袁江、陈少梅、徐悲鸿、马晋和刘奎龄的5幅画，服务中心在给约翰开的收条上注明了画的价钱、名称、画家的生卒年代等。回国后，约翰请人鉴定发现，自己所买的全是赝品。于是，他带着其中4幅画来到中国，要求服务中心退款。中心答应换几幅其他的画。谁知，约翰将换来的3幅画拿到北京文博研究鉴定咨询中心一鉴定，这3幅画也是假的。经协商未果，约翰将对方告上法庭，提出双倍赔偿的请求。

法院审理后认为，作为经营者，服务中心有义务在收款凭证上注明所出售的商品是仿制品。不加注明的行为属故意隐瞒真实情况，构成了以消极不作为的方式进行的欺诈行为，应该双倍返还购画款，并赔偿经济损失。销售假画的服务中心被判双倍返还9万元购画款，并承担约翰因索赔发生的费用，共计19万余元。

不久，北京市一中院做出一审判决：撤销约翰与服务中心的买卖合同，中心退还约翰购画款人民币9万元，赔偿约翰人民币9万元，赔偿约翰因索赔而发生的交通费、住宿费、公证费、鉴定费共计人民币12612元。

被告律师在判决书上签字后，从容地走到法官面前表示对判决有异议。

被告律师称，我国法律有规定，文物不能带出海关，约翰能够带着画顺利出关，就应该知道这不是真品；从作品的价值看，如果是真品，最便宜的一幅也要45万元，最贵的要60多万元，总价值不会少于200万元，当时约翰以十几万元购买，怎么可能是真品呢！

法官在接受媒体采访时对被告方律师的说法表示了不同意见：“不能要求

消费者应该知道什么,例如不能说文物不能带出境,就反推消费者应该知道画不是真品,服务中心有明示画不是真品的义务,这是法律规定的。服务中心在开具的收款凭证上也确实未注明其出售的商品为仿制品,属于故意隐瞒真实情况,消极的不作为的欺诈行为。”

评析:以为外国人好蒙,就疯狂的推销假画,某文化艺术服务中心也太高估自己的智商了。

当前,类似该服务中心这种故意隐瞒事实真相,以消极的不作为的方式实施欺诈行为的企业和个人日益增加。它从一个侧面告诉我们,收藏中陷阱很多,千万不要迷信什么博物馆、纪念馆及其店中店兜售的所谓“名家书画”,那些东西往往都是骗人的,尽管他头上戴着种种光环。

更重要的是,一旦上当受骗,必须运用法律武器维护自己的合法权益,就像本案中的德国人约翰先生那样,一定要让骗子们赔得心惊肉跳甚至倾家荡产才对。

38. 莫斯科收藏家被骗

莫斯科巨商瓦莱里·尤兹因热衷于艺术收藏,因为这似乎是一种完美的投资方式。从第一次购买一幅俄罗斯名画到现在的两年时间里,他已经搜集了34幅作品,价值超过350万英镑。

但现在,他几乎看都不敢看那些画一眼——尽管其中有些画被莫斯科享有威望的特莱特亚科夫美术馆鉴定过,但他的收藏中近半数作品最终被证实是赝品!高明的造假者甚至骗过了美术馆的专家,61岁的尤兹因不幸成为这起数千万英镑的高级艺术诈骗案的受害者。

据英国《星期日泰晤士报》报道,西欧一些名不见经传的画家对俄罗斯19世纪流传下来的一些名画进行巧妙临摹,如果不是资深专家,很难将这些赝品与真品区分开来。艺术骗子以比西方拍卖价高10倍的价格出售给俄罗斯人,这起艺术诈骗案的受害者多达数十人,其中包括著名政界人士。

尤兹因表示:“我让特莱特亚科夫美术馆的专家对5幅油画进行鉴定,结果全都是假的。这事太令人沮丧了,这不仅仅是因为我购买的作品是赝品,而是因为在这个过程中,欧洲画家的作品也被毁掉了。”

他购买的其中一幅画花掉了8.3万英镑,据称是19世纪俄罗斯风景画大师亚历山大·基塞列夫的作品,事后被证明是有人用丹麦艺术家加努斯·拉·库尔1883年的一幅作品修改的,这幅画于14周前以1150英镑在哥本哈根被拍卖。专家估计,由于俄罗斯富商对本国艺术品热情不断高涨,唯利是图的人便将

200 幅欧洲画家的作品进行了“俄罗斯化”处理,摇身一变成为“俄罗斯名画”。

丹麦画家布伦·拉斯姆森的一幅田园山水画也成为伪造者的目标,他们把一个俄罗斯农民加了进去,然后改变了树木的颜色,使其看上去像白桦树。经过乔装打扮后,骗子们竟打着 19 世纪俄国最负盛名的画家伊万·辛什金的旗号将它投放市场。

评析:收藏领域中的以假乱真是世界性通病,这一点在俄罗斯也不例外。造假者的“高明”之处就在于:利用收藏者的名作情节兜售赝品,其手段包括拆东补西、移花接木、乔装打扮、华丽包装等等,难怪俄罗斯富商们纷纷掉入被诈骗的陷阱。

此案告诉我们:当你面对一幅所谓“名作”时,你首先要问问自己,天下有那么多名作吗?天下的名作居然能让我碰上吗?这样你或许就不容易头脑发热而上当受骗了。

39. 普京玩收藏也被骗

与许多名人大家一样,珍品古玩、名家书画也是俄罗斯前总统普京的挚爱。在普通人眼里,总统手中的藏品应该都是货真价实的好东西,但让人大跌眼镜的是,总统也有上当受骗的时候。据俄罗斯《生意人报》等媒体近日报道,一度被普京珍藏的一幅 19 世纪俄国名画竟然是被人改头换面的赝品。

据俄罗斯著名收藏家马拉特·格尔曼说,半年前,莫斯科巨商瓦列里·乌兹任发现自己从一对名叫普列奥布拉任斯基夫妇手中购买的 19 世纪俄国名画、古玩全是假货并报了警,起初警方并没有在意,直到后来得知总统手中的一件藏品同样出自普列奥布拉任斯基夫妇之手,他们将一幅用 50 万英镑购买的名画作为生日礼物赠给普京,联邦内务部调查委员会这才对此案予以调查。

不久前,俄联邦内务部逮捕了普列奥布拉任斯基夫妇,这桩最近几年在俄罗斯古玩市场上发生的最大一桩丑闻直接导致了俄罗斯古玩在国际市场上的价格大“跳水”。

评析:毫无疑问,世界各国的政客们都是高智商,然而他们在假货面前却未必能聪明到哪里去,俄罗斯前总统普京就是如此。这表明,收藏界的骗子绝非等闲之辈,他们会采取各种手段诈人钱财,欺世盗名。对此,善良人必须提高警惕,因为你的地位越高、身份越显赫,被轻易骗倒的可能性也越大。

40. 世界最贵名画遭质疑

奥地利画家古斯塔夫·克里姆特的《阿黛尔·布洛赫-鲍尔 I》被美国化

妆品大王劳德以 1.35 亿美元收购。

被誉为“奥地利的蒙娜丽莎”的画中人是奥地利制糖业富商费迪南德·布洛赫-鲍尔的妻子。画作中，阿黛尔身穿一件黄金衣服，仪态优雅、眼神迷离，双手交叉放在胸前，掩饰一只残疾的手指。

近日，某报发表文章提出质疑，认为这幅“世界最贵的画”可能是“世界油画市场的一种泡沫”，并指出“克里姆特是当代艺术界中的二流大师”。对此，国内相关专家予以回应。

关于价钱质疑：交易存在暗箱操作。

该报指出：“对这幅作品是否值这个价，业内人士认为，至少现在还不该到这个高度。即使此类特殊绘画作品不经常出现在市场上，也不能炒到 1.35 亿美元。”甚至尖锐地提出：“艺术品交易一直都有暗箱操作，出现这样的高价也不能排除是一种把戏。”“《黄金画作》（即《阿黛尔·布洛赫-鲍尔 I》）此次的价格是其前一次拍卖的 4.5 倍，那些批评家、艺术馆馆长和学者的想法、感情，在事实面前都显得那么卑微。”

“这件作品被誉为‘奥地利的蒙娜丽莎’，对于有 70 亿美元家产的劳德来说，给他的博物馆添颗明珠，这很正常。”北京某拍卖公司油画部刘某认为，一般来说，一个人拿出他财富的 1/50 来购买奢侈品，是可以接受的范围。况且，收藏进入更高层次后，1.35 亿美元可以做很多事，比如可以用来抵税、转让，这对一般人来说是陌生的。“艺术品越到高端市场，暗箱操作的可能性越小。”刘某说，比如国内很难炒作张大千这样大家都很熟悉的大师作品一样，克里姆特已去世，艺术史上的地位已确定，没必要也没有可能炒作他。“1.35 亿美元的天价，某种程度上来说是画家和买家共同创造的，和买家的个人喜好关系很大。”中国艺术研究院外国美术研究室文某认为，此前毕加索的《拿烟斗的男孩》，在纽约苏富比拍卖行以 1.04 亿美元的价格被拍卖，其实并不能完全代表毕加索的市场行情，因为最能代表其“立体派”风格的作品《亚威农少女》毕竟没有被拍卖。同样，《阿黛尔·布洛赫-鲍尔 I》毕竟只是克里姆特的“订单”作品，最能代表其艺术成就的象征主义作品不排除有更高的潜在价值。“艺术品拍出高价，有时就是‘讨喜’藏家，并不一定是画家最顶尖的创作。”武某对此表示赞同。

关于画家质疑：作者是个二流大师。

某报还指出：“克里姆特的地位本身就让人对价格产生怀疑。直到最近几年，不论是在拍卖场，还是大部分艺术批评家和历史学家的文章中，克里姆特还被认为是当代艺术界中的二流大师。”

“大师就大师吧，还要给人家分个三六九等，这恰恰暴露了某些人的‘等级’

观念。”王某认为，“判断一个艺术家在艺术史上的地位，重要的一点就是看他是否创造了别人未能企及的东西。”他介绍，虽然象征主义并不是克里姆特独创，但在奥地利，他的艺术成就无疑是数一数二的，“艺术品的认知、追捧肯定是有区域性的。就像很多英国人不知道齐白石、张大千，中国人不了解克里姆特，很正常。”武某认为，克里姆特的大师地位是毫无争议的，其艺术成就并不低于毕加索。

评析：一幅画卖出了1.35亿美元这样的“天价”，自然会引起各种争议。肯定派认为，这很正常，大师的巨作嘛，它值这么多钱；而否定派则认为，这很反常，充其量是二流大师的作品，怎么会值这么多钱呢？

其实，对这类事情无论人们如何看，都不过是各抒己见。因为，一件艺术品价格的产生绝非偶然，肯定派或否定派都不可能探析到其中的真正“奥妙”，只有买家自己知道为什么。所以，对于买家来说，只要自己喜欢，出多少钱都是对的，想出钱就不必担心他人说三道四。然而，谨防上当受骗还是必须的，因为如果投资股票被套还有解套之时，但投资书画一旦买假却很难脱身。

二、瓷器类

1. 工艺品冒充古董

用普通工艺品冒充古董骗人的事,媒体曝光过多次,可还是有人会上当受骗。前不久,家住某市金沙镇陵园村72岁的曹老太就被别人用类似的手段给骗了。

笔者见到曹老太时,她一脸沮丧。前两天的一个上午,曹老太陪孙子到医院打完针后,在路上碰到了一男一女两人正在商讨着买卖一件所谓的古董。那女的叫住了曹老太,说自己身上买古董的钱不够,向曹老太借点钱,并把古董放在曹老太处。男的称,这古董便宜,只卖1000元。

曹老太说,因为这女的在她那里买过菜,觉得好像认识,因此,当女方提出向她借钱以及金耳环时,曹老太认为这古董在自己手上,不怕她赖账,也就没有反对,没想到这竟然是个骗局。

在他人建议下,老太太向警方报了案。警方称,在类似的案件中,上当受骗者多为老人,警方提醒广大市民不要轻易相信过路人卖的工艺品之类的东西,以防受骗。

评析:面对一个骗子人们也许不会上当,然而碰到两个骗子上演的"双簧戏",有些人就难免中招,本案中的曹老太便是如此。只因为那个女骗子有点眼熟,还留下所谓古董做担保,曹老太就轻易地将钱和金耳环奉送之,实在不应当。

殊不知,如今在街头行骗者,最常见的道具就是所谓古董,故大家必须提高警惕,尤其老年人谨防上当受骗。

2. 买到假货抓骗子

一天上午,家住某市中心城区人民南路的市民殷先生在中心城区海棠广场附近花了500元买到了一"古董",回家后才发现上当受骗。当他和家人回去找骗子讨说法时,他却发现了另外一伙人在卖同样的假古董,于是他报了警。

上午9时30分,市民殷先生到中心城区玉堂街一药店买药时,路过海棠广场,看见有一伙人正在围观什么稀奇古怪的东西,时而还听见有人在讨价还价。出于好奇,殷先生于是也挤了过去,瞅了几眼,原来是一男子正在卖一件形状似房屋的陶器。该男子自称这件"古董"是他修房时从地里挖出来的,由于急需用钱只好把它拿出来卖掉。而此时围观的一男子立马掏出钱来准备花1200元购买该"古董",可是他却称钱包里没有那么多钱,于是该男子叫卖者在原地等他,他回去拿钱。这时,围观人群中的一高个子男子凑上前去仔细看着"古董",边看边自言自语:"这还是清朝货,很贵吧!"而另外一名背着包的男子则在旁边极力鼓动一旁围观多时的人购买,同时,他还特别"提醒"卖"古董"的人趁早便宜卖了,以免被人抢走了。听了这些,有几位围观者都跃跃欲试想买下该"古董"。殷先生心想:既然这么多人争着买,一定是好东西吧,再说这"古董"买回去摆在家里也很好看。于是经过一翻讨价还价,他最后花了500元将其买下。

买下"古董"后,殷先生用一个蛇皮口袋提着返回家中。刚进家门时,家人还以为殷先生提的是一盆花,后来殷先生告诉家人是他在地摊上买的"古董"。其姐姐一听事情的经过,就知道弟弟肯定是上当受骗了。因为她以前曾在报纸上看到过有人经常在街头摆地摊卖假"古董",合伙骗人的事。

知道上当受骗后,殷先生非常后悔,于是就立即叫上家人和他一道来到先前买古董的地方。谁知刚才卖古董的那人早已不知去向,但是该地却有另外一伙人在叫卖"古董",而且所卖的陶罐和他花500元买的一模一样。殷先生认为,这些人都是一伙的,遂上前将其扭住并发生抓扯。附近市民马上报警,派出所民警接到报警后,迅速赶到现场,并将双方带回派出所调查。

在派出所里,笔者见到了被民警带回的一名中年男子,殷先生的姐姐认为该男子就是"骗子",并称曾经看到过他在街上卖假古董骗人。但该男子却称:"我卖的是艺术品,不是古董!"当笔者问到其身边的陶罐要卖多少钱,该男子说道:"一般是500元,但要看别人怎么给价。"同时他还称,他不认识其他在街上卖假古董的人。

一名古玩收藏爱好者张先生说:"骗子使用的假陶罐质地低劣,手工粗糙,其成本不到10元。现在许多地摊上摆卖的所谓的古董,几乎都是假货。"张先生介绍道,现在要在地摊或小店铺买到真正的古董很难,一是因为人们的收藏意识已普遍提高,古董不会在较低的价位被轻易出手;二是相当一部分摆地摊的商贩,实际上是由一些专门制假售假的团伙操控的,在他们手中怎么可能有真正的古董?他提醒广大收藏爱好着,不要盲目收藏古董,即使要收藏也要找专业的人员或者机构鉴别。

派出所一名长期处理类似案件的民警说，当前一些居心叵测之徒，惯以“玉佛”、“古陶罐”、“金元宝”、“奇石”等向发财心切的人们行骗。他们寻找到对象后往往先上前攀谈，只要对方搭理，这些人便会使出浑身解数，让对方逐渐陷入骗局中。据民警介绍，这两伙人经常在中心城区用这种手段企图骗取一些老年人的钱。他们已经对这些设局的人多次进行教育，由于“古董”是仿制品，鉴定价值和取证比较难，处理起来也有不少难度，但是只要抓到现行，他们就能够对骗子进行拘留。

评析：本案中的殷先生掉进“古董”陷阱是被骗子的逼真表演所蒙蔽，他犯的主要错误在于：不会轻信一两个骗子的言行，但对一群骗子的集体忽悠却毫无抵御之力，最终掏钱买下假货。

这表明，当你走在街头碰到有人兜售任何“宝贝”时，你都不应当为其心动，因为天上不会掉馅饼，无非是利用你贪财的心理，以售其奸，如果你不贪，自然不会上当受骗。

3. 假汝窑笔洗卖百万

一个广西人用假汝窑骗了百万巨款，他之所以能行骗成功，是因为一个专家将假汝窑鉴定为真品。前不久，北京某法院公开审理这起诈骗案，出售专家鉴定为真品的假文物，是否属于诈骗行为，成为各方关注的焦点之一。

据李某介绍，他 1999 年时在河南郑州开古玩店，从民间收购了一件宋代“汝窑笔洗”，一直收藏，2010 年年初，他携带“笔洗”并化名林某前来北京，让其朋友王某帮忙找人鉴定，并试图寻找买主。检方指控说，2010 年 1 月 11 日，王与李之子一起到中国历史博物馆文物保护实验室对该“笔洗”进行检验，结论为：该“笔洗”成分中钾、钙比与宋汝窑成分不相符。

李将检验报告复印，并将结论变造为：样品中成分、综合指数与宋汝窑成分相符。2001 年 5 月，李与买主刘某找到北京中国书画收藏家协会鉴定委员会的一位专家李××鉴定，经李××鉴定为真品，刘某支付给李××鉴定费 7000 元。6 月，李将伪造的历史博物馆鉴定及一篇摘抄的介绍宋汝窑文章给了刘某，刘某信以为真，答应以 120 万元购买李的“汝窑笔洗”，随后，刘某付给李 50 万元，并写了一张 70 万元欠条。但是，当刘某再与李××联系时，李××嘱咐其慎重点，于是，刘某又到历史博物馆做鉴定，鉴定结果是赝品。

得知自己 50 万元买了件假文物，刘某异常气愤，去年 4 月，她好不容易找到李，将其扭送到派出所，派出所认为李涉嫌诈骗证据不足，遂将其释放。刘某又伙同数人在派出所门口将李带走,非法拘禁10余天,后警方在北京某酒店将涉嫌非法拘禁的刘某抓获,并对李立案侦查。

李被抓获后,经北京市文物局文物鉴定委员会鉴定,刘某所购买的"汝窑笔洗"为新仿品。李否认自己有诈骗行为,他说自己收购时也是当真汝窑收购的,自己没有变造历史博物馆的检验结论,而且经专家李××鉴定为真品后才出售,没有诈骗的故意。

检察机关认为,汝窑价值昂贵,远不止百万,李对此非常了解,但他在李××鉴定为真品后连鉴定费都不愿意交,与刘某交易时还化名林某,对刘某欠的70万元也不积极索要,明显有诈骗故意。

评析:汝窑瓷是国家馆藏一级文物,是我国宋代"汝、钧、官、哥、定"五大名瓷之一,在我国陶瓷史上有"汝窑为魁"之称,代表了我国青瓷的最高成就,目前存世极少,弥足珍贵。汝窑只在大陆以外拍卖过,拍卖价格上千万美元。

然而就是这样的国宝却仅以区区50万元成交,足见买家刘某缺乏起码的常识,真以为自己"捡漏"成功。更可悲的是,某些号称鉴定专家的人,表面满腹经纶,实际不学无术,其鉴定结果就是坑钱害人。

对此,每一个热衷收藏青瓷的人都要吸取教训,切勿轻信所谓专家或"高人",要知道稀世之宝乃百年不遇,"捡漏"的概率低之又低。

4. 鉴定呼唤良知与法治

没有人说得清楚,中国目前到底有多少人在从事古陶瓷收藏与投资,但为数众多、热潮涌动却是一个不争的事实,有人把这个数目庞大的人群称为"揽瓷大军",某报的数字是,"2005年全国从事陶瓷收藏与投资的人数约为3300余万人,在北京,经常光顾这些古玩市场的人约在四五十万人以上"。中央电视台"鉴宝"节目的高收视率,正是展现这股热潮的一个角度。

不过,一位在文博部门专事古陶瓷研究,有着数十年亲手接触大量文物的实践的专家却表示,这是一种病态收藏,其中许多人已经走入误区,到了走火入魔的地步。他举了一个极端的例子:一位投资者将自己做生意赚来的2000多万元悉数购买了古陶瓷,他将其中的一部分拿给这位专家鉴定,竟全都是赝品,这意味着,成千上万的投入血本无归。专家认为,巨大的收藏热情,来源于一个错误的认识,即:民间到处藏着文物,鉴定的混乱与受利益驱动的流通市场又起到了推波助澜的作用。

评析:根据我国目前的文物鉴定制度,国家文物局下属的国家文物鉴定委员会和各省文物局下属的文物鉴定委员会有权对文物的定级进行鉴定,而发生文物犯罪后,文物或司法部门往往委托文物鉴定委员会对文物进行真伪和级别鉴定,并作为定案的关键证据。但是,此类机构并不承担为民间收藏进行鉴定的责任。

那么,谁在对民间古陶瓷进行鉴定呢?这种鉴定的权威性从何而来?谁有资格进行鉴定并对鉴定结果负责呢?从事古陶瓷鉴定的人员和机构有没有一定的准入门槛呢?遗憾的是,没有任何相关的法律法规对此进行规范。往好了说,从事民间古陶瓷鉴定的机构和人员,完全是靠着自身所积累的专业知识和名声,来取得自己在鉴定结果上的权威,声望越高,其可信度越大。比如中国文物学会的鉴定结果,就是圈子里公认的权威结论。对一件古陶瓷出具鉴定书,通常需要经过 3 名专家共同认可。

由于门槛低,在鉴定水平上,各色人员、机构可以说是鱼龙混杂,但是,仅仅解决鉴定的能力问题是不够的,即使个个都是专家,如果鉴定结果变成为利益服务的工具,就会使原本应该客观公正的鉴定过程陷入混乱甚至黑暗,就会出现"定假为真"和"说真为假"的情况——前者是为了使赝品顺利出手,后者是为了低价收购他人手中真正的文物。

而"定假为真"和"说真为假"的鉴定方,是很难被追究责任的,谁没有"打眼"的情况呢?再说,文物的历史与文化价值本来就不便于量化,属于见仁见智。在这种情况下,良心几乎成了最后的也是唯一的防线。鉴于此,除了专业技能之外,一名真正的鉴定专家首先应该诚实做人,要讲良心。其次,要坐得住冷板凳,如果为利益所驱使,热衷公开"走穴",哪里还有时间潜心进行研究?

5. 收藏古董屡屡中套

前不久,某市公安局经济犯罪侦查大队通过缜密侦查,侦破多起以"仿古青铜器、瓷器"等为诱饵诈骗他人钱财数十万元的诈骗案,先后抓获涉嫌诈骗的犯罪嫌疑人 6 名。全案告破后,警方发现受害男子阿运除了购买所谓的文物被这伙古董商人诈去 30 多万元外,在"文物"交易中还被该团伙以各种伎俩设套骗走人民币 33 万元,总计被骗人民币近 70 万元。

阿运是该市城关的一名中年男子,上世纪 80 年代末到日本淘金,经 7 年多的苦力,他挣回了百万家产。回国后,颇有经济头脑的他觉得不能简单地把钱放在银行成"死钱",而应该尽快找些投资门路让自己的金钱升值,于是他萌生了投资的念头。在收藏热的影响下,阿运通过多方的考察和物色,最终他将投资锁定在升值潜力大、利润高的文物古董收藏这一行,并幻想着自己的百万元积蓄能通过收藏、淘宝而成几何倍数的增长。然而几年下来,事情的发展却与他初衷相背离,他费尽心思收藏的“古董”不但没有给他带来丰富的利润,相反却几乎让他倾家荡产。

阿运是从2002年下半年开始下定决心做文物古董生意的,而最先吸引他、让他“入门”的便是那些在弄口地摊摆设出售的“古瓷器、青铜器”。为摸清价格行情,阿运整天在地摊里与这些摊主攀谈,多次往来后,摊主们就“真心”地告诉阿运,他们这些古瓷器、青铜器都是自民间或盗墓者手上收购来的,价值不菲,只是他们身居内地,经济实力有限,不得以才低价出售。由于阿运本身对古瓷器、青铜器等文物知识一点不了解,全凭摊主推销,在这些摊主的花言巧语诱惑下,手头宽绰且梦想淘到价值连城宝贝的阿运是见“好”就买。本来只值几块钱的仿古瓷器、青铜器在摊主信誓旦旦称是真品,具有极高收藏价值的鼓动下,几番讨价还价之后,自以为捡到便宜货的阿运,均以每件几百元甚至数千元的价钱收入囊中,全然不知被骗。而摊主们遇上了阿运这样的好买主,一有“好货”,便不失时机地向他推荐。

尽管阿运花大把钞票买古董先后遭到妻子、儿女的反对,但阿运认定这是挣钱的绝好机会,岂肯轻易放弃,因此,只要碰到心仪之品,他总是毫不犹豫地掏出钞票买下。生怕妻子儿女责怪,又总是趁着家人不在的时机,偷偷将这些“古董”运回家。可怜的阿运,在这些诈骗团伙的诱骗下,两年间共花费30多万元,购回300余件套不值钱的假古董,如今这些“古董”已整整堆满了两个房间。

评析:花费30多万元就能买到300余件“古董”,平均每件才1000多元,仅从这样的数据就不难判断:本案的阿运的确上当了。试想一下,天下哪有这么便宜的古董呢?这些所谓古董不是假货又能是什么呢?

换句话说,如果摆地摊的骗子手里有真古董,那他们还摆地摊干什么?种种事实告诉我们,老百姓有收藏爱好不妨,但却不应当藏迷心窍,走火入魔,更重要的是,大家千万别以为遍地古董,民间皆是国宝,否则迟早掉入陷阱。

6. 假瓷器诈人一万三

谎称仿制的景德镇瓷器是明朝出土文物,骗取他人1.3万元,日前,王某被福州台江区法院以诈骗罪判处有期徒刑一年,并处罚金3000元。

2009年11月份,王某伙同乐某用化名在江西景德镇定制了一只仿古青花折枝大盘,并伪造了北京华夏物证古陶瓷鉴定技术研究所的鉴定报告书,称该大盘系明朝宣德年间的瓷器。带到福州后,两人利用欺骗手段以1.3万元的价格将假文物卖给陈某。得手后，王某分得赃款6800元，乐某分得赃款6200元。2010年4月12日，王某被公安机关抓获，乐某被抓获后退还1.3万元给陈某。

评析：一纸伪造的鉴定报告书就骗了陈某一万多元，说明陈某太过于轻信文物鉴定了。事实上，如今的鉴定证书已经没有什么可信度了，一是证书不难伪造，骗子有的是办法；二是专家可以说谎，与骗子相互勾结。

总之，普通收藏爱好者一定要牢记：天上不会掉馅饼，哪有那么多好事让自己赶上，还是有钱谨慎出手来得踏实。

7. 下乡购买古玩受骗

当前，国内从事艺术品收藏的人数以千万计。他们当中有以此来修身养性，自得其乐者；有以此为业，成名成家者；有偶尔为之，作为投资、保值的一种方式者……在古玩市场中，有些不法商贩或个体经营者利用一些藏家和买主对文物艺术品知识不深、市场经验不足的弱点，大肆向他们推销赝品、仿品以牟取暴利。

2009年6月，河北省L县公安局接到某外国公司北京办事处一位代表S先生的报案，说他在年初被人带到河北L县D村购买古玩，花了11.6万元买了14件古代瓷器、砚台、牙雕，不久就发觉这些古玩都是赝品。

事情的经过是这样的：

2009年年初，S先生在北京琉璃厂古文化街逛古玩店时，他常光顾的一家古玩店的H老板以“下面便宜”为名，主动提出带他到河北农村去买古董。S先生信以为真，不久便在他的带领下到了河北省L县D村。他们在一名“向导”的带领下来到杨姓村民家，此人搬出一个青花大缸和一个青花瓷罐。H老板在一边鼓动S先生说：“大缸是道光年间的，罐是明代的，开门的老东西，你真好运气，我来了多次都没有遇到过这么好的东西，你应当买下来。”杨姓村民赶忙解释说他祖上是清代官员，东西是祖传之物。经过一番讨价还价之后，S先生以1.5万元买下了这两样古董，还额外多给了货主2000元好处费，回京后他也给了H老板3000多元“喜钱”表示感谢。

不久，H老板又陪S先生再去L县“淘宝”。路上，H老板主动介绍购买古董“秘诀”：“在农村买东西别单个买，要撮堆买才合适。比如，有10件东西，你买一件，农民会向你要几千元，因为他们缺钱才卖东西，几百元钱谁也不缺。但如果10件东西一起买，你出一万元，农民就会动心，因为在他们眼里，一万元是个很大的数额，9999元就差一元也只是几千元，就没有吸引力了。所以我的思路是每次买东西都一定要过万元。这样买法对你也很合适，看似花了一万元大钱买了10件东西，其实每件才不过1000元。现在年根底下农民需要钱置办年货,正是买东西的好时候。”中午时他们来到上次那个姓杨的弟弟家。这次,姓杨的弟弟取出了六七件瓷器摆在床上。H老板小声地对S先生说:“你看这件‘大清康熙年制’款洒蓝地开光人物瓶和《中国造型艺术大典》中的图片一模一样,市场价格在十几万元。那个泸钧釉方尊为清代初期,十分难得。姓杨的弟弟说前几年有人出十几万元买他的几件东西,他也没出手。”接着,H老板又给S先生出主意,先给姓杨的3000元,请他让弟弟把价降下来。最后,这几件东西以近5万元成交。在回北京途中,S先生给了H老板几千元的“喜钱”。

此后不久,姓杨的村民给S先生打来电话,称有个解放前是地主的村民家里有许多古董。S先生忙租车前往,给了姓杨的1000元信息费,随他到了郭姓家,用1.6万元买下一个“大清道光年制”款矾红轧道云龙缸。同时,又随姓杨的去另一家花了1000元买了一个陶罐。

过了些日子,姓杨的和姓郭的村民相继来电话说他们又发现了有户村民“文革”时管“破四旧”拥有一些古董。这次S先生挑中了一个“大清乾隆年制”款绿釉开光童子瓶,以1.5万元成交,并分别给两名提供信息的村民各1000元“喜钱”。

这样,不到几个月,S先生先后几次在河北省L县D村以10多万元购回了一批瓷器。后来几位文化界名人到他家做客,看了他买的这批古董,都说是赝品,这也是促使S先生向河北省L县公安局报案的缘由。

2009年7月,北京中润文物鉴定中心接受河北省L县公安局的委托,根据该中心文物艺术品鉴定管理办法及有关规定,本着客观、公正、科学的原则,按照文物艺术品鉴定评估的一般公认方法,由该中心鉴定专家对S先生所提供的14件艺术品进行研究考证,发出了这批艺术品的评估报告书。

报告书在“真伪鉴定依据”项目中认为:“送鉴人(即S先生)所送鉴的14件古玩艺术品:(1)“青花荷莲鱼罐”为清代仿制;(2)“青花凤穿花罐”为近代日本国制品;(3)“哥釉弥勒佛”为民国晚期至50年代制品;(4)其余11件均为现代仿制品(赝品),仿制工艺及制作水平低劣。所用材料、瓷器胎质、釉面及器物表面花纹与真品相比有较大出入。”

报告在“价值评估依据”项目中“参考现行文物古玩艺术品市场、旧货市场、文物商店、拍卖市场同类或近似同类仿制品的价格,根据仿制年代,工艺手法及艺术水平的高低,经过专家综合评议”,对送鉴的14件仿制品与赝品进行估价,总估价为23000~29600元。

评析:S先生受骗用11.6万元购买了价值不到3万元的假古董的案件,在古玩艺术品鉴定机构的科学鉴定下终于水落石出。这一案件经过法律程序,得到了圆满的解决，但它留给我们的教训却是深刻的：便宜没好货，故事都是编的。在吃别人端来“美食”时千万别落入他们的美丽圈套，玩古玩过程中，有些“学费”只要稍加警惕就可以不交或少交。

8. 假古董行骗

用现代新仿的工艺品冒充元、清代古董，诈骗20余万元。前不久，北京市第一中级人民法院对一起用假古董行骗的诈骗案做出终审裁定，以诈骗罪分别判处被告人徐某有期徒刑10年6个月，判处被告人陈某有期徒刑4年，罚金人民币4000元。责令两被告人共同退赔人民币18.9万元，徐另行退赔人民币4万元，一并发还被害人张某。

徐某是内蒙古自治区林西县农民，与徐一起行骗的陈某是河北省张家口市农民。法院经审理认定：2010年7月6日，徐在北京某旅馆内，用一件青花鸳鸯玉壶春瓷瓶的新仿工艺品（经鉴定价值人民币50元），冒充为元代瓷瓶，诈骗被害人张某人民币4万元。

2010年8月21日，徐伙同陈等人，在海淀区某招待所内，用一对青花婴戏图瓷瓶，一件青花草虫兽头双耳方瓷瓶的新仿工艺品（经鉴定共计价值人民币150元），冒充为元代瓷瓶，诈骗张某人民币18.9万元。

稍有收藏知识的人不禁会问：明明是赝品，为什么会让人一位有多年收藏经历的收藏者上当受骗呢？徐某等人的诈骗伎俩主要有这样几招：

一是鉴定书上做文章。在赝品充斥的古董交易市场，人们辩别真假的办法主要是靠眼力也就是经验判断和仪器进行成分鉴定。如果眼力有高低之分，而仪器鉴定更具可信度更让人相信。

但仪器鉴定的结果是否能确定古董的真假呢？据一位权威鉴定机构的人士说，仪器只是鉴定成分是否与真品的成分相符，并不确定真假，在徐某诈骗案中，上当受骗的张先生也曾得到了权威机构的鉴定书，但上面表明的是成分相符，而没认定真假，这位被骗了20多万元的收藏者认为鉴定书上表明了成分相符就认为一定是真品，结果在送去拍卖时，经专家鉴定为赝品，才大呼上当。所以，在此要提醒收藏爱好者，仪器鉴定后还要找行家确认一下，以免上当受骗。

二是找“托儿”一起编造谎言，骗取信任。去过古董市场的人都知道，编故事是卖假者的一贯手段。工地施工挖出来的，祖上几代人传下来的，地里干活时拣到的，翻修房屋发现的等等。故事编得天衣无缝，骗你上当没有商量。在徐某诈骗案中，为了让收藏者上当，徐找来了陈某和另外一个人，事先徐对二人交代说，东西就说是你们的，说祖上传下来也成，说是盖猪圈挖出来的也成。在交易的旅馆内，为了让张相信货是盖猪圈挖出来的故事，徐找来的托儿袁某曾让张先生看鞋上的泥，“你看，我鞋上的泥还没来得及擦呢。”让张先生对盖猪圈得宝的故事深信不疑。

另外，利用收藏者对古董的喜爱或是想很快升值的心理，开始漫天要价，再以“交情”为诱饵降价出手，让购买者上当，等等，这些都是骗子们的老招法。

评析：本案中的张某被骗得实在太惨！两个农民用价值200元的新仿工艺品竟然骗了他20多万元，更可悲的是，张某还号称有“多年的收藏经历”。

由此看来，收藏不论资历，贪心必上当。张某最大的特点就是贪，以为猪圈里能挖出元代瓷器，而且能让自己“捡漏”，所以由贪及愚，被骗得破财丢人。事实再次表明，收藏者在卖方编造的种种故事面前，一定要保持清醒的头脑，首先要识破谎言，其次要谨慎出手，如此才能避免骗术得逞。

9. 假文物诈骗数万元

得知他人有收藏古玩的爱好后，兄弟俩心生歹念，以假文物卖与收藏爱好者，谋取不义之财。日前，某法院审理后，一审以诈骗罪判处弟弟有期徒刑3年6个月，并处罚金3.6万元；判处哥哥有期徒刑1年6个月，并处罚金1.1万元。

31岁的张平与36岁的张栋是亲兄弟，二人均系农民。张平在某市古物市场与受害人韩某相识后，得知韩某有收藏古玩的爱好，顿起歹念，随即找到哥哥张栋预谋以假文物骗取韩某的钱财。2010年1月12日12时许，张平、张栋携带3件假文物窜至韩某的办公室内，谎称假文物是真文物，骗取韩某2万元及价值近1500元的烟、酒等物。后张栋得赃款1000元，其余赃款由张平所得。

初次行骗得手后，贪心的张平又迫不及待地于次日17时许，独自携带2件假文物找到韩某。张平将其中一件假文物卖给韩某，骗取8200元及香烟一条。

韩某购买文物后，经网上鉴定得知为假文物，遂于2月10日到公安机关报案。

2月14日，张平再次携带5件假文物来到韩某办公室内，告知韩某售价4.2万元。已识破张平骗局的韩某早有防备，借口到银行取钱赢得时间，后协助公安机关将张平当场抓获。后在韩某的指认下，张栋亦被抓获归案。归案后，张平家属退缴赃款1万元，张栋家属退缴赃款1000元，已发还韩某。

法院经审理认为，被告人张平、张栋的上述行为均已构成诈骗罪。鉴于二人在家属的帮助下能退缴赃款，并在庭审中能如实供述犯罪事实，认罪态度较好，可酌情从轻处罚。此外，张平有部分犯罪事实因意志以外的原因未得逞，是未遂，可比照既遂犯从轻处罚。由此，法院做出如上一审判决。

评析：又是一起农民实施的收藏诈骗案。韩某也不想想，你喜欢收藏，对方就有“文物”，天下哪有这么巧的事！骗子无非是投其所好，以售其奸罢了。

本案提醒人们，现在国内的许多古玩市场实际上就是假货市场，形形色色的骗子盘踞其中，寻找猎物，善良的人们稍有不慎便会上当受骗，故喜欢收藏的人绝不能有任何幻想，千万别以为能够“捡漏”，这甚至比买彩票中奖还难，此言绝非危言耸听。

10. 普通瓷器骗了 20 万元

2010 年 9 月初，某公安分局刑侦五大队一位民警无意间得知：某居民小区的刘先生向亲戚朋友借了不少钱置办了一些古玩，像是被人骗了。民警提议刘先生提供一件文物鉴定，刘先生拿出一件古瓷器，专家鉴定为仿品。刘先生惊愕之余将购买的全部“古玩”拿出来鉴定，结果全部是假的。

刘先生说，4 月初一天早上，他来到某古玩市场。两名操着河南口音的年轻女子迎面走来，主动攀谈。其中一名自称“娟子”的女子哭着说：“年初，我爷爷带人到山东挖古墓，谁知遇上了泥石流，爷爷摔伤了腿，家里只有爷爷和我，我真不知该怎么办了，只有将‘老玩意儿’卖掉，尽快弄些钱好回去给爷爷看病。”

刘先生跟随“娟子”来到某小旅馆内，一名也操着河南口音的男子从纸箱里拿出“娟子”所说的“老玩意儿”，共 9 套 28 件，双方最终以 20 万元成交。几天之内，刘先生四处找亲戚朋友借钱，前前后后共筹到了 13 万元。刘先生为了不错失良机，急急忙忙找到“娟子”，希望剩余的 7 万元能缓两天再付，“娟子”爽快答应了。在将“古玩”拉回去后，刘先生分两次将剩余的 7 万元汇到了“娟子”的账户上。

根据刘先生的描述，民警认为该团伙应躲藏在该古玩市场附近外来人口密集的平房内。这片平房居住区环境非常复杂，胡同连着胡同、七拐八拐，而且外来人口密集。民警连日便衣走访，在和一个小卖部摊主闲聊中，获得一条线索：在一条胡同里，住着几名河南人，平时看不见他们干什么工作，一日三餐都是买着吃，花钱很大方，与周围的租住户相比，显得很特别。侦查民警发现，该住户中的一名女子酷似“娟子”，屋内地上还散放着几件瓷器。

近日，专案组民警获得准确线索，该团伙成员全部返回暂住处。民警将正在熟睡的四名嫌疑人抓获归案，当场收缴假古玩 40 余件及赃款 10 余万元。“娟子”最终交代，伙同姐姐、姐夫及男朋友利用假文物诈骗。

现“娟子”等四人已被依法刑事拘留。

评析：刘先生置办古玩一买就是 9 套 28 件，可谓出手大方。然而他却犯了

“收藏幼稚病”,即成功的收藏只能一件一件地淘,而绝不可能像买冬储大白菜那样论堆儿撮,因为即便捡漏你也没有机会捡那么多,可见只要有人向你推销一批货,百分之百是假的。

本案中的刘先生还有一个致命的错误,这就是被骗子的眼泪所蒙蔽,在对方声泪俱下编造的故事面前,轻而易举地上当,实在是教训深刻。

11. 普通瓷器冒充古董

俗话说:“乱世买黄金,盛世兴收藏。”当今盛世,原来为少数人所把玩的古董、书画现在也进入寻常百姓家,许多并不识古董、不懂书画的人也做起投资收藏古董、书画等藏品的生意来,古玩文物交易也日趋红火。但是,这一行业充满风险,最近广州某法院宣判的一宗案件具有警示意义。

被告吴某是广州西关古玩城一商铺的经营者。2010 年 6 月的一天,吴某邀孟某到其家中欣赏各类古董瓷器。吴某家中的青釉小胆瓶和青花海水龙纹绶带扁瓶引起了孟某的兴趣,吴某分别开价 80 万元和 200 万元。二人经过多次讨价还价,最后确定为青釉小胆瓶 6.5 万元、青花绶带扁瓶 15 万元。同年 8 月 19 日,二人互换了款物,交易完成。

后来,孟某怀疑已成交的两件瓷器不是古董,于同年 12 月 20 日将两件瓷器委托广东省文物鉴定站鉴定。鉴定书结论两件“古董”年代均为现代,质地是瓷。孟某要求退货遭拒绝,向西关古玩城管理部门投诉也未得到解决,于是向派出所报案。派出所对吴某做了讯问,并委托广东省文物鉴定站对该两件瓷器进行鉴定。结论仍是该两件瓷器属现代工艺品,不属文物范畴。孟某还以广东某律师事务所名义委托景德镇市价格认证中心对该两件瓷器进行价格认证:青釉小胆瓶鉴定价格为 1800 元,青花海水龙纹绶带扁瓶鉴定价格为 1 万元。

随后,孟某向广州某法院提起诉讼。法院经审理后认为,原告是在相信了被告所称该两件“古董”的烧制年代分别是宋代和明代的情况下与之成交的。现该两件“古董”经文物部门鉴定为现代仿制品,故原告在当时的买卖交易中,对两件“古董”的认识属于重大误解。为此,原告要求撤销该买卖交易的民事行为符合法律规定,判决如下:撤销原告孟某与被告吴某在 2010 年 8 月 19 日对两件瓷器的买卖民事行为。在判决发生法律效力之日起 5 日内,原告孟某将两件瓷器退回给被告吴某;被告吴某将交易款人民币 21.5 万元及利息付给原告孟某,并赔偿鉴定费 1000 元、估价费 1000 元和邮资费 82 元给原告孟某。

评析:本案给一些并不深谙此道而又热衷投资收藏的人一个警醒:这是一个高风险高回报的行业。这个高风险不单是市场风险,更是个人能力风险。玩古玩的乐趣就在于真假难辨,真中有假,假中有真,乐趣无穷。正因为有了真与假之分,就为藏家提供了一个施展眼力、财力、胆力的舞台。

然而要想在收藏中获得高回报,最重要的前提是不能“走眼”,否则买到了假货,那就什么回报也谈不上了。本案中的孟某至少缺乏一个衡量真假的标准,即一件价格200万元的收藏品经讨价还价后居然可以15万元成交,那它十有八九就不是真的,因为这样的价格太离谱了,令人根本无法相信其真实性。

12.216件瓷器均为假冒

一个拍卖行业务员利用自己的特殊身份,参与了一起古董诈骗案,将216件现代瓷器假冒成清康熙年代瓷器,骗得人民币58万余元。前不久,上海市第一中级人民法院对这起诈骗案做出终审判决,涉案的拍卖行业务员陈某被判处有期徒刑3年,缓刑5年,并处罚金1万元。

陈某任职于上海一家拍卖行,在工作中结识了热衷于收藏的肖某,而肖某把陈某当作古董鉴定专家。2010年9月,陈某得知方某(另案处理)要出手一批瓷器,就向方某推荐了买家肖某。起先,肖某还对这批所谓的康熙年代瓷器将信将疑,经过陈某的“鉴定”,他确信这批瓷器为“康熙瓷”,并花费58.1万元人民币购进。

行骗成功后,陈某分得赃款11.7万元。其后,肖某将买进的这些假古董交由他人鉴定,这才得知都是些现代普通瓷器。公安机关接警后,破获了这起诈骗案,陈某在供述犯罪事实后退赔了赃款。

评析:58万元就能买到216件“康熙瓷”,平均每件2000多元,这位上海的肖某未免傻得可爱,如此低价位,凡正常人绝不应当信以为真。然而肖某还是相信了,因为他被一个拍卖行的伙计骗了。

肖某的致命伤在于:他虽然不相信自己,但却相信拍卖行的人。殊不知,如今拍卖行知假卖假已经不是什么秘密,况且拍卖行作为中介机构,哪里会有什么鉴定专家?拍卖行与二手房中介一样,只不过除了卖二手房之外,还卖其他二手货,属于低端企业,搞收藏的人千万别高看它,永远要谨慎出手。

13.5天花3万连买假古董

因为“一时头脑发热”,家住广州海珠区的李女士2010年8月4~8日期间,先后3次买了34件“文物”,共花去29500元。9日,她带着其中的6件“文物”去鉴定时,才知道这些都是仿造品,而当她去找卖主时,却发现对方已连夜搬走了。

李女士说，上个星期，她到朋友朱先生家拜访，看到他家有几件铜器制品非常漂亮，李女士就央求朱先生带她去买。4日中午，朱先生带着李女士到南石头街的一间住宅楼里，找到一位姓杨的女士。据朱先生介绍，杨女士是摆地摊的，她和老公一起专卖工艺品和“文物”。

据朱先生说，他们那天走的时候并没有买东西。他还提醒过李女士，买这些东西要慎重，但他没想到李女士当天下午就回去买了7000多元的东西。

李女士说，在杨家杨说她家里的几件青铜器是战国时期甚至是商朝的文物。李女士说，她是一个爱艺术的人，这些“文物”看上去虽然沾满泥土，但做工精美，让她越看越喜欢。因此她第一次就花了7000多元买了一批青铜器，其中包括一把据说是战国时期的青铜剑。

此后，李女士在6日和8日两次到了杨家，买了一批青铜器、陶器和玉器，合计两万多元。

李女士说，她也曾经想过要找人鉴定，但是杨说，这些东西都是她在河南的哥哥盗墓盗回来的，现在哥哥在河南出了事，如果现在去找人鉴定不是太好。

9日上午，李女士一觉醒来，看着她买回来的这些“文物”，突然感到有些“后怕”，她将其中6件比较轻的“文物”挑出来，拿到位于文德路的广州市文物总店做鉴定。“那个做鉴定的人一看就说是假的。”李女士回忆，“他说这块玉是真的玉，但上面那些斑点是用硫酸腐蚀而成的。”李女士向笔者出示了一张发票，上面写着“代办鉴定瓷器6件，均属新仿古工艺品”。

李女士说，事发后她六神无主，当天晚上就打了电话给杨，说她最近等钱用，想要退掉一部分“文物”。杨在电话中答应得很爽快：“好啊，你来，我退给你。”然而当李女士带着打包好的三大箱“文物”来到杨家时，却发现这里已经人去楼空，邻居们说他们夫妇俩已经连夜搬走了。

评析：一时头脑发热让李女士丧失了理智，落入骗子设下的圈套，她也不想想，天下哪里会有那么多文物，让你轻而易举地淘到手，而且不用花大钱。

本案再次证明，在艺术品交易过程中，如果有人向你成批地推销所谓文物，那就百分之百是假货，因为普通人如何有大量文物？又怎么能分辨出真假文物？更何况推销人还是摆地摊的，仅从这一点看，就不应当相信他们。

还是那句老话：千万不要财迷心窍，小心掉进陷阱。

14. 鉴定证书无人信

花2万多块钱开具的12张真品“鉴定证书”竟然被人笑话，这让渴求得到认同的古玩玩家张先生既心疼又困惑，而鉴定中心和鉴定专家坚持肯定自己的鉴定结果。这一切，没有第三方能给出一个准确的说法。为此，业内人士提醒各位欲踏入古玩业的收藏爱好者们保持良好的心态，警惕市场风险。

2010年12月20日下午，张先生抱着瓷器，拿着鉴定证书及其他材料，来到北京市工商局重要商品分局进行工商调解，调解的另一方是北京某文物鉴定有限公司。对于对方提供的文物鉴定结果，张先生等人产生了质疑。

“你看看，我们到他们公司找专家鉴定开的鉴定证书拍卖公司都不认，现在它们已经成了一堆废纸。”从纸袋里拿出12张鉴定证书，张先生说道。

1998年前后，张先生在全国淘宝热、收藏热兴起的大潮中，他花费7万多元先后购买了近百件各类瓷器。但经多家拍卖公司认定，这些全都是赝品，张先生只得将其束之高阁。2009年12月18日，电视台的一个节目重新点燃了张先生的热情。

“那是一个‘追寻元青花’的节目，孙某正在向收藏爱好者讲解元青花的鉴定知识。”听着节目里介绍的“国家鉴定委员会委员”和“北京市鉴定委员会委员”的“权威头衔”，张先生决定找“这位权威的老专家掌掌眼”。

2009年12月21日，张先生第一次来到北京某文物鉴定有限公司。“我只带了一件青花瓷器，孙先生说是真的。”随后，在2010年5月31日至7月15日一个半月里，张先生先后14次带了27件各类瓷器找到孙某。经鉴定，其中有12件是真品，“甚至有具有馆藏级别的精品”。

“我乐昏了头，觉得遇到了知音。”为了证明这些瓷器的货真价实，方便买卖，张先生提出开具证书的要求，“鉴定费100元1件，证书2000元1张，我花掉了2.5万多元。”

很快，张先生就乐不起来了：各家拍卖公司仍坚持这些瓷器是赝品，对鉴定证书也嗤之以鼻。

为了验证自己收藏品的价值，张先生说2010年6月26日至8月24日的近两个月时间里，张先生带着瓷器和证书再次来到北京的一些拍卖公司，“没有任何人对此买账、认可”。

抱着一丝希望,张先生先后将自己被孙某鉴定为真品的5件瓷器带到2010年10月6日在京门大厦举办的艺术品鉴定活动中,"经陶瓷鉴定专家叶佩兰和杨静荣的鉴定,都说是赝品。"为了更慎重,10月10日,张先生又请了琉璃厂的专家鉴定,但奇迹再也没有出现。

在工商调解过程中,北京某文物鉴定有限公司的郑先生表示,孙某是他们公司的外聘专家,公司会对其鉴定结果负责,鉴定公司也拒绝了张先生的赔偿和道歉要求。

"他确实到我们公司找到孙先生进行文物鉴定,我们也提供了鉴定服务并开具了鉴定证书。"对于鉴定27件瓷器、开具12张证书、收取两万多元费用一事,郑先生坦然承认,"直到现在,我们仍然会对我们的鉴定结果负责。"

不过,鉴定公司代理律师段先生认为张先生找到以前鉴定的那几家拍卖公司和其他专家对鉴定结果进行核实的过程,无法证实,对此做法和其他鉴定结果不作评价。他说:"不同的专家鉴定出不同的结果是合理的。文物鉴定是一种咨询活动,结果只对以后的活动有参考作用,而不负有法律责任。"

某笔者联系到了事件核心人物,国家鉴定委员会委员孙某老先生。

笔者:对于张先生的事情,您有什么解释?

孙某:这位张同志买了东西想发财,拿着证书去卖东西,结果东西没卖出去就回来找我了。我的鉴定结果我肯定。这些东西都不是流传的东西,很多都是没见过的,有不同的看法是可能的,实践出真知。

笔者:既然是好东西,为什么拍卖公司不收呢?

孙某:当时我就跟张同志讲过,不要拿我的鉴定证书去拍卖公司。拍卖公司有自己的人做鉴定,他们更相信自己的判断。另外,他的这些东西大家都没有见过,拍卖公司也不敢接。

笔者:您记不记得一共开出去多少张证书?这些证书对别人的拍卖有帮助吗?

孙某:不记得开了多少张,当然有帮助。以前有个德国华侨花几万块钱买了一个乾隆的牌位,我鉴定后说是好东西,给开了证书,后来拍了400万。

笔者:这些证书的价格都是您定的还是公司定的?

孙某:都是公司定的。以前是几百块,后来才涨到2000块了。不过有的熟人还是收几百块钱,有的还免费。

笔者:那您能拿多少钱?

孙某:这些钱都是公司收,他们给我工资。我不在乎这钱,以前一直在潘家园做义务鉴定。

笔者：您出来进行鉴定活动是以个人身份还是以鉴定委员会委员身份？

孙某：当然是个人身份。我会对自己的行为负责，为了自己的名声，我也不会说假的。

对此，北京市工商局特殊商品分局的工作人员表示："目前，法律上没有对鉴定中心的资质进行明确规定，也没有规定什么样的人能做鉴定以及专家的权威性。"因此，对于张先生和北京某文物鉴定有限公司之间的问题，他们只能按规定进行调解。

他打了一个比方："这和点子公司有些相似。他们帮你出主意，这个主意可能给你带来收益，也可能让你赔本。你信就来，不信也可以找别人。"

这位工作人员表示，鉴定中心属于技术咨询公司，与顾客之间的关系属于委托服务合同关系，"张先生找到鉴定公司，鉴定公司按照要求提供了服务，并出具了结果。服务合同已经履行完成，这个过程是没有瑕疵的。"

"这些民间鉴定中心出具的鉴定证书只能起参考作用，我们更愿意相信自己的鉴定意见。"北京某拍卖公司专家马某说，文物鉴定市场鱼龙混杂，专家出具的鉴定证书只是个人意见，拍品的真伪并不能靠此确认。马说，对待拍卖的文物及艺术品，如果对真伪存疑，一般是找多位业内专家共同鉴定。这里面，如故宫博物院的耿宝昌先生这样的权威意见，是得到业内普遍认可的。

"北京市清理行政许可事项后，文物局没有这方面的行政审批权限，我们不能越权管理。"市文物局文物市场管理处工作人员介绍说。

这位工作人员说，孙某的"委员身份"是可以肯定的。他介绍说，受市文物局委托，北京市文物鉴定委员会主要负责三方面的工作：对拍卖公司的文物进行鉴定，对馆藏文物进行鉴定，对涉案文物提供司法鉴定意见。从事这方面的工作都是以 3 人为一个小组进行。文物鉴定委员会委员在市场上出具鉴定意见是个人行为，如果出现问题，也由个人负责。

评析：目前我国的文物鉴定市场行业还不够规范，只能靠古玩爱好者自己规避风险。全国的文物鉴定公司加起来也就百八十家，而北京市场上大概有四五十家。这些公司大多从外部聘请一些国家级文物相关单位的退休专家作为他们的顾问，从事文物鉴定工作，也会根据鉴定的结果和顾客的需要出具鉴定证书。

在这种情况下，对于个人特别是退休专家的鉴定只能作为参考，因为它仅代表个人意见，或民间机构意见，而非官方的正式鉴定结果，不能作为唯一的权威证明。退一步说，由于中国书画、瓷器等至今仍缺乏科技含量高的鉴定手段，故任何机构或专家的鉴定意见都会受到质疑，"你看真我看假"的这种状态将长期存在，广大收藏者千万不应当过于迷信之。

15. 文物造假水平惊人

“现在沈阳古玩市场上，95%以上的古玩都是赝品，文物造假风越来越盛。”采访中，一位进入此行30多年的业内人士张先生向笔者透露，和外地一些古玩市场相比，沈阳古玩市场造假风比较严重，甚至不少拍卖行都混入了大量赝品，成为赝品集散地。

在盛京古玩城，一个专门经销瓷器和杂项的古玩店主对笔者坦言，他店内的东西从上万元到几百元都有，绝大部分都是现代仿品。“一般都是卖给不懂货的外地人，就算发现有假，事后来找也不认账。要是认识的行里人来淘货，给他们看的就是另外的货物了。”分析沈阳古玩市场造假盛行的原因，沈阳收藏家协会副秘书长李某表示，主要是古玩市场利润十分惊人。

拍卖市场上基本是一年升值30%～50%，有的文物过两年再拍，就能升值一倍，这种情况自然刺激民间收藏越来越火，但经过近30年市场运作，有品质的文物已经不多了。面对庞大的市场需求，造假产业自然越来越兴旺，所以市面上所谓的文物商品大量是仿制的，真品只能越来越少。笔者采访的业内人士和专家一致认为，大量赝品充斥市场对正常的艺术品交易造成了极大冲击，藏家不愿出货，买家望而却步。

2010年1月5日，在张先生的介绍下，笔者与古玩市场上一个专门经销赝品的叫老孟的人取得了联系。因为是熟人介绍，老孟对笔者坦言，他以前就干过古玩造假这一行，后来收手不干了。据他讲，他现在店里卖的货90%都是赝品，就连20世纪初民国时期的古玩都有。他一般都是从兜售赝品的小贩手里进货，而这些小贩则直接从造假者手里进货，“有的是沈阳本地人造的，有的是从外地而来，像这种古钱币，就是我从天津杨柳青个人开的小窑里上的货。”

沈阳的造假队伍到底有多大？业内人士告诉笔者，现在沈阳从事文物造假的至少在百人以上，这个数字还是保守的，而其中高手也有10多个，他们通常都有专门造假的窝点，而且水平很高，在胎质、色彩、纹饰等各方面完全可以以假乱真，就算行家也很难辨别真伪。张先生就曾去过位于于洪区的一个制作点买过高仿品，对于其造假水平，张先生都感到佩服，“一间小破屋，一个小炉子，就能做出逼真的高仿品，你真是不服不行。我当时一下子就买了3万多元的货，做得太精致了！转手就卖了 20 多万元。”

对于笔者提出介绍造假者给笔者的要求，张先生毫不犹豫地拒绝了，“我们这个圈里的人互相都认识，我不能‘卖’了人家啊！再说就你这样一点不懂古玩的，想见也见不到！”据他透露，这些造假商十分警惕，没有熟人介绍根本搭不上线，就算与他们取得联系了，对方也会就古玩方面知识攀谈半天，如果没这方面知识，根本无法取得对方信任。

据张先生讲，随着造假产业的兴旺，造假者的分工也不断细化，这些造假机构组织严密，分工越来越细，销售渠道固定。他们之中有专门负责制造赝品的，有负责联系买家的，一些大的造假者还雇人负责去经销商处兜售。

造假市场从过去的个体造假变成了团体造假，从生产到出货已经形成了完整的产业化链条，“有时候这边刚出土一件宝贝，没过三四天就出来仿制品了。”据业内人士讲，造假者内部组织十分严密，做工精美的高仿品都销往海外，而中、低仿品则更多地流入了民间。

评析：本案显示，沈阳有一支造假队伍，古玩市场 95% 以上都是赝品。那么国内其他地方就没有造假队伍吗？回答是肯定的。

事实上，如今的古玩市场就是假货市场，这一点毫无疑问。近年来，有些地方在发展文化创意产业的过程中，开设了许多古玩市场，其实就是在新增假货市场，从而助推了假货泛滥，培育了一支庞大的造假大军。正如本案所披露的：“造假产业兴旺”，“造假机构组织严密”，“造假者分工细化”，“拍卖行也成为赝品集散地”等等，令人触目惊心，尤其让广大收藏者无所是从。唯一可能有效的解决办法是，广大收藏者要擦亮眼睛，戒除贪欲，力争使长期存在的假货市场逐渐缩小。

16. 百元“古董”骗老汉

拿不足百元的花瓶冒充古董做“质押”，一次性“借走”25 万元后便销声匿迹，前不久，涉嫌诈骗的 3 名嫌疑人被警方逮捕。

2010 年 3 月 14 日上午，家住北京昌平 70 多岁的马先生在回家路上遇到了两男一女。据马先生讲，其中一人抱着一只深色的花瓶。他们说因为要忙别的事，想把手中这个价值连城的“古董”花瓶寄存在马先生家，马欣然同意。随后，他们拿出了一个拍卖公司的鉴定证书，声称花瓶值上百万元。这时，3 人提出想借马先生 25 万元办点急事，事后将以一倍的利息返还。信以为真的马先生取出 25 万元交给这 3 人后，对方的电话就再也打不通了，他随即向昌平警方报案。3 月 27 日，3 名诈骗嫌疑人悉数落网。

据嫌疑人交代,他们行骗的道具是在地摊上随便买的,价值不到百元。警方提醒,凡遇有与上述案情相似的被骗群众,请尽快与警方联系。

评析:马老汉上当至少有两个原因:

其一是轻信。面对拍卖行的鉴定证书,马老汉认为自己面前的花瓶价值百万元,这里他犯了轻信拍卖行的错误。殊不知,拍卖行无权出具鉴定证书,这与其业务不符,而且拍卖行也可以出具假证书。

其二是贪财。面对骗子的花言巧语,马老汉认为借出25万元将收获一倍的利息,即便出事也还有百万元的花瓶顶着,这里他犯了过于贪图钱财的错误。殊不知,骗子手中的花瓶原本就不值那么多钱,否则他们怎么可能同意将其寄存在陌生人家里呢?

以上表明,街头骗子实际上并不高明,倒是人们自己的种种错误行为或不良心理成全了他们。

17. 夫妻俩买假文物被骗

一天下午4时30分,某派出所接到市民肖先生报警,称几天前骗他4000元的假文物贩子正在一间民房内向其他市民行骗。警方立即赶到报警地点,将两名正在家中整理假文物的贩子抓获。警方发现,报警的肖先生和妻子为了帮助警察抓住假文物贩子,居然在报警地点的对面租了旅馆居住,而且一住就是5天。

原来,某日上午,爱好收藏的肖先生和妻子王女士在古玩市场闲逛,想淘一些古玩回家,这时,两名年轻男子凑了上来,每人掏出一件物品给肖先生看。一人掏出了一只温酒的铜酒壶,一人掏出了一只刻有精美花纹的瓷坛。两男子悄悄对肖先生说:"这两件东西都是清朝的文物,现在是国宝。"肖先生提出找个地方仔细查看,价钱合适就买。两男子又称:"两件东西是国宝,我们是好不容易从收藏家那里偷来的,不敢在这里交易,被人逮到就完了,这样吧,我家就在附近,你们到家里来看最安全。"

说完,肖先生和妻子来到一间出租房,因为古玩鉴别能力浅,经不起贩子的骗诱,在银行卡上取了4000元钱现金,买下了这两个"国宝"。第二天,肖先生感觉不对,拿着"国宝"去南京市博物院找专家鉴定,发现所谓的"国宝"都是假的,最多值十几元钱。

发现上当后,肖先生当即赶到受骗的那间出租房,发现骗子们不在家,他为了不打草惊蛇,决定守候在门外,等到骗子回家后再报警,但等到晚上也不见有人回来。出租房的对面恰好有一家小旅馆,肖先生在2楼找了一间房间,窗户正对着出租房。他认为这个房间很好，便以每天50元钱的价格住了下来，随后他的妻子也搬来跟他住在一起。每天一大早，肖先生一起床就开始盯着出租房，一直守到夜晚才睡觉，一天天下来，出租房一点动静也没有。

那天下午4时20分，已经等了5天的肖先生突然发现有两个男子开门进了出租房，从不清晰的人影看，依稀有点像骗他的那两个骗子，于是他赶紧离开旅馆，跑到出租屋附近盯着，不让里面的骗子跑掉。随后他立即报警，5分钟后民警赶到现场，他带着民警冲进出租屋，屋内的两名男子见状，一人上前堵门，一人赶紧掏出手机打电话给同伙："我要被抓了，千万不要回来了。"话刚说完，民警将两人抓获带回派出所，两人在派出所里交代了合伙诈骗肖先生的经过。在出租屋内，警方还发现十余件假文物。

评析：难得肖先生如此执着地协助警方抓住了骗子。然而他在识破骗术方面却远远不及格，误以为区区4000元就能买到两件国宝，真让人怀疑他的智商。

本案告诉我们，在古玩市场遇到有人推销"国宝"，千万别相信！因为现在的古玩市场鱼龙混杂，所谓"文物"一定是假的，而仿冒品才是真的。善良的人们在这种地方逛逛不妨，但想"捡漏"却十有八九是找错了地方。

18. 骗子设局老板上当

不久前，某旅社老板被骗子"卖古董发大财"说动了心，入伙倒卖"文物"，却花3万余元买得几件假货。精心设骗局的嫌犯万某（在逃）则让旅社老板"礼送"自己出境，丢下同伙邓某、杨某两人遭警方捉住。近日，某检察院以诈骗罪对邓、杨提起公诉。

2010年5月，四川人邓某、万某商量：以低价收购假古董，高价出售给那些贪小便宜的人。二人分工，邓以收购为名负责结识当地人，然后找当地人拿假文物与"买家"进行交易；万则冒充鉴定人、寻找"买家"并负责进货。

当月下旬，两人来到黔江，假装互不认识，分开居住。白天，邓以收购文物为名走村串户，万则物色"买家"；夜晚，二人偷偷互通情况。

不久，邓结识了黔江人杨某，并安排杨与万住进了旅社。万、杨二人向旅社老板黄某大吹倒卖古董发大财的事，游说黄一起入伙做文物生意。

黄经不住诱惑，决定入伙，且分工负责保管收购来的文物。万见时机成熟，回老家弄来"与愿印佛像"、"执法器佛像"、"禅定印佛像"3件"文物"。次日傍晚，邓某、杨某及其弟一起，携3件"文物"先期到达金溪镇，随后万将黄某诱骗到金溪。

杨称3件"古董"是烧香拜佛留下来的文物。最后，万"出资"一万元，黄出资1.4万元,合伙买下3件“古董”。

万常在黄某面前给广州朋友“打电话”,假装询问古玩市场行情(后警方查明,万根本没打电话,有时手机都没开就拿出来“狂打”),使黄深信不疑,于是又花1.6万元买进多件“文物”。

连续诈骗5次后,见黄身上已无油水可捞,怕露馅的万假称要到广州谈生意,丢下“文物”由黄继续保管,让黄付了机票钱并送自己出了黔江。黄某天天在家坐等好消息,多天音讯全无后才如梦方醒,并迅速报案。

警方及时将还不知信息、没来得及逃走的邓某抓获。经查明,邓某、杨某3人虚构事实,以假充真,诈骗金额3万余元。

评析:本案中的万姓骗子十分狡猾,他先以共同投资为名诱骗黄老板购买假货,后又金蝉脱壳,逃之夭夭,不愧是诈骗高手。

反观黄老板,放着旅社不好好经营,偏要“买古董发大财”,结果被人设局骗惨,最终非但没能发大财,还白白丢失了银子,真是事与愿违。

由此看来,古玩市场水很深,普通人应当谨慎涉足,在没有十分把握的情况下,一定要捂紧钱包,以免上当受骗。

19. 数百万元买了一屋子假瓷器

2009年7月23日上午,某文博机构主办、面向全体市民的免费文物鉴定会,在深圳南山区翡翠钟表博物馆举行。来自广州、深圳的文物鉴定专家们和上百位市民面对面,评价鉴定众多的“宝物”。

市民带来的有真东西,如明弘治年间出品的“海捞瓷”、清中期的玻璃洗子、清同治年间的碑拓、光绪年间的景泰蓝大盘等等。专家告诉笔者,东西真归真,但这些东西存世量很多,价值就不那么大。

更有买假货上当受骗者,叫人看来很为其担忧。市民姚女士带来几个箱子的瓷器,每个箱子里又层层摞套有若干件,一件件体量都不小,摆放出来给专家看,或是仿哥窑的,或是仿青花的,或是仿粉彩的,全都是些现代仿制品,从头看到尾,没有一件古东西。听了专家的结论,姚女士流汗了。笔者问她,买了多少?总共花了多少钱?姚女士说:“嗨,别提了,都是老公从街上折腾回来的,藏了好些年,已经装了满满一屋子,花了好几百万,老公总跟我说是真东西,我半信半疑。今天,我在家挑些好的拿来,让专家给看看,结果全假!”

评析:收藏是“小众”行业。

一要有钱,有钱才交得起学费,但非常有钱的人在我们当下的社会毕竟是极少数。

二要有文化，光有钱不成，还要有知识的储备，理论和实践都是行家里手才行。

三要有时间，时间充裕才可以多看真东西和假东西，多看博物馆和古玩市场。比方说，目前造假的技术在不断创新，仿得越来越像，如果仅仅停留在以前的知识层面，很难“魔高一尺、道高一丈”，照样被蒙、被骗。

由此可见，要想收藏且在收藏中减少风险，以上三点缺一不可。

20. 收藏者被骗 9 万多

一伙来自江西景德镇的男子，谎称手中的 7 件普通瓷器是明代成化年间的珍贵古瓷，骗走了福清文物收藏爱好者林先生 9 万多元。

2010 年 6 月 2 日下午，林先生接到一个陌生人电话，对方自称来自江西景德镇，手上有一批战国时期和宋代的玉器。林先生十分心动，于是与对方约定，6 日在福州火车站附近见面。

6 日中午，林先生按约定，在火车站附近一家旅馆见到两名中年男子。看了他们的玉器后，林先生很失望，因为对玉器颇有研究，他一眼就看出那些玉器不是古玉。就在林先生准备离开时，其中一名男子突然说道，他手上还有一些明代瓷器。

林先生顿时又心动起来，而那两名男子看起来十分老实，肯定不会撒谎。于是，他对两人的话深信不疑，最终花 9.5 万元买走了 7 件青花瓷器。

6 月 11 日中午，那两名男子又打电话来，称其手上有一批更好的古瓷器，问林先生要不要。林先生顿时起了疑心：古瓷器很珍贵，一个人不太可能刚卖掉 7 件，又有一批更好的。

于是，林先生便拿了那 7 件瓷器找专家鉴定。结果专家证实，这只是近年才烧制的普通瓷器。此时，林先生才知道自己被骗了。于是，他急忙向福州火车站派出所报警。

在民警的指导下，林先生引诱骗子到福州火车站附近一家招待所交易。

20 日中午，两名男子又带了一名同伴，出现在那家招待所，民警当场将 3 人抓获。经调查，该团伙一共有 4 人，均来自景德镇。

事后，经过省文物鉴定中心专家鉴定，林先生买的 7 件瓷器全是现代生产的，市场价也就 2000 元左右。民警提醒说，私下交易文物属于非法行为，此外，当遇到这类自称来自江西景德镇、手上有很多祖传古瓷的人，可迅速拨打 110 报警。

评析：本案中的林先生最终总算明白：“一个人不太可能刚卖掉 7 件古代瓷

器,又有一批更好的”,事实正是如此。因为街头骗子的最大破绽就是:你要多少我有多少。对此,每一个收藏者都应当想到,原本物以稀为贵的古代瓷器突然可以批发,那不是假货又是什么?

然而遗憾的是,林先生明白这个道理还是有点晚,故他白白花了9万多元买进一批现代瓷,为自己的无知缴纳了一笔昂贵的学费。

21.副局长参与诈骗

分管刑事侦查的公安局副局长,竟参与亲兄弟一伙的诈骗团伙,假冒民办教师骗取深圳一商人的巨额钱财,案发后又编造假案情将这起诈骗案移交到自己手下亲自办理,并指示同伙“诈死”以逃避罪责。

某县公安局原副局长涉嫌诈骗罪、徇私枉法罪一案昨日在深圳市中级人民法院开庭审理,与他同案受审的有其兄弟4人与另外一名同案犯。

本案主谋范某,现年46岁,江西省金溪县人,原广州荔湾区陶瓷商人。这个只有小学文化的商人,后来成为这起假冒古董陶瓷诈骗案的主谋,并将其身为公安局副局长的弟弟以及其他两名亲兄弟拉下水,使一家四兄弟成为同案犯。

做陶瓷生意多年的范某,一心希望自己能发大财。2009年的一天,范招来在家务农的弟弟以及摆地摊做仿瓷生意的李某,外加常年在乡下收旧货的付某(另案处理),商量用仿古瓷假冒清三代古董瓷器“捞大钱”,3人密谋一番后,进行了分工。

他们把目标盯准了深圳商人王某。按照分工,由付某提供仿古瓷,李和付做中间人介绍王某向冒充古董瓷持有人的范某收购古董瓷,由范某冒充文物鉴定专家和古董瓷收藏者,为王某提供鉴定意见并诱导王某高价收购古董瓷。

2010年8月11日,李和付携部分仿古瓷器来到深圳与王某见面,范某亦来到深圳,为王某鉴定,声称仿古瓷系古董真品,并提出向王高价收购。王某信以为真,遂向李和付提出以人民币160万元收购该套瓷器。

14日,王某依约携带现金人民币160万元前往江西省鹰潭市,入住香江大酒店,李和付带范某携带16件仿古瓷前往交易。

此前,范某从其另一亲兄弟处取得一族谱,后按照谋划,在见到王某后,声称自己系族谱所记民国时期吴姓高官后人,古董瓷持有人,进一步骗得王某信任,完成交易后,骗得王某人民币160万元。

8月27日,范某等伙同付使用同样方法,再次骗得被害人王某人民币54万元。

据检察院指控,原县公安局原副局长的范某,比其哥哥范小3岁,因为其特殊身份，成为该案引人触目的焦点人物。

据检察院查明，这位原副局长并非从一开始就介入此案件，而是在见其兄等人诈骗成功后，提出参加诈骗活动的，他的要求得到范等人同意。

据查实，当年 11 月 4 日，这位原副局长假冒在民间收购古董瓷的陈姓民办教师，与范及付使用同样方法，又一次骗得被害人王某人民币 72 万元。

评析：本案中的王某也太容易上当了，第一次被骗 160 万元，第二次被骗 54 万元，第三次被骗 72 万元，累计近 300 万元，难怪身为县公安局副局长的范某也要迫不及待地加入诈骗团伙呢。

上述诈骗事实表明，初涉收藏市场的人首先要防范假货风险，面对一个个精心编造的故事、一堆堆五花八门的谎言，切记保持清醒的头脑，否则便会像本案中的王某那样，被人骗得惨不忍睹，损失巨额钱财。

22. 买“文物”捐献谁料是仿品

63 岁的华县农民谢某在镇上的旧货市场上看到了一个“九龙戏珠”的工艺品，他觉得这个东西他在新华书店的一本文物书上见过，“这是文物，我一定要想办法把它送还国家”，这个念头促使他拿出了全家一个月的生活费买下了这个“文物”，并着急得连拖鞋也没来得及换就赶到西安市长安区亲戚的家中，让亲戚帮忙联系有关部门捐赠事宜。

笔者在西安市长安区青年南路何先生的家里见到了发现“文物”的这位农民，他是何先生老伴的侄子。谢讲述了他发现“文物”的经过。谢说，因为他家里比较穷，每到冬天来临时，都会到镇上的旧货市场给家人买旧衣服御寒。2010 年 11 月 9 日，他再次来到镇上的旧货市场。“在旧货市场的一个拐角，我看见一个人面前摆了一个东西，不时让路过的人看，看完了又用布盖住，我好奇地过去看了看，发现是一个工艺品，仔细一瞧，是个文物。”谢肯定地说，“那个工艺品是个九龙戏珠，上面有九条龙，还有印章，民间的东西哪有龙啊？肯定是皇宫的东西，我在新华书店的一本文物书里看到过这个东西，绝对是文物。”

看到“文物”流失在民间，谢非常着急，想着文物是国宝，应该是属于国家的，他决定把这个“文物”买下来送还给国家。谢说：“我上前询问这个东西多少钱？人家说 200 元，我说便宜点行不？人家说不行，我就说 200 就 200，我买了，就拿出准备给家人买衣服的 200 元钱把这个文物买下了。我刚买完，就有一个人说他愿意再加 200 元买我的这个文物，我告诉他，你就是出 200 万我也不卖，这是国家的东西，应该还给国家。”问他 200 元对于他来说数目大不大？谢想了想说：“对于我们这样的农民家庭来说，200 元足够我们一家 4 口过一个月了。”

那他为什么还毫不犹豫地买了这个东西捐给国家呢？对于这个问题，谢回答到："我是个农民，给国家也做不了什么贡献，看到有人卖国家的东西，我把它买下来还给国家，也算是给国家做一点贡献吧。"

谢一边讲述一边小心翼翼地拿出了他用衣服里三层、外三层包裹着的"文物"，笔者眼前的这个东西是一个九龙戏珠的工艺品，上面的珠子上盘着5条龙，下边的底座上雕着4条龙，底座上用小篆写着"九转乾坤"，底部刻着6个小篆体的字，但除了"大明"两个字能看清楚外，其他的字迹都模糊不清，谢说，据上面的图案和字迹判断，这应该是明朝的东西。谢拿着他的"文物"和笔者一同来到陕西历史博物馆，博物馆文物征集处的处长在用放大镜仔细观察后，用一根针挑了一下底盘，严肃地告诉谢："这不是文物，只是仿制品，外壳是用塑料做的，里面可能灌的水泥。"耳朵有点背的谢在笔者用手势告诉他结果后，表情僵住了。低头沉思了一会儿，他说："只要不是国家文物我就放心了，我主要是担心国家的文物流失，这个东西我还可以拿回去让小孩玩。"随后长长舒了一口气。

评析：谢某的爱国之心值得钦佩和赞扬，然而他认为有龙形图案的东西即为文物确是一种偏见。因为，骗子做假也可以使用龙形图案，这根本就是太容易不过的事情，况且本案中的所谓"国宝"对方才索要200元，仅从价格来看就绝非可能。

谢某的经历再次告诉我们，很多民间收藏者极度缺乏文物艺术品方面的知识，这也是他们轻易上当受骗的主要原因之一。

23. 假文物充当真古董

收藏古董看走了眼，兰溪市区严大伯被两个江西文物贩子一下子骗走11万元；当严大伯识破骗局时，两个江西人早已消失了。痛心之余的严大伯向警方报案，在警方的安排下，严大伯放长线钓大鱼，前不久，这两个骗人钱财的文物贩子终于落入了法网。

严大伯平时喜爱收藏古董，空闲时总爱到古董市场"淘宝"。2009年12月，他在古董市场上结识了两个江西来的文物贩子，当时双方互留电话号码。过了没多久，两个江西人带了一批瓷器找到了严大伯家中，称这批瓷器是村里修公路时挖出来的，都是明朝时候的"宝贝"。同行的还有一个自称是"村书记"的人，这个"村书记"向严大伯保证，这些瓷器全是真货色，他可以做担保。左挑右选，严大伯看中了6件瓷器。这伙人开价16万元，经过一番讨价还价，最后以11万元成交。

严大伯买下这批瓷器后，他的几个收藏古董的朋友看了后都说是假的，放心不下的严大伯请来专家鉴定。经鉴定,这6件瓷器全是现代仿制品,每件瓷器价值最多不过二三百元。严大伯痛失巨款连呼上当,在朋友的劝说下连忙向警方报案。警方授意严大伯继续与文物贩子保持联系,一有线索马上向警方报告。

2010年1月,严大伯又与这两个江西文物贩子联系上了,他对两人称还想购进几件瓷器。两贩子以为骗局没有败露,便又带着一批假古董来到兰溪,这下被警方抓个正着,两文物贩子承认了贩卖假古董的事实。目前,案件还在进一步调查之中。

评析:又是似曾相见的案子,只不过本案中的骗子所编的故事是“修公路”,这与“挖猪圈”、“弄菜窖”之类何其相似,真是殊途同归,无非是欺骗善良人,让他们相信“文物”遍地有罢了。

可惜本案中的严大伯淘宝心切,误以为11万元就能买下6件明代瓷器,却偏偏忘记了:离奇的故事只不过是诈骗的道具而已,身在古董市场不能轻信任何人,江湖险恶,谨慎才能保安全。

24.6万元买堆假古董

花4000元买的瓷器,其他商贩只开价500元;花5000元买了一套纪念章,有人只卖400多元。仅仅两年时间,浙江省温州市的刘老先生就被假古董骗了6万元。

今年75岁的刘先生是从2008年开始收藏古玩的,种类包括陶瓷、翡翠、纪念章等。刘先生告诉笔者,他的古玩都是在妙果寺和将军桥的地摊上买的,后来跟那些商贩混熟了,有时直接去他们家里买。

2010年下半年,刘先生在古玩摊主白某家买了一件瓷器,说是清康熙年间的东西,成交价4000元。买的时候,刘先生跟对方说好,如果鉴定出来不是真品,可以退货。之后,刘先生把瓷器拿去鉴定,但结果显示该瓷器是个仿制品。

当刘先生拿这东西去找白某时,白某提出换一尊鎏金铜佛给他。但过了很久,白某称鎏金铜佛没办法带到。于是,他又提出给刘先生换一块翡翠,刘先生只能无奈地接受。但又过了几个月,那块翡翠连影都没有。刘先生去白某家找了好多次,对方要么玩失踪,要么继续以各种理由搪塞。

都说吃一堑长一智,刘先生却没有因此停止买“古董”。他不顾孩子的反对,又花5000元到乐清买了一套奥运纪念章。后来,他在妙果寺的地摊上看到,同样的东西只卖1650元。更让他伤心的是，另一个商贩只要400多元就给他带了一套。

刘先生说，两年下来，他花在古玩上的钱已经达6万元，其中一部分还是自己向别人借的，但买来的东西几乎没有一件是真品。据他介绍，他身边被骗的老人有不少，一位老人买了10多万元的古玩，竟然没有一件是真品。

温州博物馆工作人员伍先生说，温州的古玩市场不怎么规范，因此，许多人拿来鉴定的收藏品绝大部分是赝品，其中很大一部分是老年群体。他说，一些喜欢收藏的老人手头上有一些闲钱，但又不是很充裕，因此，会有一种贪小便宜的心理，没有通过正规渠道购买而常常上当。

评析：老来收藏，常逛市场，本来是件好事，但久而久之你也被骗子盯上，成为他们精心诈骗的对象。

本案中的刘先生便是如此。他兴趣广泛，什么都买，6万元换来一堆假古董。然而仔细想想，如此上当受骗只能怪自己，谁让你贪小便宜，以为花小钱就能博大利，对赝品充斥的收藏市场缺乏起码的了解，最终鸡飞蛋打，两手空空。

另一方面，古玩收藏需要很强的专业知识和实践经验，如果真有这方面爱好，可以多看看相关书籍，特别是去国内一些大的博物馆看看。真品看多了，自然不容易被骗。

25. 假古董骗走5万元

家住北京昌平的张先生退休后喜欢上了收集古董，2010年9月，他在一家古玩店闲逛时，遇见了两名“古董”贩子，并在两人的再三劝说下买了13件“古董”，结果被骗走5万多元。

9月24日10时30分，昌平某派出所接到事主张先生报案称：9月初，他在昌平一家古玩店闲逛时，遇见了两名“古董”贩子，并从他们手中分多次购买了13件“古董”，共付给这两人52500元现金。随后，他把购买的13件古董带到文物部门进行鉴定，结果发现这些都是假古董。由于之前已跟那两人约好要再次购买古董，并且还欠这两人3万多元货款，张先生便趁着两名“古董”贩子再次约他进行古董交易并索要欠款的机会报了案。接报后，民警立即随张先生到水关新村交易地点进行布控，经张先生指认，犯罪嫌疑人王某被当场抓获，并在车上现场起获了6件假古董。

据犯罪嫌疑人王某供认，2010年9月初，他与同伙在昌平一家古玩店里遇到张先生，经过交谈后，他们将7件铜人、玉观音、玉盘等假古董卖给了他，当时骗走了5万元现金，之后的几天里，他们又将6件假古董分3次卖给张先生，骗走现金 2500 元，当时张先生还欠了他们 3 万多元的现款。

评析：经不住别人“劝说”而上当受骗的例子屡见不鲜。这是因为骗子不仅有歹毒之心，还有一副三寸不烂之舌。他们往往花言巧语引诱你去购买假货，而许多人偏偏贪心不足，经不起诱惑，最后中招破财，追悔不已。

本案中的张先生分四次买回 13 件“古董”，可谓一而再、再而三地连续上当，这就不能不从自己身上找原因了。他也不想想，如今的“古玩店”里实际上几乎没有什么古玩，充其量是一些工艺品，或者称作“高仿”。因此，绝不要相信所谓古董贩子，这些人仅是名副其实的假货推销员，他们自己甚至连古董都从来没有见过，又怎么可能有宝贝卖给你呢。

26. 紧盯市场慎重选择

在国内外艺术品拍卖市场上，近几年最令人瞩目、成交价一直居高不下的无疑非中国历代官窑瓷器莫属。无论是青花、彩瓷还是单色釉，都是古瓷市场的宠儿。2006 年中国艺术品拍卖中，清乾隆御制珐琅彩杏林春燕图碗在香港佳士得拍卖会上拍出 1.5 亿多港元，创下当时清代瓷器拍卖的世界纪录，估价只有 500 万～600 万港元的“清康熙青花龙纹瓶”也出人意料地以 2000 万港元落槌。而在内地，2006 年中国嘉德春季拍卖中，一件清乾隆粉彩开光八仙过海图盘口瓶也拍出 5280 万元。

这使许多人开始迷上收藏，兴趣很浓。

一个星期天，王某和朋友约好去北京报国寺古玩市场逛摊。王某比约定时间早到了半个小时，于是一个人先逛。

一个年轻女孩独自流连在古玩市场是很引人注目的，那些摊主都殷勤地跟王某打招呼。很快有个南方口音的中年女人走到王某身边，低声说她家里有一些古董，问王某愿不愿意跟她去看看。王某一看时间还早，对方又是个女性，所说的地方离这里也不远，好奇加上想捡漏儿的心理驱使王某同意跟她去了。

出了报国寺大门，她领着王某在胡同里东拐西拐地走了几百米，到了一个地下室旅馆。进了她住的房间后，她从床底下找了一个大箱子，然后取出了所谓的传家宝，一件件向王某展示起来，都是些器型庞大、图案复杂的瓷器，足有 20 多件，看得王某眼花缭乱，她还神乎其神地给王某讲起了这些物品的来历。

看了所有的瓷器后，王某对其中一个据说是雍正青花的大盘子很感兴趣，不懂装懂地看了又看，她开价 8000 元。正和她讨价还价时，手机响了，是一位搞收藏的朋友打来的，他问王某在哪里？王某告诉他情况后，他口气严厉地要求王某赶快回到约定的地点。

王某和那个女人说我要先见到朋友，让他看过后才能决定买还是不买，她很不甘心地一路跟着王某又回到了报国寺。朋友一见到王某，问明情况，狠狠地把王某责备了一顿，那个女人一看这阵势也悄悄地溜了。

接下来，朋友给王某讲起了他收藏几年来打眼吃药的经历，提醒王某现在古玩市场赝品横行，那个雍正青花大盘是危险的陷阱。

评析：要不是朋友在关键时刻制止了她，本案中的王某定会白白损失8000元。人们不难发现，收藏界中的“菜鸟”最容易上当，因为他们缺乏经验，见到所谓“古玩”就冲动，自认为碰到了宝贝，于是大把花钱。

如果王某冷静的想想，倘若一个有20多件宝贝的人怎么会住地下室呢？她又怎么会放心把这些东西搁在旅馆呢？可见，所谓“宝贝”无非是假货而已。它告诉我们，学习收藏先要摆正心态，一步一步来，千万不要总想着捡漏儿，否则很容易就落入别人布置的圈套。

27.专家也眼花买来假古董

在成都古玩界，王先生算是一位响当当的人物，他自己开有一家古玩商店。2011年1月，王先生认识了一位“盗墓者”，短短一个月时间，他以147万元的“低价”从对方手中买走“价值上亿元”的古玩。就在王先生沾沾自喜时，却被告知这批古玩全是现代瓷器，总价值不超过8000元。警方经过半个月的追踪，为王先生挽回了20多万元损失。日前，警方公布案情，6名卖古玩的男子因涉嫌诈骗罪被警方刑事拘留。

一月初，王先生在眉山参加一个古玩方面的交流会，一名穿着朴素、一脸诚惶诚恐的中年男子出现在会场里，他与这些古玩专家站在一起显得格格不入，好奇心促使王先生走过去跟其交流，得知该男子姓刘，是眉山当地专门以盗墓为生的人。王先生大有相见恨晚之感，连忙问刘某手上有没有什么好货。

刘某说他几天前挖到了一批古玩，但是不知道是什么年代的。王先生很感兴趣，立马要求看货。第二天，刘某带着6件古玩赶到成都，上面还沾着新鲜的泥土。王先生拿起一个盘子，仔细揣摩、辨认，只见这个盘子上有“四喜齐来”的字样，还印着一对父女悠闲弹琴的场景。更为可贵的是，盘子上还有发黄的裂痕。据王先生多年鉴别古玩的经验,这是青花小瓷。

王先生非常谨慎,再三询问小盘出土的经过。刘某说眉山一个乡镇有明代古墓群,里面有很多文物,但大部分被盗走了,这个小盘就是从古墓中发掘的。见刘某说得头头是道,王先生立马决定成交。刘某说:"反正我也是外行,你给3万元辛苦费就行了!"王先生知道青花小盘的国际拍卖价最高可以达到600万元人民币,觉得捡了大便宜的他爽快地付了钱,更让其激动的是,当天晚上,北京古玩家陈先生看中了这个小盘,出价6万元将其买走。

从刘某处挖到了第一桶金,王先生决定抓牢这棵摇钱树,可刘某说他手上的货不多,不过可以介绍当地另外几个挖古墓的村民给他认识。经过刘某牵线,王先生认识了另外5名盗墓者。青铜人物双鱼镜、五彩春凳……短短一个月时间,王先生就花147万元买了40多件文物。他购买的这一批文物,最便宜的花了两三万元,王先生估算这批文物应该价值上亿元。

为了更加详细地了解行情,王先生还专门到北京买了一本有关文物方面的书,上面对如何鉴定文物以及市场参考价都有详细介绍。其中最让他激动的是一个青花瓷瓶,对比文物书,这个青花瓷瓶是元代的文物,国际拍卖价在8000万元左右,王先生以16万元的价格买下。正当他沉浸在即将暴富的喜悦中时,北京古玩家陈先生气急败坏地找上门来,称之前买的青花小盘是赝品,要求退货。王先生懵了,自己做了多年的古玩生意,怎么会买到假货呢?他赶紧将自己购买的所有"古董"拿到中国最权威的古玩鉴定机构鉴定,结果报告书证实这全是现代工艺品。不甘心的王先生又找到成都的鉴定机构,鉴定结果依旧是"图案无序,制胚和绘画无古法,没有岁月氧化的痕迹,属于现代工艺瓷器,青花用料是现代工艺钴料"。在古玩界闯荡了半辈子的王先生觉得羞愧难当,立即到派出所报案。

接到报警后,民警根据王先生的讲述制订了详细的抓捕计划。1月19日,刘某再次给王先生打来电话,说手上又有货了。王先生按照民警的嘱咐与其约好了见面地点,但不知何故,刘某没有赴约,民警只能继续等待。3天后,神秘的刘某终于现身,埋伏已久的民警将其抓获,随后顺藤摸瓜,一天之内就将其余5名嫌疑人也全部抓获,此时距离王先生报警只有半个月时间。

评析:常在河边走哪有不湿鞋的,这句话正好应了本案中的王先生。王先生混迹于古玩界,摸爬滚打多年,自认为已是专家级人物,于是对骗子严重丧失警惕,甚至轻信盗墓故事,从而大上其当,破财百万元之巨,买来40多件假货,教训着实深刻。

这又一次表明,淹死之人都是会水的。故搞古玩收藏断不可自命清高、自以为是，须知山外有山，天外有天，道高一尺，魔高一丈。面对一件物品，别总想着它一定是真的，国际拍卖市场能卖多少钱，而应当考虑如若不是假货，他怎么会到对方之手？难道对方就不知道拍卖市场行情吗？这样想想，你的头脑势必就会冷静一些，骗子设下的陷阱你就不会轻易掉入。

另外，现在不少市民有了财力和精力之后，往往热衷于收藏一些古玩书画，以陶冶情操、丰富生活，造成了文物市场的空前活跃。但目前文物市场的管理不甚完善，因买了假文物而倾家荡产者屡见不鲜。提醒广大文物爱好者：切不可相信犯罪嫌疑人编造的五花八门的故事，被那些所谓的盗墓神话所迷惑，对那些主动送上门来的发财机会，更是要仔细鉴别和分析，否则可能后悔莫及。

28. 泥土酱油造“古董”骗走夫妇百万

一对中年夫妇，辛苦打拼十几年积攒百万，不料被人设局，百万现金险些化为乌有。警方经过70多天的抽丝剥茧，除其中一名嫌疑人在逃外，这个假古董诈骗团伙的另4名成员被抓获归案。

2010年3月1日，四川仁寿县做生意的王先生接到成都古玩市场一个叫李某的朋友电话：“老王，我这里有好货，快到我家来看……”王先生唯一爱好就是古董，做生意十几年所赚的钱，大多都用来买古董，李某就是在古董市场认识的。

下午，王先生夫妇便来到彭山县牧马乡白鹤村李某的家中，李某则带王先生看古董。“这几件比较巴适，开个价，我买了。”王先生欣赏完李某的“好货”，便提出购买要求。李某却说：“这是别人的东西，不能卖！”王先生显得十分失望，李某见状马上安慰说：“老王，别急，黄龙溪有一个古代陵墓，墓里肯定有好东西，我把这个墓挖了，到时好家伙都给你。”“老王，东西挖出来了，你快来看看巴适不巴适！”3月27日，李某给王先生打来电话。当天，王先生和表弟来到李某家。一进门，就看院内零乱地摆放着锄头、铲子、千斤顶、电锤等工具，二楼房间里，数十件沾满黄泥的古董堆放在墙角。看到刚挖出来的古董，王先生边欣赏边询问价钱。“我过去卖那么多东西给你，哪次亏过你，随便给个价就行了……”李某大度地说。最后双方以100万元价格成交。

3月29日，王先生带着100万元现金，来到李家，挑选了17件瓷器和11件玉器。回到仁寿，王先生高兴地将28件古董拿出来清洗，这时，他才发现所谓的

“好东西”竟全是假的。3 月 31 日，王先生来到县公安局报了案。

接到报案后，警方立即成立“3·31”假古董特大诈骗案专案组，并抽调精干民警全力侦破此案。根据王先生的描绘，专案民警绘出李某轮廓画像，先后到仁寿、成都等古玩市场进行走访。在牧马乡白鹤村，民警从村民处了解到，该村没有叫李某的人，所谓的李某家实际是租用的房。

4 月 14 日，李某和程某在成都市龙泉驿被民警抓获。4 月 29 日上午，成都市成华区公安分局民警致电彭山警方：“有个叫连某某的男子到分局自首，称其与人伙同曾在彭山诈骗 40 万元。”当天，民警将连某某带回。5 月 1 日，程某主动交代了他曾参与另一起 50 万元诈骗案的过程。6 月 13 日，专案组民警根据线索，在巴中将另一名骨干成员江某某抓获归案。至此，省公安厅挂牌督办的“3·31”假古董特大诈骗案成功告破。据不完全统计，在侦查该案的 70 多天时间里，专案民警行程两万公里，先后追回王先生被骗现金 83 万元。7 月 4 日，警方将这笔钱返还给了王先生夫妇。

经审讯，李某、江某某等人对其伙同借假古董设局诈骗王先生现金 100 万元犯罪事实供认不讳。

据三人交代，2010 年春节前几天，王先生花 10 万元购买了一个铜器，便邀请江某某等人到家中鉴赏，王先生此举让江知道了“王总有钱得很”。江看了铜器后却发现是假的，但他没有将这个实情告诉王先生，因为他心中盘算：“王总根本不懂如何鉴定古玩真假，我何不趁机整点钱。”3 月初，江某某与李某一起到江西景德镇购买了一批仿古瓷器，运回成都后，经过先糊上一层白水泥，喷上酱油水，再抹些黄泥等仿古处理后，才由连某某将这批看上去像古董的“好东西”运到彭山，守住这批“宝物”与李某配合骗取王先生的巨款。

100 万元现金到手后，李某立即将钱分成两部分，一部分让连某某开车带到成都龙泉驿，他则带着 40 万元现金去找江某某。按照约定，李某和江某某各分得 14 万元，谢某某（在逃）分得 12 万元。回到龙泉驿，李某给了连某某 5.5 万元辛苦费后，自己将 68.5 万元现金据为己有。

评析：28 件所谓“古董”均出自一座古墓，明眼人一看就知道这是编的故事。然而，由于骗子把这些瓷玉器用泥土和酱油进行了处理，于是害得王先生中招，居然投放百万元巨资将其买下。

人们不禁要问：是骗子的骗术高明吗？回答是否定的。骗术十分低劣，甚至可以说是“小儿科”，但即便如此却能奏效，可见本案中的王先生确实糊涂到了让人难以理解的地步。

事实表明，如今喜欢收藏的人，除了应当多看实物积累经验，还应当多看些骗子如何造假的书籍和案例，从反面吸取教训，这样才能更好的防范风险，及时有效的识破骗子的伎俩。

29. 千元买了个仿制碗

一日，路女士在朋友的委托下，将花了千元收藏的一件标注为明代的“青花”瓷碗拿到报社收藏栏目，希望专家能给予鉴定。但笔者在联系了有关专家看后一致认为，这只碗一眼就能看出是新仿古品，没有收藏价值。

路女士告诉笔者，这只碗是朋友10年前从河北承德淘来的，当时花了1000元。这些年她一直珍藏着，希望数年之后能有所升值。从外形看，碗高6厘米，碗口直径16厘米，碗内面和外面各有九位罗汉图案，堪称“十八罗汉”，碗底写有“大明万历年制”。据路女士讲，当初就是这6个字，让收藏者对它刮目相看。

专家对此碗进行了点评：碗新，图案明显不符合明代的时代特征，整碗做工粗糙，因此判断为新仿古品，不具备收藏价值。专家的这个结论让收藏者大跌眼镜，后悔不迭，表示将作为教材以警示收藏者。

评析：以货币的标准衡量，路女士的损失并不算严重。然而，只凭瓷碗底部有“大明万历年制”的字样，就认为其是真品且出手购买则未免过于荒唐。

本案再次提醒人们，搞收藏最要紧的是辨别真假，因为赝品乃收藏之最大的风险。进而言之，每个收藏者对于骗子的造假手段都应当略知一二，诸如伪造款识，特别是官窑年款之类这种最初级的造假术必须有所了解，否则便会有上不完的当。

30. 假文物骗走50万

两名骗子自称文物局缉私队队长，利用40余件仿冒的青铜器和瓷器，骗取了某市一名文物收藏爱好者王某的信任，先后骗取了受害人现金50余万元。受害人后在某古玩市场发现了其中一名骗子正在摆摊卖古物，便将其扭送到了公安机关。日前，一审法院经审理以诈骗罪判处被告人有期徒刑10年，并处罚金13万元。

王某是一名厂长，喜欢收藏古玩。一次他到某古玩市场逛时，通过摆地摊的一个老头，认识了被告人易某。后他给王某打手机让王某到某宾馆去找他，在那里他给王某介绍了一名40多岁的男子，此人自称李某，是文物局缉私队队长，还出示了身份证和工作证，他说带来了几件商周时代的青铜器，上面还印有族徽，又说文物局资金紧张，拿出几件东西卖了给大伙发工资奖金。王某说，他当时很轻易地就相信他们了，通过讨价还价，最后给了他们3万元钱。

一年10月,易某又给王某打电话说带来一批东西,双方约在某宾馆见面。见面后易某称这次的东西相当好,劝王某别错过机会,他称这批东西是租用部队的车运来的,共有22件鼎、樽、壶等青铜件,并说除了一件“马踏飞燕”是汉代的,其余的都是商周的,王某说他看了这些物品后认为是真的,最后以22万元成交。同年12月初,那个自称是缉私队队长的人直接给王某打电话称弄来了一批瓷器,双方在宾馆见面后,他从一个盛香烟的盒子里拿出了10多件瓷器,说是皇宫的东西千万别让人看见,否则就会被追究责任。王某看后认为是真货,最后双方以110万元成交,王某因没有那么多钱,于是先给了李某30万元现金和两条金项链。后来王某到古玩市场看到了几件和他买来的“文物”一样的瓷器,只卖几万元,就意识到可能受骗了,于是就将买来的东西送到了中国国家博物馆鉴定,结果都是仿制品,王某于是打电话给易某告诉他东西是假的,但后来就联系不上他了。

评析:本案中的王某被骗50多万元,至少有两个明显的失误。

其一,轻信骗子伪造的身份。骗子李某自称是文物局缉私人员且出示了证件,而王某对此却未产生任何质疑,相反认为文物局的人提供的“文物”肯定是真的,于是反复上当。

其二,轻信骗子编造的故事。第一次,李某说卖文物是为了“筹钱发奖金”;第二次,易某说“东西是用部队的车运的”;第三次,李某又说东西“出自皇宫”;而王某对于这些谎言竟全都信以为真,于是坠入陷阱。

以上表明,收藏者缺乏防范意识是上当受骗的重要原因,王某损失巨款买到假货的案例就足以警醒人们。

31. 万元买来一堆假古董

古陶瓷鉴定

老王陆续花了近20万元买古董,最近,他请一位收藏专家来家里。专家看了大呼:“老王啊,你可别再玩收藏了,否则你会倾家荡产的。”老王听了眼泪都掉了下来。

专家说,20多件所谓古董瓷器全都是假的,其中最贵的才值100元。一天,笔者来到老王在鼓浪屿的家,听老王讲述了被骗的经历,还在他家亲眼目睹了一个骗子的行骗。

2010年11月,一批北京专家来厦门为广大市民鉴宝,老王拿了家传的一件瓷器去。专家说他的宝贝至少值十万八万的,老王喜出望外。从那以后,老王就对收藏古玩瓷器产生了兴趣。

老王开始研究瓷器的种类和款式。老王给笔者展示了他家关于古董收藏的书籍,据他说光买书就花了五六千元了。学了几个星期后,老王觉得自己无师自通了,开始到文物市场去逛,觉得自己有眼力淘到宝贝。

一次在仁和路,一个卖古董的地摊主说看老王有诚意,就把他带到了附近的小旅馆里,拿出一个大瓶,说是祖传的明瓷,开价12万元。老王仔细看了,和书上的很相似,觉得自己淘到宝了。最后,他们以3万元成交。老王说我身上没带那么多钱。摊主说,我们跟你去取。这时不知从哪又冒出来一个人,两个人像保镖一样,跟着老王去取了3万元。

老王抱着宝贝进家门,还没来得及放下,就对妻子说今天拣了个大便宜。“你自己喜欢就好,真的假的我也不知道。”妻子淡淡地说。

这之后,老王陆续从仁和路的古玩地摊、万寿路的旧货市场以及白鹭洲等地买了20多件“宝贝”,总共花了近20万元。他经常把宝贝拿出来,比对书中的插图,越看越觉得是珍品。

近日,老王请一位收藏专家来家里。专家说,他的宝贝全都是假货,最便宜的一个瓷瓶只值几十块钱。老王一气之下把那个瓷瓶摔在地上,眼泪啪嗒啪嗒地掉了下来。老王告诉笔者,这近20万元是他几年的积蓄,他没敢告诉妻子宝贝是假的,但是面对这些高价假古董,他心里难受极了。

跟笔者交谈时,老王的电话响了。老王对笔者说:“我今天让你亲眼看看骗子是怎么骗人的。”原来,就在日前,老王曾接到一个年轻人的电话,说他有家传的瓷器,问老王要不要。后来他把瓷器拿到了老王家,老王以450元买下。第二天,搞收藏的朋友告诉老王,这个瓶子只值几十元钱。老王又约了那个年轻人当面质问,最后年轻人同意退钱,不过要收100元作为辛苦费。

骗子竟然又打来电话,这次他说有一个白鹿尊和一个胆瓶想要卖给老王。20分钟后,笔者见到了那个小伙子。小伙子说他姓许,安徽人,这次带的“宝贝”是外婆留下来给舅舅的,后来舅舅给了他,让他来厦门卖。对于上次被识破,小伙子脸上没有一点尴尬。小伙子把两件“宝贝”放在桌子上,说那个白鹿尊要8000元,胆瓶要1500元。老王说你先放着吧,我让懂行的朋友看看,如果是真的我一定买,小伙子没怎么犹豫就把“宝贝”留下就走人了。后来老王请来了收藏的朋友来鉴定,朋友说这些东西很可能是从景德镇买的,两件加一起也就值100元。

评析:人们常说,收藏的水很深,投资有风险,入市需谨慎。然而,本案中的老王却恰恰忘记了这一点。他自以为读过几本古玩方面的书,就已经无师自通了，于是出手大方，接二连三地买进假货。

这里老王还有一个习惯，就是把买到的所谓“宝贝”与书中的插图对照，凡相像、相似、相近者便觉得是真品无疑。殊不知，骗子造假也是对照书中插图从事制作的，故老王买到的假货自然与书中插图一样，这是老王事先所万万没有想到的。因为他太轻信骗子了，其实更源于他太迷信书本了。

本案告诉我们，收藏不能仅靠书本打天下，尽信书不如无书。

32. 真金设局售假古董

近日，某报接到热心读者杨女士的电话，她称自己经常接到陌生电话，电话中的男子称工地挖出了大批文物，托杨女士介绍外国买家。

杨女士告诉笔者，一个月前她接到一个电话，一名操南方口音的男子称，他的工地在北京昌平十三陵附近，前不久挖出书画、金像、瓷器等物品，希望有人给介绍外国买主，若交易成功，他会给出40%的提成。他由于刚好在打字店看到杨女士的名片，名片上都是英文，就认定杨女士常与外国人打交道，就给她打电话。

笔者了解情况后，假称自己能联系外国买家，与卖文物男子进行接触。某日15时，笔者以杨女士弟弟的身份与卖文物的男子陈先生约定在公主坟地铁看货。30来岁、自称是工地采购人员的陈先生向笔者讲述了发现文物的经过。一个月前，他的工地在十几米深的地下挖出一间密室，“里面很黑，有浓烟，散发臭味，有棺材和很多物品。但我们什么都不懂，也不敢拿到文物局鉴定，还请你们帮忙出主意，把它们卖出去。”过了一会儿，陈先生的“表哥”也过来了，他自称是工地司机。

陈先生从他的包内拿出几个红塑料袋。打开后，出现了金色的猴子、佛像、小狗等物，外表都很光滑干净，“它们就放在死人旁边，刚拿出来时特别臭，我们都洗刷过了。”笔者掂了掂，每个都有2斤来重。

“要不我们现在就找个地方看看这个是否是金子吧？”陈先生拿出一块“金子”，“这是来之前我们用刀从金狗背部砍下来的。”随后，陈先生兄弟带着笔者来到附近一座商场的4层，找到一家打首饰的店铺。店员先称了重量7.9克，然后用1000多摄氏度的高温进行灼烧，确定为金子。

令笔者不解的是，陈先生竟将这块金子塞给笔者，并大方地说：“你再找有关机构鉴定，没用的话就扔掉。”整个过程中，陈先生始终没提钱。随后笔者又独自来到另一家商场做鉴定，被告知这就是一块7.9克的真金。

几天后笔者又接到陈先生的电话，陈先生表示他可于近日在昌平租一间房，摆出工地挖出的所有物品，并让笔者赶紧找到可靠的外国买家一同看货。陈先生两次打来电话催问，那块金子的鉴定结果如何，属什么文物。笔者肯定回答后，提出外国人不能亲自来，将派他的助理看货。陈先生非常不高兴，表示自己不想与这么多人见面，并责怪笔者不会办事。

发过牢骚后他说，如果外国人自己来不了，可通过笔者转交三四件物品给老外，"只是我们担心你不会归还，所以你要留下一万元押金，并交还那块金子。"笔者拒绝后，陈先生改口说："我个人可以再送你两个金像，金子我也不要了，但你不要把这件事说出去。如果这个主意得到同伴的同意，明天早上8点之前，我会给你打电话定见面地点。"但至今笔者尚未接到陈先生的电话。

评析：给你真金做诱饵从而兜售假古董，本案中的骗子比以往要聪明得多。你看，骗子编造了"工地掘宝"的故事，声称挖出了各类物品，但怕你不信，遂将其中的一块黄金给你，让你在鉴定结论面前无法质疑。之后，骗子就顺理成章地推销其他东西，旨在让你相信，既然金子是真的，那么古董也不会假，因为他们是一起出土的嘛。

幸亏那位先生警惕性很高，没有按照骗子的要求留下所谓"押金"，从而避免了上当受骗。这表明，如今的诈骗手段已在不断变化，善良的人们如果不注意就会掉进陷阱。

33. 骗子携假文物参展

一个骗子拿仿古工艺品当"清代文物"，忽悠老乡3万多元，警察装扮成买家上门谈"生意"，骗子用"清代文物"忽悠警察，结果被连人带赃抓获。近日，某市公安局传来消息，犯罪嫌疑人沈某已被刑事拘留。

35岁的沈某是浙江省湖州市南浔人，经营仿古工艺品。今年3月上旬，沈某在一次工艺品展览会上，摆上一些仿古工艺品。沈某此次参展，不是想卖工艺品，而是要发名片，以方便自己"钓鱼"。他向参观者频频发放名片，并称自己是古董商，手里有"老货"，还记下了参观者的电话。

67岁的金某也是浙江湖州南浔人，从一家大型企业退休，爱好收藏。金某在工艺品展会上看到沈某摊位上摆放着一些古香古色的"古董"，很有兴趣。因为是老乡，两人谈得十分投机。金某相中一个象牙臂阁，沈某说该品是纯象牙制品，竟把这个价值不足百元的仿象牙工艺品，以9000元价格卖给了金某。

此后，沈某给金某打电话，称手里有清代的"老货"，金某花3500元钱买下一个木雕和一个瓷瓶。之后，金某又看好一幅大画和一幅小画，大画以1.6万元成交，小画以9000元成交。

金某回家后怎么看大画都不顺眼,就打电话要退掉,沈某同意,金某退画时,沈某又让金某以1.2万元价格买下一个实际价格不足200元的白玉瓶。金某买到家后仔细欣赏,可越看越觉得工艺粗糙,便拿到市文物研究所鉴定,结果全是赝品,随即到派出所报案。

刑警崔某给沈某打电话,想买“老货”,沈某说:“我手里有不少清代文物,你来看看吧。”几名刑警来到沈某住的招待所,守候在沈某房间外面,崔一人进房间看货。沈某拿出“老货”,滔滔不绝向刑警介绍起来,说这些都是清代文物,价格十分昂贵。刑警问他会不会是仿古工艺品,沈某说:“咱是讲信誉的商人,绝对不会卖假货的。”刑警说:“那好吧,这些清代文物我都要了。”沈某见口气不对,愣了神,刑警掏出警官证,沈某一下子就蒙了,改口说:“我卖仿古工艺品,不是清代文物,求你高抬贵手。”

守在门外的几名刑警冲进屋,和崔一起将沈某和他用来行骗的赃物全部带回派出所。

评析:在合法的工艺品展览会上出现,向观众散发名片,择机“钓鱼”,本案中的骗子也的确算得上是诈骗高手了。不过,由于这个骗子提供的所谓古董之类制作过于粗糙,于是被收藏者很快识破并报了警。

需要指出的是,已经落入圈套的金某开始还是缺乏应有的警惕性,误以为工艺品展览会上一定没有假货,进而又轻信了骗子有清代“老货”的假话,从而先后被骗了3万多元。如此教训的确深刻,它再次提醒人们:在收藏市场上断不可轻易出手,一定要慎之又慎。

34. 推销“古董”闹剧

一天中午,重庆解放碑八一路某雕塑旁,十多人围着一名60多岁的农村老妪拉拉扯扯。该老妪衣衫破烂,双腿沾满泥浆,看似憨厚。她怀中塑料袋内,一只黄色的“古董”花瓶躺在报纸中。男男女女几人争着看货,拼抢着要买。

“980元就980元,你和我到南坪去取钱,我身上一时没这些钱。”一中年妇女生拉活扯老妪。“500元卖给我。”另一瘦个妇女忙着拉包取钱。“真货,头发拉在上面烧不断。”另有几名男女则取火扯发丝,检验货的真伪。“我不去。花瓶是祖传的,是急需用钱才卖,980元一分钱不能少。”老妪不和那女的去南坪,“怕被骗”,样儿硬是老实巴交。

“一群骗子!”有围观市民揭老底。笔者发现,这些人东瞅瞅,西望望,眼神游走不定,“识货”也非常老道,但横看竖看都不像收藏“古董”的人。笔者跟踪旁观,一群人高度警觉,推攘着转到轻轨站银泰百货门口。笔者随之绕道跟上,欲取相机拍照，但被发现，他们立即作鸟兽散，怀抱花瓶的老妪更是瞬间消失得无踪影。另几人远远的惊恐地盯着笔者，三三两两分头消失。

据银泰百货家住南坪的一店员称，这些“古董”骗子多是城郊农民，以前只在南坪一带时有出现，每伙人数都不多。没想到这伙人规模如此大，还大着胆子跑到解放碑。

评析：一人当街叫卖，众人“争抢”当托儿，这是本案中骗子推销所谓“古董”的经典镜头。他们之所以将此类闹剧反复上演，目的就是为了引人上钩，从而诈骗善良人的钱财。在这里，如果你头脑发昏，不幸加入购买行列，那么十有八九会上当受骗。

由此可见，人们一旦在街头遇到推销古董的，首先要想到的是诈骗圈套，尤其不能被众人争抢的场面所迷惑，这样骗子自然就无计可施了。

35. 街头叫卖假文物

一天下午 3 时许，在某公园附近道路旁，一男子摆着一对造型独特的器件叫卖，说已有人出价 1200 元，但他至少要 2000 元才肯卖。

男子说，自己老家在安徽，在开发区负责下水道清理工作，文物是在清理臭水沟时，他和其他 5 个工人挖到的。他们就托他拿到市区来卖，事成之后再分钱。

男子还说，刚才已经有个开小轿车的先生出价 1200 元，但他坚持一定要 2000 元才肯卖。笔者表示愿意购买，但必须对文物进行鉴定时，他则随即说“那就不用了，我要卖给大老板”。

随后，笔者带着所拍摄的照片向博物馆有关人员请教。博物馆的工作人员介绍，这肯定是假的，真的文物是不可能在大街上叫卖的。半个小时后，笔者从博物馆出来后，再次经过公园路段时，已看不见该男子的身影了。

评析：与前案相比，本案是推销所谓“古董”的独角戏。骗子并不靠托儿相助，而是靠三寸不烂之舌忽悠人。

你看，他说是搞下水道清理的，清理臭水沟时发现了“古董”，这与常见的盗墓掘宝、皇宫流出以及修路、工地、猪圈之类何其相似乃尔。然而，如今骗子们所编的故事已经越来越没有新意，故人们只要稍微提高一点警惕，他们的诡计就很难得逞。

正如本案中博物馆的工作人员所说：“真正的文物不可能在大街上叫卖。”这就是我们面对一切街头骗子必须把握的尺度。对此，每个善良人都应当牢记。

36. 交警查车截获一车“文物”

一天上午10时许,长风街与平阳路交叉口,两位交警在协查一辆摩托车时,车上两男子扔下一个编织袋后仓皇逃走。随后,经山西省文物局的工作人员鉴定,袋中的“文物”都是伪造的。

事发现场,两名交警正在跟省文物局取得联系,希望能鉴定这些物品的真伪。警车内摆满了缴获的物品:一尊约30厘米高的佛头、一个锈迹斑斑的青铜壶、各类陶制或木制的器皿共20余件。小店交警大队长风中队的纪警官称,他和另外一名同事在值勤中看见一辆蓝色摩托车形迹可疑,便拦住该车进行盘问。“没想到后座上的男子扔下手里的编织袋扭身就跑,我们急忙就追。此时,骑摩托车的男子支住摩托车也逃走了。”纪警官说,“看到袋中这些物品,他们便急忙向上级汇报了情况,现在正跟省文物局取得联系。”中午12时许,省文物局院里,两名交警把20余件文物摆满了一地。五六名省文物局的工作人员都说是假文物,许多铸造工艺都是现代手法,造假很粗糙。“这个青铜器明显是生锈得过了头。”“这两根象牙状的雕塑品的断口这么整齐,真的象牙都是有裂纹的。”“这几个手镯,既不是玉的,也不是翡翠的,而是玻璃做的。”

听到工作人员的解答,两名交警悬着的心才放了下来,“要都是真的话,这些文物岂不是价值上百万?”两位交警的猜测被文物局的工作人员打断,“何止上百万,单单那个盘子就值上千万!那样的话,这起文物案子就轰动全国了。”

评析:山西是我国的文物大省,地上文物和地下文物都很多。然而,近年来一些假文物也开始搭车问世。这不,本案中交警从一个编织袋里就查出了20多件,可见,文物造假的规模十分可观。

假文物有的是材料造假,如用玻璃冒充软玉、硬玉,用塑料冒充象牙;有的则是工艺造假,如用现代手法冒充古代铸造,等等。总之,如今国内古玩市场的日益火爆催生了一支造假大军,它使许多普普通通的收藏者防不胜防,极易掉进各种各样的诈骗陷阱。但愿执法部门能早日查获犯罪分子,广大公众能不断擦亮眼睛减少上当受骗。

37. 家藏赝品耗钱财

前不久,江苏扬州双博馆组织专家为市民义务鉴定藏品。短短两三个小时,四五个专家被陆续拥来希望得到鉴定帮助的市民围得团团转。但笔者在现场发现,这些被市民视若珍宝的东西,真正有价值的珍贵藏品却很少,有些并不具备收藏价值,甚至更多是赝品。

一位市民从包里拿出个里三层外三层的包裹，非常小心地在专家面前打开，结果刚露出瓶顶，几个专家异口同声地说：假的，现在仿的玩意儿。这只瓶是王先生花100元收自农民家的，当时如获珍宝，认为是宋元时期的古董。他声称给杭州的一位权威鉴赏专家看过，某地一拍卖行还向他出价收购，现在一秒钟内被否定心里自然很受伤，连拍脑袋说：不会吧，不会吧。笔者发现，很多市民藏品几乎都在一秒钟内被瞬间否定。还有一位中年人拿来的两个盘子虽是清代的东西，但由于市场上非常多见，属于市井小民家的粗糙物件，价值也就在四五十元，不具备明显的收藏价值。

双博馆有20多年鉴赏经验的马老师告诉笔者：现在古玩市场上98%是假货。前不久，他和几位专家被请去给几位爱好收藏的私营业主的藏品做鉴定，结果花了主人几百万元的几屋子藏品几乎没一件是真货。

评析：近些年来，在各地博物馆或相应机构组织的鉴宝活动中，许多人都是高兴而来败兴而归，因为他们珍藏多年的东西在极短时间内被专家所否定，从情感上着实接受不了。

然而，在一桩桩严酷事实的背后，却是广大收藏爱好者上当受骗的经历写照。本案中的马老师认为，现在古玩市场上98%都是假货，笔者也同意。这些假货每天都在欺骗大量的人，诸如买一件假一件，买几屋子的东西也没有几件是真的，只能白白耗费收藏爱好者的钱财，甚至给他们带来巨大的心理创伤。

38. 天价国宝疑似赝品

2007年7月，在伦敦佳士得拍卖会上，美国古董商以1568.8万英镑（约合2.45亿元人民币）拍得中国元代作品的“鬼谷子下山”图青花瓷罐，创下历史上中国文物乃至整个亚洲艺术品拍卖的最高成交价。

佳士得和另一家拍卖公司苏富比作为拍卖行业的航空母舰，控制了全球95%的艺术品拍卖市场，凭借如此高的市场份额，两大拍卖巨头在拍卖界呼风唤雨。

而福建泉州的文物鉴定家裴光辉却一语惊人：这件创造了亚洲纪录的拍品极有可能是赝品。裴光辉说：“虽然我没有去佳士得拍卖现场，没有对这个罐子上手（亲手鉴定），但是仅仅通过看图片和相关资料，就发现了五大疑点。”

判断一件文物是真品还是赝品，有着非常苛刻严格的条件。一件真品必须要符合所有的鉴定标准，如果有一个地方有出入，专家称，就可“一票否决”视为赝品。

这个天价元代青花瓷罐罐上画的是战国时期（公元前475—前221年）燕、

齐两国交战时，为齐国效命的孙子被敌方所擒，其师傅鬼谷子接到齐国使节通知后前往营救，与使节一起下山的情景。罐上描绘鬼谷子乘坐一辆由一虎一豹拉的两轮车，跟随两个步卒，齐国使节苏代骑马殿后，两人之间有一少年，纵马前行。

据拍卖方伦敦佳士得拍卖行透露，这个瓷罐是20世纪初荷兰人范·赫默特男爵在中国购得的。当时正值第一次世界大战，他于1913—1923年期间在荷兰海军服役，被派驻北京担任荷兰使节护卫军司令，且负责德国及奥匈帝国等使节及领地的安全，在这期间赫默特购到了这个瓷罐。

裴光辉说，这个来源可疑。“荷兰在一战期间始终是中立国，并无参战的事实，并且当时的三条战线都在欧洲，中国并无战事，怎么可能驻军中国，并‘负责德国及奥匈帝国等使节的安全’？

“其次，中国在一战期间是协约国成员，当时北洋政府总统黎元洪的对德宣战布告里明白宣布与德、奥等国断绝外交关系，所以一战期间，在中国已不存在敌国（德国及奥匈帝国）的驻华外交机构。所以说范·赫默特男爵是‘护卫军司令’并在中国‘负责德国及奥匈帝国等使节的安全’也不太可能。”

裴光辉介绍，绝大多数元青花瓷器的青花成色都有两个主要特征：铁锈斑和晕散。铁锈斑是由于历史上工艺水平限制，釉里含铁，烧成后元青花瓷器表面会出现铁成分氧化而留下的痕迹。绝大多数的元青花都有晕散，就像毛笔在宣纸上浸润开去的效果，而这件天价文物拍品的资料并没有发现这两个特征。

裴光辉说，“鬼谷子下山”瓷罐里的绘画风格和常见的元青花人物画有明显区别。

尽管边饰和主纹中的植物图具有元青花的风格，但人物画部分的风格却与常见元青花人物画风格判若两种，从用笔（笔触）到形象勾画、“着色”都有明显不同。而其他常见元青花人物画之间在风格上却都具有统一的特征，此“特例”未免令人生疑。

首先是线条呆板，不够流畅；其次人物形象勾画不佳，缺乏神采。尤其是人物面部五官的勾画最见败笔，既乏生动，也不同于常见元青花人物画笔法。如鬼谷子的表情就显得很呆滞，骑马执旗武士的五官勾画也显草率，表情麻木如偶人，这与一些著名的元青花瓷画，如萧何追韩信图、三顾茅庐图比较，简直有天壤之别。后者在展开故事情节、勾画人物表情、表现人物性格上可以说是相当出色的，在笔法运用上也更纯熟洒脱。此罐辅助纹饰虽具元青花特征，但用笔也表现出简单草率的倾向，尤其是那山石后面骑马持笏文官图跟故事根本无关（此人物如果是前去求鬼谷子下山救人的齐国使节苏代则不应持笏，故显然不是），所以这幅鬼谷下山图有拼凑之嫌。

骑马执旗武士的头盔更接近于明代而不似元代或元以前的形式，两军士中右边一人的外披戎服后背竟然缀有一块葵花形补子，而“补子”乃是明清两代文武官员、吏卒和其他公职人员缝缀于服装上的区别品级、职别的标志性图案装饰，位于前胸及后背，有方形和圆形两种，明代以前的服装是不可能有这种补子的装饰的。又，此军士腰间所挎的军刀竟然是典型的明代“戚家刀”，这是明后期才出现的一种军刀形式，由抗倭名将戚继光吸收日本倭刀的优点而创制，特点是改传统军刀的直式和倭刀的弯弧式为握柄向下的“三弯式”。

“元代的画师大概不会看见穿补服和佩‘戚家刀’的军人形象吧？”人物服饰和用具不对。

裴光辉说，虽然画功差并不能说明就是赝品，但是，一下出现这么多令人无法解释的疑点，不得不提出质疑。

一件“漏洞百出”的文物，难道竟然能让世界顶尖拍卖公司佳士得看走眼？裴光辉认为，不能迷信大拍卖行。而且，“佳士得拍卖中国文物，鉴定专家居然没有一个是中国专家，这很难让人信服，很不正常。”

“艺术品没有国界，但是有娘家。中国专家对于中国文物当然最有发言权。”裴光辉说，“为什么中国艺术品的真伪要让外国人说了算呢？!”

评析：民间鉴定家对世界天价拍品的质疑很有道理。因为中国艺术品特别是书画和瓷器，迄今为止并没有客观的统一技术标准能够做出精确鉴定，真与假始终是仁者见仁，智者见智，你看真我看假，而且真与假都是相对的，故即便是顶级专家也做不到绝对正确，何况本案中的拍品破绽太多，不能不让人怀疑是赝品。

这就告诉我们，收藏者去拍卖行买货也必须有风险防范意识，世界顶级拍卖行也不排除知假卖假的问题，店大欺客就包括欺骗的成分，善良人不可不防。

39.15 万元文物等于 3000 元赝品

喜欢收藏古董的葛先生在几天内被假文物贩子骗去 23 万元人民币。当骗子再次欲将价值 3000 多元的瓷器以 15 万元卖给葛先生时，被已经知道上当的葛先生施计送进公安局。

葛先生平时就喜欢收藏古董，并且也自诩懂行。2010 年 6 月 27 日，葛先生在沈阳和平区办事时，见到街边的摊贩有些真真假假的古董，挑了半天挑中了一块玉，一番讨价还价后成交。

刚刚买完这块玉，四五个外地口音的男子就围了上来，“您是不是喜欢古玩啊？看您就是懂行的人，我们那有古董，价钱好商量，一起看看去吧。虽然葛先生当时并未动心，但其中两名男子硬是挤上了葛先生的车，“离这儿不远，一起看看去吧，就在附近……”葛先生禁不住这两个人的软磨硬泡，抱着试试看的心理与这两人到了北站某宾馆。经过交易，葛先生买下这两名男子手中的两只瓷碗。因为感觉碗的成色不错，葛先生留下了自己的手机号码，方便以后联系。第二天，有些不放心的葛先生特意跑到文物鉴定机构鉴定，得知这两件古董果然都是真品，而且物超所值，这令葛先生大喜过望。

在随后的几天内，那天在街边认识的几名外地人纷纷与他联系，商讨买卖古董的事，已经完全相信这些人的葛先生就在这几天内陆续花了23万余元购买了多件瓷器古玩。

2010年7月2日，葛先生想要把自己最近买的这些古玩捐出一些给辽宁省博物馆，然而到了省博却让葛先生惊出一身冷汗：经过省博文物专家的鉴定，这几件要捐赠的古玩竟全部是赝品！葛先生找到专家，将他在街头买的全部“文物”进行鉴定，结果除了那两只碗之外，其余全为赝品，是一堆普通的瓶瓶罐罐，根本不值他被骗走的23万元。

当日下午，正暗暗较劲儿准备怎么收拾这伙骗子的葛先生又接到骗子的电话，还不知道被害人已经察觉的骗子罗某在电话中说：“我这儿还有些三峡出土的官窑瓷器，都是皇宫里用过的。大哥，要是有兴趣的话到物贸中心宾馆1115房间，我在那等你。”

接到电话后，葛先生马上开车带着几个朋友到罗某所在的宾馆，十余个古瓶排成一排摆在地上。葛先生决定先稳住骗子：“你们卖文物就不怕犯法？卖的该不是假货吧。”骗子一再解释说这是真的。于是，葛先生与骗子讨价还价，达成了以15万元购得8件瓷器的交易。

成交后，葛先生要罗某随他去取钱：“我随身也带不了这么多的钱，跟我回去取吧。”葛先生带着文物骗子一路将车开到了派出所，文物骗子终于落网。后经鉴定，罗欲卖给葛先生的几件瓷器均为赝品。

沈阳市沈河区人民检察院依法对罗某提起公诉。2010年11月21日，沈阳市沈河区人民法院经过审理认为，被告罗某以仿制瓷器冒充文物的手段，欲骗取被害人葛某人民币15万元，8件瓷器经鉴定价值人民币仅3100元。依据《中华人民共和国刑法》第二百六十六条、第二十三条、第五十三条、第六十四条之规定，认定罗某犯诈骗罪，判处有期徒刑5年，并处罚金人民币5万元。

被告罗某不服一审判决，上诉至沈阳市中级人民法院。沈阳市中级人民法院对罗某提出的“我的行为是买卖讨价还价，不是诈骗罪”的说法不予采信，认定事实和证据与一审相同。该院终审裁定,驳回上诉,维持原判。

评析:先给你点儿甜头,再让你吃苦头,这是收藏界骗子的一贯伎俩,本案中的葛先生就是因为得知两件小古董是真品后才放松警惕的。尽管他报警后没有落入罗姓骗子的圈套,但之前他花费23万多元买下的一堆所谓"古董"却是地地道道的假货。

葛先生的经历又一次表明,在收藏领域应当一生谨慎,断不可偶然买到真货就误以为天下无骗,从而大把花钱上大当。

40. 掉进"柴窑"古瓷陷阱

河南郑州柴窑,据说为宋代柴世宗所创。"柴窑"瓷器"青如天,明如镜,薄如纸,声如磬",简直是精妙之极。可惜"柴窑"瓷器存世量极少,即使在北京故宫博物院,也难得一件完整的"柴瓷",俗语说"家有万贯,不如柴瓷一片",可见"柴瓷"之身价。

前两年来黑龙江省鹤岗定居的荣先生是中国收藏家协会会员,以收藏瓷器为主,手中元、明、清等朝珍贵瓷器不少。一次,荣先生到长春古玩市场上去淘宝,一处不起眼摊位上的青花瓷器引起了他的注意,青花瓷器上有"大明宣德年制"款识。荣先生拿起来认真观看,确定是两件少见的真品,便给出8万元的高价。老人见来了个识货的人,忙把荣先生请到了家里,"我不懂得瓷器,也不知道值不值钱,可是家里欠外债太多,只能拿老祖宗留下来的两件东西换些钱还债,没想到你给价这么高。"

荣先生与老人聊天得知,老人姓翟,他的曾祖父的弟弟是前清宫中太监总管。在八国联军侵入北京时,那位太监总管从宫中拿出一部分小型瓷器带到关东老家。后来虽然翟家败落,但这古瓷却一代代传了下来。不过,家里人也没把这些东西当回事。翟老爷子让老伴拿出20几件小碟、小碗给荣先生看。荣先生一看就激动了起来,"天哪! 天青色的釉彩,明亮如镜。黄土色的瓷足底,流光四射。"荣先生爱不释手地看了半天,按他的判断,这批古瓷可能是宋代名窑的瓷器,从瓷器的釉彩和特点看,与传说中的柴窑瓷器极像。如果真是"柴窑"瓷器,那可是踏破铁鞋无觅处呀! 荣先生咬咬牙,不动声色地加到了10万元,将这些"宝贝"收了下来。

回到鹤岗,荣先生一头钻进了自己的藏宝室,拿着瓷器鉴赏书赏玩起从长春买来的宝贝。因为一般的瓷器收藏者谁也没见过"柴瓷",荣先生对自己的判断也不怎么托底。2010年,荣先生带着他的“柴瓷”特意去了趟北京,请故宫博物院的专家进行鉴定。鉴定结果让荣先生大失所望,他拿去鉴定的这批瓷器都是赝品。

荣先生后来又去了一次长春,翟老爷子的古董摊再没找到。荣先生说他刚搞瓷器收藏的时候,也交了不少学费。没想到,进了门,懂了行,这次学费却交大了!

评析:以为淘到了“柴窑”宝贝,没想到一笔就交出了10万元的“学费”,本案中的荣先生真是走背字呀!然而如此上当受骗不能怨别人,只能怨荣先生过于自信。他认为自己是中国收藏家协会会员,在收藏界摸爬滚打多年,阅物无数,身经百战,绝不可能走眼。但事实是,人外有人,天外有天,到头来他还是被地摊老者编造的故事给骗了。

荣先生可能忘了,如今的地摊上还会有宫中流出的宝贝吗?就是有也不可能成堆成批地出现吧?由此可见,许多收藏者上当受骗还是在于轻信骗子的故事,尤其是“皇宫说”最容易让人心动,因为它编造得天衣无缝,滴水不漏。对此,我们每个人都有必要深刻地吸取教训,千万别重蹈覆辙。

三、珠宝类

1. 骗子编造显赫身世蒙人

骗子信口开河，吹嘘自己在台湾的外公拥有几十亿家产，南京江宁一位老汉竟信以为真，甚至庆幸遇到了贵人，自此，老汉成了骗子的“自动取款机”。6年里他被骗去28万元巨款，换回来的却是十几袋“废石烂玉”。

受害老汉姓王。2004年，王老汉家中搞装潢，通过朋友介绍，一个叫许某的男子来到王家做油漆工。许某是江宁人，能说会道，不久与王老汉处成了无话不说的好朋友。在闲谈中，许某吹嘘自己有个外公在台湾，是台湾“李氏集团”的董事长，拥有几十亿的家产，其外公的事业从台湾发展到内地，就连江宁开发区“旺旺集团”也是他外公的子公司。王老汉对许某所说的事情从来没有考证过，但是却深信不疑。他暗自庆幸认识了一位身世显赫的好朋友，还告诉家人，他遇到贵人了。在日后的交往中，王老汉对许某也更加客气亲切起来。他怎么也没有想到，许某这时正在悄悄酝酿一场让他倾家荡产的骗局。

2005年3月的一天，许某实施了他的第一步行骗计划。当天他来到王老汉家中，边喝酒边叙旧，几杯酒下肚后，许某开始唉声叹气、长吁短叹。王老汉感觉很奇怪，就赶紧问他遇到了什么不开心的事。许某告诉王老汉说，他在台湾的“董事长外公”近日要到大陆来考察，准备在大陆投资经营，还准备在江宁投资建厂。“我想把我公公接到我家里来住，拉拉关系，日后好混一点，可是，我们家穷得不成样子，我也难开口让他落脚在我们家。”许某说出心里的顾虑，并说计划着花个十几万把家里好好装潢一下，但是家里钱不够，他为此吃不下饭，睡不着觉。

王老汉一听说许某的“董事长外公”要到南京，高兴不已，浮想联翩。他想凭着他和许的关系，以后到他外公厂里干点事肯定不成问题。出于这点私心考虑，他当场拿出了6000元钱交给许某说：“这点钱你先拿回家，救个急。”爽快的王老汉连欠条都没让许某打。"老哥,你真够意思,以后我要发达了,我一定叫我外公给你一个副厂长当当。"王老汉信以为真,从此就盼着升官发财的一天。

2005年下半年,王老汉突然接到许某的电话,许某告诉王老汉,他现在已经到了香港,和外公一起做生意。经过考察,他发现大陆一套价值1000~2000元的十二生肖玉器在香港要卖到十几万元。许某叫王老汉专门在大陆帮他收购古玉,他会派人收购,赚钱后大家平均分。这个消息让王老汉兴奋不已,他终于等来发财机会了。许某把一个专门收集古玉的朋友吕小姐的电话留给了王老汉,说吕某的玉器好,叫王老汉以后多与吕小姐联系。

3天后,吕小姐拎来了一套十二生肖玉器与王老汉约定交货,王老汉以2000元的价格收购了古玉,回家后像宝贝一样收藏起来,等待许某派人来收购。从此,这种收购买卖频频上演。许某还电话遥控,介绍自称是"旺旺集团"会计的王女士的朋友吴家华给王老汉认识,说他们都是收购玉器的收藏家。为了让王某不怀疑,这3人多次公然将交货地点约定在江宁区公安局门口。开始,王老汉仅靠着与老伴的2000元月收入购买,后来感觉区区2000元实在太少,竟卖掉了家中一套房子,把十几万元的卖房款和十余万元的存款全部搭进去买了"古玉"。2010甚至又将居住的一套新房拿到银行抵押,买了6万元钱的玉。

在6年多的时间里,王老汉花了20多万元买了十几袋的古玉,令人奇怪的是许某一直没有来收过,而王老汉竟然一点都没有怀疑过。其间,他只是向许正峰咨询过,但许某一直以各种理由搪塞他,始终没有收购。王老汉的亲友曾经提醒过他不要上当了,但谁建议王老汉就跟谁急,他竟还梦想着到台湾做生意。

评析:一个装修工吹嘘自己有个台湾的巨富外公,王老汉居然深信不疑,在几年内被其骗走20多万元,深刻的教训足以让世人警醒。

说到底,还是"贪"字当头害了王老汉。他认为朋友有个富亲戚,自己多少也能沾点光,于是被骗子牵着鼻子走,而且长期执迷不悟。然而他却从来未曾想过,朋友的亲戚与你有什么关系?况且朋友也分真假,萍水相逢的人靠得住吗?

本案告诉我们,轻信是收藏的大敌,就是轻信朋友也不一定保险。

2. 轻信专家栽跟头

因为轻信收藏家协会副会长对古玩的专业知识,江西某集团实业公司董事长张某,几年里被假古董骗走350万元,惨痛的损失,让这名董事长立刻报案,日前,海南省收藏家协会原副会长冯某等人在当地受审,但张某被骗的巨额资金一时却难以追回。

据知情的收藏界业内人士告诉笔者,2008年9月,时任海南省收藏家协会副会长的冯某与会长李某、副会长王某在海南省三亚市注册成立三亚博仁堂工艺有限公司,承包三亚市某大酒店大堂3号商场销售古玩。

2008年10月,江西某集团实业公司在三亚市亚龙湾建一贵宾楼,该集团董事长张某见冯某、李某、王某经营的商场内有近代古瓷器销售(实际为仿制的古瓷器),向冯某等人表示有意购买一批明、清近代古瓷在贵宾楼收藏。冯见张是外行,而且又是一位有钱的老板,很快就通过别人购进了一批仿制古瓷,冯对前来看货的张谎称,这些古瓷器是他下乡从民间一件件收购来的,都是明、清年间的古瓷器。出于信任,张当即以150万元的价格买下了43件"明清古瓷"。诈骗得手后,冯留下赃款95万元,余款被王某、李某瓜分。

为了弄清这批"古瓷"的真伪,2009年5月,张某请江西省景德镇市文物局、陶瓷考古研究所有关专业人员前去鉴定,结果专家告诉他"古瓷"全部是现代仿制品。此后张某又收藏翡翠原石,但他竟然还相信冯某等人的"专业"眼光。

2010年6月,一符姓男子在冯某处购得一块翡翠原石后,打算转手卖给张某。张某再次找到冯某,请其帮助鉴定。对于送上门的这块肥肉,冯某岂能放过?于是由冯某提供翡翠原石及成交底价,符某进行交易的一个陷阱再次等待着张某。冯某故意将翡翠原石的品质和价格抬高,以牟取暴利。

同年7月10日,冯某再将一块重14.5公斤、既不是翡翠也不属宝玉石类的普通钠长透闪石岩,与4块翡翠原石一起交给符某,谎称全部是翡翠原石,让符某再次送到张某处出售。交易时,糊涂的张某再次邀请冯某为其鉴别真假,冯某称全部石岩均为翡翠原石。张某信以为真,与符某商定以人民币90万元成交。得款后,冯某净得75万元。14天后,冯某又用一块普通钠长透闪石岩骗取张某180万元,冯从中牟利120万元。至此,冯某以假翡翠骗取张某200万元。

江西老板在外地购古玩被宰的消息以极快的速度在江西古玩收藏圈子内传播着,不少业内人士了解到最新消息。资深古玩商熊某告诉笔者,张某在发现自己受骗后,立即报案,冯某涉嫌诈骗罪被提起公诉。

评析:前面案例中的王老汉,由于轻信"朋友"被骗20多万元;而本案中的张某,由于轻信"专家"则被骗350万元,损失更为惨重。这表明,轻信的确是收藏的大敌,轻信专家可能更危险。

也难怪张某上当受骗,因为骗子冯某头顶着海南省收藏家协会副会长的官衔,这让人感觉他似乎是个专家,于是张某大大放松警惕,对冯某的所作所为深信不疑。

本案表明,在收藏领域与人打交道,千万别迷信所谓"专家",尤其是有些个头衔或身份的专家,因为唬人的头衔可能是虚衔,耀眼的身份可能是假的,一味迷信它便可能掉入陷阱难以自拔。

3. 工地“金古董”骗走60万

一名爱好收藏的董事长，一口气从别人那里买下61只“纯金古董”，付给对方60万元。可经专家鉴定，却都是铜制品。此后他再去找那个卖“古董”的人，已是人去屋空。

于某是上海市一家网络公司的董事长，业余时间他喜欢搞收藏，家里常摆放着些古董。

2010年5月的一天，于某刚从外面办完事回到办公室，就有人打电话进来。他拿起话筒，里面传来一个陌生的声音：“于董，最近我们公司在浙江施工挖土中，发现了许多古董。我知道你喜欢这些东西，要不，我带个样品到你公司。你如果看了喜欢，价格可以商量。”于某想，对方这么顺口叫得出自己的名字，而且还知道自己的爱好，一定对自己熟悉。于是，他答应第二天在一个大酒店见他们。

那天来的两个人，于某并不认识。其中一个自称叫陈某某的青年拿出一张名片说：“于董，这张名片是你上次见面时给我的，我把它一直藏在身边，我还说过，我是福建泉州人。”“噢，好像有这回事，岁数大了，脑子记不住了。”于某这么一说，气氛开始舒缓了些。陈某某假装客气说：“这也怪我平时忙于工作，和于董联系少呀。”

接着谈话很快转入了正题，陈某某说：“最近我们公司在浙江嘉兴一座山上施工挖土，发现了许多金质古董，有金狮子、金元宝、金佛像和金狗等。今天我带给你看的是一只金元宝，我拿把刀切一小块下来，你去验一验，是不是黄金。这小块东西我就送给你吧。”这之后，于某拿着切下的金块，去找他认识的“内行”测试，他的“内行”朋友说：“这确实是一块真金。”于某于是对他俩深信不疑，打算抽个时间到那工地查看一下。

一晃时间到了10月中旬，于某因忙于工作，没时间去工地，渐渐把这件事忘记了。一天下午，于某突然又接到电话说：“上次那古董的事，是否到徐家汇弘基休闲广场谈一谈？”于某这才想起了此事，答应赴约。

一见面，于某凭着上次的印象，怎么看对方也不是上次来的那个人。正当他疑惑时，眼前的陌生男子打破了僵局：“于董，是这样的，上次那两个小伙是我的徒弟，本来这次我是叫他们与你谈价钱的。不巧的是，他们在工地挖金受了伤。我们曾想把这些古董拉到深圳去卖，没想到那里的人无诚意，所以在时间上也拖得那么长。”

“你东西放在什么地方?”于某问。“过几天,我们准备在虹梅路租房,到时候我再打电话给你。”那人说了之后,就与于某握手道别。

11月13日下午,在一番联系后,于某前往那人的暂住地。进了屋,那人从一只蛇皮袋里倒出了30多块金器。于某随手将4块金器放到煤气灶上烧了一会儿,然后扔到水里全都复原了,他确认是黄金。但他想,这种验金的方法毕竟还是比较土,那人同意在其中一块金器上切下一角,再送到打金店检验。没想到,打金店老板看了后,愿意花4000元收购这块金。于某才觉得,把这些金古董全收了,一定可以赚不少钱。

在这种利欲的驱动下,双方开始谈金论价,最后议定了60万元的价格。11月26日下午,于某开车到了那人的出租房,这才问起那人的姓名。那人拿出了一张身份证,于某记下了那人的姓名陈某,与上一次见面的陈某某都是福建泉州人。

陈某把两只蛇皮袋里的“金古董”以低价卖给于某,其中“金卧狮”22件、“金站狮”14件、“金元宝”6件、“金佛像”19件,于某与其60万现金成交。

第二天上午9时,于某又去了打金店。他拿出一只“狮子”和一只“元宝”再做一下检验,金店的人说不是金的。于某差点气昏了,他再去找陈某。房东说,人已退房走了。打他的手机也已是空号,于某这才知道自己受骗了。

警方接到于某报案后,将61件“金古董”送往上海市公安局物证鉴定中心检验,结果均为黄铜。

警方又查明,自称陈某的真实身份是戚某某,福建漳州人。2011年1月19日晚,深圳警方在统一清查行动中将戚某某抓获,并移交上海警方。3月21日,上海市闵行区检察院以涉嫌诈骗罪将戚某某批准逮捕。

戚某某交代,在老家的时候,他就听说过用补牙齿的化学金做成的元宝、佛像等都黄灿灿的,就和真黄金的感觉一样,于是他想到了用这种东西去骗钱。戚某某说,为了物色受骗对象,他想到了名片店,给名片店老板一点好处费,他们会把有头衔的名片给他,按照名片上的联系方式一个一个打去电话,采取套近乎的方式让对方感觉不是陌生人。卖给于某的假金器是从摊上买的,价格仅23元一只。当然为了让对方相信,还得备用一小块货真价实的小黄金。

当检察官问于某“你怎么会被这些假古董所迷惑”时,他说,自己爱好收藏,尤其对古董情有独钟,但毕竟不是很精,当时也考虑到了这些古董的真假问题;但一次次送去给“行家”检验,都说是真的,而且还有人从自己手里买去了一小块东西,心想有利可图,也许能发笔大财,才这么大方地收购。

评析:在收藏过程中,误铜为金是许多新手易犯的错误。本案中的于某斥巨资买下的“纯金古董”,无一例外都是铜制品,就再次验证了上述规律。

不过本案中骗子的创新之处在于,他去复印店寻找猎物的“名片”,凡是有头有脸的人都列入其行骗对象,而且有一定的成功率。这表明,社会上的成功人士涉足收藏领域更容易上当受骗。因为他们可能手头充裕,对财产损失看的不重,故风险防范意识比普通人更差。所以,收藏路上无贫富,凡出手皆需小心谨慎,不可一时大意致亏。

4.用金器设局“钓”海外大款

前不久,一宗利用假金器调包骗取海外华人千万元的诈骗案在广州市中级人民法院公开审理。福建籍被告人何某等5人一一过堂。

2008年12月20日,广州市公安局接到一自称澳大利亚某会计师事务所主理人、太平绅士的男子高某报案:当年8月15日,他在广东韶关被两名男子用假的金佛像、金狮子、金元宝等骗走港币184万元、人民币125万元。

经摸查,2009年4月11日,警方发现该团伙再次作案骗得100万元人民币,且将诈骗对象瞄准交易会来宾。4月13~15日,警方抓获犯罪嫌疑人何某及其同伙共68名,缴获装在40多个皮箱、编织袋内的假金器重近2000公斤,包括零散的假金器500多件,加工制造假金器的液化气炉,以及作案用的82部手机、160多张手机卡,赃款10多万元及电脑、汽车等物品一大批。

2010年2月22日,本案何某等5名嫌疑人被广州市检察院以诈骗罪提起公诉。

据检察机关指控,在这一系列诈骗案中,被告人都是通过互联网物色宝藏收藏爱好者,然后一个一个打电话甚至是打越洋电话,称他们在佛山市一施工工地发现大批金佛像、金狮子、金元宝等金器,而他们承包发掘工程急需资金,要向事主“借款”。这些被骗者都是取得了澳大利亚、加拿大等国国籍的华人,并且大多在当地经商,有相当经济实力和一定社会地位,多爱好收藏。

为骗取事主信任,被告人先携带真黄金佛像、狮子头、元宝等至事主入住的酒店房间,事主通过专家鉴定,证实金器含金量在98%以上,于是信以为真,拍板答应借款。事主携带巨额现金或财物来广州与这群福建人见面,一手交付巨额现金、一手拿回“金佛像”等器物后,才发现金器被调包成了一堆废铜烂铁!

等再与这帮人联系,他们早已不知去向。

评析:本案又是先见甜头后吃苦头的典型例子,一些在海外辛辛苦苦经商打拼的华人被国内骗子深度套牢,损失惨重。

说起来骗子的手法其实很普通,先编造一个工地掘宝的故事,再拿一两件真金器让你验证,最后偷梁换柱,掉包走人。然而,善良的海外华人缺乏起码的风险防范意识,以经商过程中的诚信方式对待骗子,其结果必定吃亏。他们忘记了,搞收藏不能凭样本交易,即便样本是真的,却不能保证批量货物也是真的。

5. 普通石头冒充夜明珠

2010年5月17日,一位姓王的妇女急匆匆地跑进了新疆阿勒泰市某派出所,她颤抖的手里捧着一块石头。她告诉民警,就在半个小时前,她被一伙人给骗走了4万多元,而起因都是因为这块石头。

这天一大早,王女士在长途车站附近遇到了一个中年男子,此人向她打听一个生产电子原件的工厂,王女士在北屯镇住了几十年了,从来没听说过这个厂。

正当王女士准备离开时,从后面又走过来一个女人,自称在银行上班,知道那个工厂。王女士说,那你带他去吧,我不去了。

说完,王女士准备离开,这个女人却突然拉住了她:"大姐你就给我陪个伴吧,我丈夫要是知道我和另一个男人一起走,多不好啊,你做个好事,我们带他一起走。"

见这个男子这么着急,好心的王女士也没有多想,就这样,跟着那个自称在银行工作的女人,一起去找工厂,找了半天,也没有找到。

找不到工厂怎么办呢?这个男子又说话了,他是到新疆来找叔叔的,他要拿一样东西放在他叔叔那里。

说到这个东西,这个男子突然变得很神秘,还从包里拿出了100元钱,递给王女士作为酬谢。

王女士赶紧推辞,没想到这一推辞,男子竟然决定要把那个神秘东西交给她代为保管。说自己奶奶说过,见到给钱不要的人,就可以把东西给这个人保存。

这个神秘的东西究竟是什么呢?男子话一出口就让王女士大吃了一惊,竟然是两颗夜明珠。

王女士一想,自己从来没见过夜明珠,这回也算是见识一下,可真正的夜明珠究竟长什么样呢？正想着，那个在银行工作的女子却将她拉到了一边，告诉她一种非常有效的识别方法：先让那个男子拿出一只烟，分别在王女士和这个女人身上转了三圈，然后两个人又分别对着烟哈了三口气之后，男子将烟点着，猛吸了两口，王女士看见那只点燃的烟头变的红亮红亮的。

男子将烟头往地上一吹，落在地面上的烟头竟然冒出了一团火花。这下可把王女士看傻了眼，这说明男子包里的夜明珠是真的。可当王女士提出想见识一下夜明珠时，男子却拒绝了：白天不能看，只能晚上看。

男子还告诉她，这夜明珠可不是两个普通的夜明珠，一个公的一个母的，母的是能产金子的。

夜明珠已经够稀奇的了，竟然还是一雄一雌，这雌性的夜明珠还能产金子。这可了不得，真要是把这两个夜明珠抱回家，那不就是抱回了一座金山嘛。王女士想，自己今天真是碰上财神爷了，就在这时，那个男子又说了，想得到这夜明珠可是有条件的：只有用金子才能把夜明珠接回家。

一听这话，站在一旁的女人立即就说，她家里有金子，她可以把夜明珠接回家，给王女士 2000 元钱，不让她参与这件事了。

王女士说那也行，可那个男的说不行：这个大姐看到了火花，我是先遇到这个大姐后遇到的你，要是不给这个大姐的话，她家里要死 5 ~7 个人呢，就你一个人得到了，可这个大姐却要受那么大的损失。只要是看到火光的人都是有福气收藏夜明珠的人，有了这个夜明珠，子孙后代都可以发财当官，可是如果得不到夜明珠呢，这人家里一定有血光之灾。

听这个男子这么一说，王女士有些害怕了，可又一想，要了这个夜明珠不仅自己可以发财，连子孙后代也可以发财，这是两全其美的好事啊，可是自己没有那么多的金子，这时男子说话了，没有金子，拿钱也能将夜明珠接回家。

于是，王女士和这两个人回家拿了存折。按照男子所说，把全部银行积蓄取了出来，一共 4.95 万元。男子提出，接夜明珠要找一个有山有水的地方才行，于是 3 人搭上出租车，来到了北屯镇一片偏僻的小树林里。

男子很神秘地拿出了用一块毛巾包着的东西，放进了王女士装钱的包里。之后，便把自己的包和王女士的包放在了地上，拉着她到一旁说起话来。

按照男子所说的，王女士拿着包还要向前走 365 步，回到家之后还要等 8 个小时才能打开包，看夜明珠。

走完了 365 步之后，王女士再回头看，那两个人早就不见踪影了。这时王女士才觉得有些不对劲了，赶紧打开包，那个用毛巾包着的东西倒还在，可自己刚取的 4 万多元钱却没了影。再打开那毛巾包着的夜明珠，这哪儿是什么夜明珠啊，就是一块普通石头。怎么办，赶紧报警吧。

评析：本案中王女士被骗4万多元，原因在于其既贪财又无知。

路上遇见一个陌生人，她就相信所谓“夜明珠”能使自己及子孙后代发财致富，这是典型的贪财；而相信所谓“夜明珠”有公有母，母的还能下出金子，这是纯粹的无知。

王女士也不想想，如果夜明珠有那么大的魔力，别人为什么让你保管又低价卖给你呢？更离奇的是，王女士还鬼迷心窍地背向骗子朝前走了365步，为骗子提供了从容逃跑的时间，实乃闻所未闻，可谓上当受骗达到了极致，实在是可悲可叹。

6. 男子调包偷玉被抓

喜欢收藏石头的中年男子陶某，在古玩商店看中了一块和田玉。囊中羞涩的他几次光顾后，用遮眼法调包窃得这块玉，最终换来了9个月徒刑。近日，法院以盗窃罪对他做出了判决。

2010年7月底，无业人员陶某在上海某珠宝古玩城看中了一块和田玉(籽料)，便与店家攀谈起来。热情的小老板见陶某谈及玉石时，颇有行家的味道，就递上一张名片介绍他去徐家汇其父亲的工作室看看。

8月2日，陶某去了商家老板父亲的工作室，见对方拿出一块3×3.1×0.7(cm)和田玉“黄玉”，净重为13.98克，属籽料带点黄皮，下部镂空雕刻了一个天鹅，天鹅身体是白色，头部是橙黄色的，串有一暗红挂绳，在挂绳与玉器连接处另有一象牙饰件。他端详了半天，认为最多值2000多元，可对方开价就是1.5万元并称是“黄玉”。

8月4日下午，陶某用公用电话与古玩城商家老板联系，以中介的身份提出再多带4块玉及礼品盒，约定一小时后在不远的愚园路上一家咖啡馆内碰头，由自己老板来亲自挑选购买。离开了电话亭后，陶某在商店内购买了3包红双喜香烟，将其中1包香烟拆开抽掉10支，从路边捡了一块与“黄玉”大小相当的碎石块，用餐巾纸包好放在香烟盒内，再用透明胶带把烟盒封好，准备寻机调包。

在约定的时间，18岁的古玩店小老板带着5块玉石，来到咖啡馆。古玩店小老板将玉取出报价，除了那块“黄玉”报出1.5万元的价格外，还有一块报出2.8万元的价格，其余是几百元、上千元的籽料玉。

陶某提出店堂内人多眼杂，要求把这几块玉用餐巾纸包好塞进烟盒内，在烟盒外写上不同的价格，还故意让古玩店老板把“黄玉”写上2.5万元的价格，称待他老板来时直接看价格看玉，其中多卖1万元可部分作为他的回扣。陶某趁小老板不注意时，将包有“黄玉”的烟盒与裤袋里那包普通的石头烟盒做了调换。

不知真相的古玩店老板回到工作室，一直傻等到当晚8时以后，仍不见陶某的踪影，觉得不对劲事情来得太蹊跷，就将几个香烟盒逐个打开，才发现餐巾纸内的“黄玉”，却变成了一块破石头。

8月8日，陶某约了相识的朋友，去苏州一家玉器加工厂看看委托加工的玉器饰件。他在火车站南广场等候朋友时，恰恰被正好也在火车站广场等候人的古玩店小老板撞上，古玩店小老板报警，陶某落网归案。

那块令他“疯狂的黄玉”，经警方委托专家鉴定，价值实为3600元。

评析：爱好收藏，但却用盗窃手段获取“宝贝”，本案中的陶某因此触犯了刑律，这是十分愚蠢的。

另外，本案中的商家也很不诚实，明明一块价格仅为3600元的玉石，他却要价1.5万元，其间的暴利令人咋舌。难怪陶某对宝贝更加向往，必欲千方百计占为己有。

本案留给人们的启示在于：收藏中别轻信商家的报价，那里水分很多，甚至多到难以想象的程度。与此同时，收藏爱好者对任何宝贝都不应当过于疯狂，以免付出沉重的代价。

7. 古董骗局背后的诈骗产业

两个福建农民，经过两年精心布局，用一堆铜锡合成假金器，骗了加籍华人林女士4万余元。目前，犯罪嫌疑人何某因涉嫌诈骗罪，已被批准逮捕。

笔者随后了解到，假古董金器诈骗竟已经形成一个地区的“诈骗产业”：从制造作案道具——假古董金器，到寻找被害人——收集名片、行业年鉴，到实施诈骗——电话联络，精心设局……各个环节都有专门分工，相互合作，自成体系。

2010年6月11日晚，上海站公安段民警值班室里来了一名中年女士，打开随身带的拉杆箱，金佛、金狮、金狗等数十件金器展现在民警眼前，“这些金器都是假的，我被骗了4万多元。”

该女子名叫林某，加籍华人，现任中国加拿大某交流协会会长。

两年前，她认识了在广东当包工头的陈某。一天，陈某告诉她在工地上发现了许多金古董，想把金古董转手卖给她，让她带往境外交易。

6月8日，林女士专程飞到上海。陈某便委托一个名叫吴某的同乡，将41件元宝、佛像、金狮等古董金器带到上海某酒店，与林女士进行交易。

“我亲眼看见他从金器上剪下一个角，在随身带来的卡式炉内煅烧，金子的颜色没有变化，确信是真的。我又拿到南京路老凤祥金店鉴定，含金量为99.9%。”林女士于是付给了吴某4万余元押金。

“但是，事后当我把其他金器再带到金店里检验时，却被告知全是假的。”41件金器全都不含金。

警方按照吴某留给林女士的电话拨打过去，却被告知已经关机，陈某也早已“查无此人”。经过数天侦查，上海铁路警方终于在一高档居民区内抓获了吴某。在其暂住屋内，警方不但缴获了大量的假金元宝、金狮、金佛，还发现了很多印制名片的底板。

吴某供述，他本姓何，而林女士口中的陈某则姓吴，两人都是福建某县的农民。吴某在2008年通过越洋电话结识了林女士。“吴某告诉我，林女士是知名人士，有钱又有名望，将假金器卖给她，成功率比较高。所以从两年前开始，吴某就经常和她电话联系，直到林女士真正将其当成朋友，去除了戒备心后，我们才开始谈黄金交易的具体细节。”

2010年6月，林女士来到上海，何某提出41件金器要收定金40万元。为增加可信度，何某自己还购买了两块总重近10克的真金块。在林女士查看时，即用障眼法，假装是从金器上割下的金块。

林女士决定收购这批黄金，但声称身边没有这么多现金，并提出要去金店检验全部金器。何某怕夜长梦多而露馅，便答应了检验的要求，但要求其支付4万余元定金。在收到定金后，何某便逃之夭夭。

一个是社会名流，一个是只有小学文化的农民，二者是怎么发生联系的呢？

在警方缴获的部分证据中，笔者发现了几本厚厚的行业年鉴、国外名人录以及一本笔记本。警方告诉笔者，这些就是何某他们作案的工具。这些不法分子通过各种渠道，获得了一些社会知名人士和外籍华侨的个人信息，之后，采用全面撒网的方式拨打越洋电话，通过交谈确定有无“发展空间”，并分门别类地记录下来，最后有针对性地制订行骗计划。

笔者在何某的笔记本上，看到有“某公司总经理费先生6月底回上海”的字样，何某说，这是下一个赚钱的“目标”，还在准备中。

何某告诉警方，吴某并没有见过林女士，最初只是从名人录中找到林女士的名字，发现她是加拿大华人圈的社会活动家，在广东、福建一带均有投资项目。于是吴某便从广东打越洋电话给林女士，以老家同乡的名义，最终打消了林女士的防备心理。

据何某交代，由于吴某和自己都是福建人，于是作案的对象也都找寻祖籍南方的人士，“因为我们都是南方口音，容易骗出对方的同乡情结，对他们自称是同乡也不会有所怀疑。”

被害人林女士则告诉笔者，她虽然身处异国，但很想帮助家乡百姓早日致富。所以，当吴某以老乡身份找到林女士时，她非常爽快地认可了对方，并一直保持着联系。

与普通的诈骗案不同，此案何某和吴某经营了两年。“我们不急于求成，而是放长线钓大鱼。”何某告诉警方，社会名人、知名企业家的层次比较高，对陌生人有防备心，因此，就需要花更多的时间先去和他们交朋友。

几年的“友情”让林女士深信不疑，不远万里从加拿大赶到上海。“开始时，我们并不与林女士见面，故意拖了几天之后，在林女士急切的恳求下，吴某才让我来和她见个面。”何某说，“这时林女士已经不问金器的出处，只求能早点见到金器，完成交易。”在吊足了林女士的胃口之后，两人才真正张开蓄谋已久的诈骗网。

据何某交代，过去在老家也常有一些店铺专门生产假金器，主要是作为工艺品专供村民烧香拜菩萨时用的，“但后来有人当成真金器卖了出去，赚了很多钱。于是假金器的需求量就猛增，市面上随之出现了许多生产、出售假金器的店铺。”

经了解，犯罪嫌疑人何某所在的福建某镇，2000 年，仅有 10 余家制造假金器的店铺，到 2003 年就发展到 200 多家，目前已达 500 余家。据何某交代，这些店铺主要以家庭作坊为主，采取前店后厂的模式。他们制造出来的产品自称是工艺品，公开出售，明码标价，政府有关部门也无法制止。制造假金器成了当地支柱产业，也是村民的主要经济来源。

这些假金器的外观造型、比重完全是模仿真金器来设计制造的。因此，当这些“工艺品”被一部分人大量收购后，就成了一种行骗道具。假金器制造商尽可能地达到一种以假乱真的效果，否则就没有销路，他们彼此之间形成一种默契的配合。

警方调查后还发现，当地还活跃着另外一群人，为骗子们提供“情报”。这伙人的具体任务就是到全国各大城市，专门负责收集“铁板”，即印刷厂里制作名片的印刷母板，由此获取企业老总、社会活动家的联系方式。他们一般将收购来的“铁板”依照名片的“含金量”不同，标上不同价格作为“联络资源”出售给最终实施诈骗的团伙。

而诈骗团伙就根据“铁板”上的资料，挨个打电话联系名片主人，有联系价值的，再由专人联系见面，实施犯罪。

据警方侦查，在何某的家乡，已经形成了一个“古董金器诈骗”的“产业”。

“从生产假金器、物色被害人、实施诈骗等，都由专人分工完成。”警方表示，目前，以这种形式为主要作案手段的犯罪活动，其踪迹已遍布全国。目前各地已发生了多起作案手法类似的诈骗案件，涉案金额超过数千万元。

评析：经过两年时间的精心准备才付诸实施，两个福建农民的“古董”诈骗水准还是相当高的。

本案不同于以往之处在于，国内某些地区已经形成了一个庞大的诈骗产业。在这个产业链条上，一是制造商（如生产假金器），二是信息商（如搜集被害人资料），三是销售商（如设局诈骗），各家专业分工又相互合作，自成体系，一气呵成，并且把诈骗的矛头重点指向海外华人，利用后者对国内情况不够了解、希望为家乡父老做些贡献的特点，实施有组织的诈骗犯罪活动。

有鉴于此，打击日益膨胀的诈骗产业已是当务之急，政府必须有所作为，才能保收藏领域的一方平安。

8. 游客买到假珠宝

2010 年 12 月 19 日，某旅游团游完香港、澳门，到了珠海。导游将团员带到一家门前挂有“珠海唐家翠宝祥工艺品商行”招牌的门面，说旅行社和珠宝店签有协议，游客得象征性地进去参观一下。

大家被直接请到了 2 楼一间接待室。一个 40 岁出头的平头男子自称唐某某，是香港某珠宝大王的女婿，资产超过 30 亿元。当天是他爷爷 99 岁的生日，凑巧这个旅游团是珠宝店今天接待的第 99 个旅游团，因此他特地赶过来，希望得到大家的祝福，并为他爷爷祈福。

说完，他便给每人送了一条号称价值千元的玉石吊坠，并邀请大家参观珠宝店。介绍了珠宝鉴别方法后，他叫员工拿出一盒标价 8800 元的红色珠宝项链和其他首饰，说是送给大家，每人只需捐一个 300 元的红包作为香油钱，给他爷爷祈福。

通过这种方式，有 13 个人捐了 2.8 万多元。后来听人说，大家上当了，那些都是假货，这些珠宝全部无发票、无收据，也无正品鉴定证。

幸运的是，13 名游客联合起来，给旅行社施压，终于要回了 2.8 万元。

珠宝店的销售中到底有何猫腻？笔者联系一位资深导游刘先生。刘先生介绍，这种拉客到珠宝店，一般有三个过程：即“买车”、“拉车”、“砍价”。

“买车”，就是当导游、司机从机场接到旅客后，在旅客拿身份证给导游集体登记时，导游把游客的身份姓名、地址全部抄写下来，然后马上联系珠宝公司老板，与其商谈把游客拉到珠宝店的费用。一般一辆豪华大巴的游客资料，可以卖到 1000 元 ~ 1500 元。

"拉车",就是司机把游客拉到珠宝公司,游客进了店,导游一般不替客人挑玉、选玉。

"砍价",就是指专门与游客套近乎,拉老乡关系的推销人员。每家珠宝公司有 5 ~ 6 名专门跟客人认老乡的"杀手",在砍价方面堪称厉害。

然而,不管是购物方式的哪个阶段,最后都要体现在珠宝的价格上。

据悉,珠宝店销售的珠宝绝大部分是在玉石批发市场买的地摊货。比如一对假翡翠玉镯,价格不过 90 元,却可以卖到 6000 ~ 8000 元,有几十倍、上百倍的利润。

珠宝店给导游的回扣,一般是游客购物款的 30% 或 40%。

刘先生还介绍,事实上,珠宝店忽悠游客的方式也在随着时间推移发生着变化。

2006 年前打老乡牌:

假如导游领一个天津团到一家珠宝店后,会告诉你这里的老板也是天津人,然后老板会出来,操着一口不知道是哪里的方言告诉你,他从小在海外长大,祖上是天津人,很曲折地来到当地闯荡,做生意。他的珠宝卖别人都好几万元,卖给老乡自然会便宜,然后告诉你一个"成本价",引诱你上当。

2006 年后,借口生了双胞胎:

导游领你进到一家珠宝店,老板会很开心地出来说,他的运气太好了,昨天他的二老婆或者三老婆给他生了双胞胎,为了表示庆祝,他会免费送给游客一个标价几千元甚至上万元的玉镯,然后告诉你,"咱们中国讲究礼尚往来,你给我包个红包吧,一两百元就行,写上祝福的话,讨个吉利。"其实,他送的那个所谓的玉镯只是十几元、二十多元的石头或者树脂做的。

现在,借口家有老寿星:

这是"双胞胎"的一种变种,"双胞胎"变成了老寿星,红包变成了香油钱。

刘先生说,骗术千变万化,但万变不离其宗,掏空游客腰包永远是不法商家的真正目的。游客要避免上当,就要相信"天上不会掉馅饼"。

评析:不法商家以送为名诈骗游客的案例时有发生,笔者在广东省珠海市的某珠宝店也亲身经历过。

与以往一些案例所不同的是,这里的骗子往往与旅行社的导游、司机相互勾结,对团队游客集体行骗,或打"老乡牌",或借口家中"有喜事",从而以售其奸。

本案中的 13 名游客被骗 2.8 万元,相当于捐了 90 多个红包,幸亏发现及时才转危为安。然而值得反思的是,为什么那么多人都相信骗子"爷爷 99 岁生日”的故事呢？看来是占小便宜的心里促使众多游客丧失了警惕。大家轻信了骗子用300元香油钱换取8800元珠宝首饰的谎话，最终坠入骗子设下的陷阱。

9.“清代皇室珠宝”诈骗

2010年11月8日上午，一名妇女手持一粒黄色珠子，哭哭啼啼来到湖南省怀化市公安局某派出所报案。

原来，该妇女姓刘，湖南新晃侗族自治县人，在江苏无锡打工多年，11月6日她乘火车回家，到湖南吉首时，先后来了一胖一瘦两个中年妇女与她套近乎，胖女人说其丈夫开车出车祸压死两个人，他自已也断了一只脚，急需用很多钱，但她家没有钱，只有祖辈留下的一件宝物。说着，胖女人从怀中掏出一只黄色珠子在刘女士和瘦女人面前一晃，又收回怀中。

胖女人接着介绍，这珠子是清代皇室珠宝，于清代末期流散民间，现在是无价之宝，本来是祖辈传下来的宝物，一直收藏不露，只是现在家里急需钱用才不得已拿出来，准备找个买家卖掉，以解自家燃眉之急。说着说着，胖女人突然说话哽咽，扭过头去失声痛哭起来。

这时，瘦女人关切地安慰胖女人，并称她认识怀化一个专做古董生意的邓大姐，她答应帮助胖女人牵线搭桥，把珠宝卖给邓大姐。刘女士见胖女人家中有困难，而瘦女人又这么热心帮忙，便认为她俩都是好人，于是打消了戒心，3人成了无话不说的好姐妹。到怀化下车后，3人一起住进一家旅馆的同一房间。

11月8日上午8时许，胖女人和瘦女人邀请刘女士一起去见“邓大姐”，刘女士答应了，并一起来到西南宾馆门前与“邓大姐”见面。“邓大姐”拿着那粒珠子仔细察看，又用舌头添了几下，然后惊诧地叫道：“哎呀，我搞了十多年古董生意，今天算是碰到运气了，这珠子确实是清代皇室珠宝！”经一番讨价还价，“邓大姐”最后同意以10万元买这珠子，并说马上去取钱，相约半小时后返回原地交易。

这时，胖女人说这珠子今天能成交，有瘦女人和刘女士的功劳，她不会忘记这份情，表示收到“邓大姐”的10万元后，就分给她俩一笔丰厚的酬金，但为了表示诚意，她要瘦女人和刘女士先给她押一部分钱。于是3人打的来到太平桥一家银行，瘦女人取出1.7万元和一台手机交给胖女人，刘女士取出4500元和一条金项链交给胖女人。接着，胖女人把那珠子交给刘女士，并拦住一辆的士，把刘女士推上车，要刘女士赶快去约定地点找“邓大姐”交易那10万元钱。

当车开走约100余米，刘女士好像从梦中惊醒过来，顿觉不对劲，仔细看那珠子，发现是一粒普通的玻璃球，便要司机掉转车头返回，但胖女人和瘦女人都不见了踪影，再到“邓大姐”相约的见面地点，结果是望眼欲穿也不见“邓大姐”的光临。

被骗后，刘女士哭得很伤心，人们劝也劝不止，她断断续续告诉民警，她已离家在外打工8年了，一直没回家，好不容易才积储几千元钱，准备回家孝敬老人和给孩子读书，现在被骗光了，怎能不心疼呢？

评析：刘女士被这种“小儿科”级别的骗术蒙倒实在不应该。面对两个陌生人表演的双簧，明眼人应当一看就知道是诈骗，因为街头有人叫卖所谓“清代皇室珠宝”，百分之百是假的，但刘女士居然大上其当，无端损失钱财。

其实像这种用玻璃球冒充珠宝古董行骗的事过去已发生过，报纸上也常常见到这类案例，警方也通过各种宣传渠道提示人们防范这种骗术，只要人们稍微有点警惕性，就不会上当受骗，要切记一句老话：天上不会掉馅饼。若遇到这种“好事”时，最简便有效的方法就是多问一问自己的熟人或报警，那么这种被骗的事情就完全可以避免。

10. 被骗买了高价珠宝

2011年2月24日，张先生参加一家旅行社推出的海南双飞4日旅行团。在海南游览期间，海南当地旅行社的导游谢某带张先生和其他游客到一家珠宝店购买纪念品。在路上，谢导游跟张先生等人说，这家珠宝店是走私店，在当地是属于“三不管”的店面，但商品价钱很贵。

珠宝店的工作人员热情地接待了张先生等人，还教他们如何辨别宝石的真假，并称商店老总是张先生的广西老乡，还让老总出来与他们见面。

这位自称姓王的老总告诉张先生，他的爷爷原系广西百色乐业县人，后来跟随国民党军队打仗，最后到泰国、缅甸居住，还说他有一个姑妈已经80多岁高龄了，住在百色市区中山二路地区医院附近。说完之后，“王总”还给每位游客发了张他的名片，并说持他的名片去香港某某店购物可以得到优惠价，在他的店里买东西可以拿到一折以下的折扣。

当时，商店工作人员用红外线灯照珠宝，让珠宝折射出耀眼的光芒，又把珠宝介绍得头头是道，张先生就轻信这位“王总”的话，在这家珠宝店分别以1000元和800元的价格，选购了一枚标价为23680元的钻戒和一套标价16380元的红宝石首饰套装。

为了放心，张先生向珠宝店索要产品质量保证书和正式发票，却被告知需要额外交付3000元的关税方可。由于相信是真货，张先生认为要不要质量保证书也无关紧要，于是就用中国银行长城卡刷卡支付了全部货款。

3 月 9 日,张先生将在海南购买的钻戒和红宝石首饰套装送到广西产品质量监督检测所检验鉴定,结果证明他所购买的钻戒和红宝石首饰套装分别是仿钻石和石榴石。

随后,张先生向海南省三亚市工商局提出申诉,要求珠宝商店退回他购买钻戒和红宝石套装的款项 1800 元,并承担他为钻戒和红宝石套装所做鉴定的费用 100 元,以及往返车费、住宿费、误工费、传真资料费等共计 2475 元,同时将购物时支付费用的银行存根、珠宝商店老板名片等相关资料邮寄到三亚市工商局。

经过海南省三亚市工商局的协调处理,张先生于 2004 年 5 月 23 日追回了经济损失,珠宝商店给其退回 2475 元。此外,带团的某旅行社的一个副总经理还向张先生道歉,并补偿了 200 元的精神损失费。

评析:张先生被导游忽悠,又听信不法商家编造的故事,竟然天真地认为用 1800 元就能买到标价 4 万多元的珠宝,结果上当受骗,落入圈套,实在可悲。

本案表明,在收藏过程中一定要恪守一分钱一分货的古训,千万别以为能撞上好运,因为天下没有免费的午餐,花小钱博大利的事也并非每个人都能碰到。

值得庆幸的是,张先生之所以能够维权成功,全靠自己在消费时注意留了一手,把所有的消费证据都保留下来了。这就提醒我们,在消费时要多留一个心眼,不要贪图小便宜,天上真的不会掉馅饼。

11. 百万富婆被骗 60 万

"荒山野地埋藏着失落的宝藏",谁听了这样的话都忍不住想一探究竟。近日,成都一名百万富婆就是被这样的谎言迷惑,被一个 5 人诈骗团伙以所谓"古代玉马"骗走了现金 60 万元。

35 岁的大梅是四川成都人,家境富裕,出手阔绰,进出都有宝马车代步。2010 年 10 月的一天晚上,一个好姐妹大红约她到成都市区一家酒吧喝酒,并介绍了 5 名操普通话的男子给她认识,原来大红正与其中一名男子"恋爱"。这 5 名男子自称是"地质勘探队"的,暂在成都执行工作任务,言谈举止彬彬有礼,顿时赢得了大梅的好感。

随后约半个月的时间,这 5 名男子频频主动与大梅相约游玩,大梅对他们已是深信不疑。其间,一名男子张利"悄悄"向大梅透露了一个秘密:"我们勘探队在重庆荣昌发现了一匹古代玉马。"还告诫她不要对外声张,并称自己有个身居国外的老师,愿意出价千万美元来买这匹玉马,但需要先出几十万元人民币来作为鉴定费,他们 5 人又无力承担。

此时大梅觉得既然大家都是朋友,而且好姐妹大红还是对方一人的女友,觉得自己有“义务”帮他们这个忙。于是她毫不犹豫地拿出5万余元现金交给张利,作为前期鉴定费用。

随后,5名男子称玉马可以出土了,带着大红、大梅2人开着宝马车赶到重庆渝中区,在解放碑一咖啡店内,张利代表“地质勘探队”与大梅签订了一个协议:约定一旦找到古代玉马,即交由大梅保管,通过鉴定后,将返还大梅所垫付的鉴定费。于是,大梅毫不疑心地将55万元交给了张利等人。

第二天,张利等人带着大梅、大红2人驱车约3个小时,来到重庆荣昌县某镇一个荒郊野外,他们让2名女子在远处等候,“古代玉马就埋藏在那边!”5名男子搬来几件测量水平的仪器,摆弄一番后指着不远处一小丘堡说,并拿着挖掘工具前往挖宝。

大梅和大红2人留在原地观望,只见他们挖掘的地方开始冒出一阵白烟,不久,张利等人就捧着一尊土迹斑斑的“玉马”回来了。他们将“玉马”交给大梅,嘱咐她好好保管。

回到成都后,大梅迫不及待地将“古代玉马”拿到成都某鉴定机构鉴定,结果让她大吃一惊,自己花60万元换来的只是一块雕琢过的普通的汉白玉石头,而张利等人的电话再也没打通过,她立即和好友返回重庆渝中区报案。

评析:一个“地质勘探队”的虚假招牌就让富婆丧失了起码的警惕,甘心情愿地上当受骗且洋洋自得,本案中的大梅实在愚不可及。

她也不想想,如果所谓“玉马”价值千万美元,那么勘探队的人为什么要留给她呢?这不是骗局又是什么?

可惜的是,这位富婆缺乏应有的风险防范意识,被朋友的朋友骗得一塌糊涂,最终损失惨重,追悔莫及。

12. 地下宝石作坊被骗

2010年11月末,广州番禺区曝出惊人骗案:17家地下宝石作坊商被一名杨姓商人骗走价值百万元的宝石。这批地下宝石加工坊受害者已向派出所报案,并悬赏5万元“通缉”这个骗子。“没错,我们是无证地下作坊,但是这次我们豁出去了,一定要找到这个骗子!”一名受害人近日对笔者说。

据受害者称,2010年11月30日上午,在预定取货款的番禺南村镇,宝石商郑先生“巧遇”同行——来自大石的王先生。在经过试探交谈后,双方愕然发现,原来都是来取货款的,取款对象都是同一人——宝石商人杨某。不久,越来越多“熟人”——十多名作坊主纷纷赶到此地取款。原因只有一个:都与杨某做了生意,且都约定同一时间来取欠款。但心急如焚的作坊主们一直等到下午,杨某也没有露面,手机也关机了。他们这才意识到可能上当了并报警,南村镇派出所受理此案。

据受害人介绍,杨某自称是有深厚背景的宝石商,从10月开始与番禺各地下宝石作坊接触,截至11月底案发时,共骗取17名宝石商(15名番禺的、2名深圳的)货款109万元。根据他们提供的单据,笔者发现受骗金额超过10万元的受害人有5人,最高的被骗35万元,最低的也有9000元。

宝石商郑先生的作坊隐藏在番禺大山村内一栋民房的二楼。他告诉笔者,他的作坊主要加工蓝晶、紫晶、石榴石等半成品宝石,"就是把各种规格的宝石加工成规格一致的颗粒,方便打磨成闪亮的成品出售"。郑先生称,2007年10月份,他在番禺区一家便利店里买东西时遇到一名自称与他是同行的男子,此人名片上的姓名是杨某,10月底,杨某来到他家,挑了300多元的蓝晶并当即付款,他还对郑先生说:"你给我多准备些石头,越多越好,我全要。"

半个月后,杨某再度来到郑先生家,离开时带走价值一万多元的紫晶石,说"到月底结账"。为什么杨某不给订金却能带走宝石呢?郑先生苦笑着说:"先取货后付钱,是我们这一行的规矩,我和他不熟,但是他说是我朋友介绍的。我心想他跟我做生意肯定不能让这个朋友知道,也就没问。他曾带我到他的宝石加工厂看过,有两三台机器,他还说他的另一家工厂有8台机器,我相信了。干我们这一行的交易十几万元很平常,他还有工厂,我想他怎么也不能为了这十几万元就逃跑吧。"

从11月16日到26日,杨某给郑先生下了12份订单,加起来一共拿走价值13万元的宝石,其中11月26日就带走了价值6万多元的南非天然紫晶,说"11月29日给现金"。

黄先生也是被骗宝石价值金额较大的一名宝石商,杨某前后从他那里拿走了价值14万元的宝石,其中包括他从朋友那里调来的一批宝石。

另一宝石商李先生则是最倒霉的一个,他被杨某一个电话从辽宁骗到番禺,他携带的价值13万元的橄榄石成品,被杨某扔下一句"第二天就付款"后就拿走了。

据了解,骗子杨某对番禺这些珠宝小作坊的行规了如指掌,利用了他们"不跟同行沟通"的漏洞行骗;更具讽刺意味的是,他还谎称熟悉其中几名宝石商而周旋其中,直至行骗成功。

郑先生告诉笔者,他多次与警方交涉,并与其他被骗宝石商提供破案线索,但目前他们只查到杨某已在11月29日飞往四川。

郑先生还透露,杨某不仅在番禺行骗,还在深圳有过交易。"有朋友告诉我，他在深圳有作坊，这也是我对他信任的一个原因。”郑先生说，“要是按照我们提供的线索，应该很容易就能够找到这个骗子，可是现在两个月过去了，还没有任何线索。”

一些宝石商表示，他们已不在乎能否要回钱，只要找回货，找到这个人就行了。“要是谁能够找到这骗子，我们愿意奖励5万元！”

评析：原本精明于世的地下宝石作坊商被更高明的骗子所骗，而且受害人近20名，可见本案中的骗子杨某绝非等闲之辈。

如此众多的商人掉进陷阱，主要原因是盲目轻信，即按照“先取货后付款”的珠宝业行规与杨某交易，认为后者有工厂、有机器，故其商业诚信不应该存在问题。然而他们想错了，杨某就是利用这个行规行骗，从而使珠宝商们丧失了警惕，还幻想骗子能信守承诺，结果事与愿违，只得报警。

本案还从另一个方面昭示我们，如今社会商业环境有恶化的趋势，传统的商业行规已被颠覆，人们之间存在信用危机，老实人吃亏已是不争的事实，这才是最可悲的。

13.“出土文物”网上布陷阱

在网上以“转让出土文物”为名布下陷阱，致使他人上当受骗。近日，某派出所即将对以出售古代玉器为名而诈骗3.9万元的江苏人李某提请逮捕。

家住宁波的沈某近来十分热衷于古代文物收藏。2011年1月份，他从网站上看到一则转让出土文物的消息，一个自称阎某的人说他有不少古代玉器，因急需用钱，想廉价出手，沈某便通过网上留的电话号码与对方取得了联系。1月13日，沈某在柯桥某大酒店和阎某见面，对方拿出了一些玉佩、玉杯等物，沈某见了如获至宝，不假思索就掏出1.2万元买下6件“古玉”。第二天，双方在绍兴市区某酒店又做成了10件“古玉”一万元的生意。1月21日，沈某再次花1.7万元从阎某手中买走了4件“古玉”。1月22日，兴冲冲回到宁波的沈某请一位专家对其买来的宝贝进行鉴定，专家看了一眼就明确地告诉沈某，他买来的这些“古玉”其实都是仿制的工艺品，根本不值钱。他立即用电话和阎某进行了联系，但对方已关机。

为了追回被骗的钱，沈某以一个家居上海的古玩爱好者的身份，并用化名和阎某进行联系，意在引蛇出洞。可对方十分狡猾，不理睬见面的邀请。无奈之下，沈某于3月16日来到派出所报案。

接到报案后，派出所查明了所谓的阎某就是居住在江苏的李某。4月20日，派出所民警来到了江苏李某家中，被抓的李某对作案的经过供认不讳。

评析：目前，在网上发布文物艺术品交易信息十分流行。然而，这些信息有真有假且真假难辨，故广大收藏者绝不可掉以轻心。

本案中的沈某是个新手，原本应当多看少买，但他却盲目出手，致使自己上当受骗。这就告诉我们，搞收藏一定不要脑子发热，凡自己鉴定不了真假的东西最好别买。

另外，一些人受骗的重要原因是不懂法。根据《中华人民共和国文物保护法》的规定，古墓葬属于不可移动文物，归国家所有，即使是在建设工程中无意发现，也必须报告文物行政主管部门，任何单位或者个人都不得哄抢、私分、藏匿。因此，骗子们编织的谎言本身就是海市蜃楼，如果被卷入其中的每个人都能够绷紧法律这根弦，再美的谎言也无法蒙蔽我们双眼。

14. 见利心动掉进陷阱

20岁出头的何英英是江西广昌人，在抚州开了家服装店，临川大酒店的工作人员常到这里赊购衣服。

2011年3月17日晚，何英英来到临川大酒店收账，当天，临川大酒店歌厅生意挺火，服务小姐不够，大堂经理请求小何帮忙，小何没有推辞。她陪的是一名外地口音的男子，自称韦志强，重庆市人。由于当时小何感冒，嗓子嘶哑，就一直没唱歌，他们俩天南海北地聊天。到了晚10时左右，韦志强掏出钱包，给小何400元"小费"，并说100元是台费，另外300元给她买药治嗓子。何英英推辞说，没有理由接受他那么多钱。韦志强说道："就算我交一个朋友。我的朋友马天发有一位北京朋友，是个大领导，明天会来抚州谈业务，你明天就抽空陪他们吃饭，这个领导的夫人也会来，你就陪她逛逛街。"

第二天上午，韦志强打来电话约何英英去喝咖啡。马天发已带了一名女友坐在身边，后来小何也叫了一位女性朋友廖月华。马天发说："我的那位朋友是位大领导，在南昌被朋友留下了，要到明天才能过来。"

3月19日晚10时许，韦志强接到北京那位姓林的"领导"的电话，称金溪的矿产资源丰富，让韦志强找几个国家科研单位的人来探测一下矿石。于是，韦志强带着"专家"们与何英英一行10人来到金溪县。3月20日一早，一行10人来到距金溪县城不远的一座山上，开始了他们的"探矿"工作。

两个多小时过去了，突然有人大喊："里面有宝物！"大家围上去一看，果真有一条龙，金光夺目，龙口中还含有龙珠。于是他们马上结束这次探矿工作，携着"宝物"从金溪县打的前往鹰潭。在鹰潭一家宾馆，他们开了一间套房，大家近距离仔细观察了这件"宝物"。这时，有人惊讶地说："这可是我们国家最大的

'国宝',我们这回可犯下了大罪,说不定要杀头。"这可把他们吓坏了,半天没有人敢吭声。最后还是韦志强说,是祸是福大家都捆在一起,现在只能听天由命,大家一步不能离开宾馆。

此时,大家对"国宝"已是深信无疑,何英英这时就像受惊的小鸟,不知如何是好。

这时,他们还是想到了北京来的林"领导",请他来帮忙,也许有一条活路。

深夜,"领导"来到了他们的住处。当何英英和其他3名女士哭诉事情的原委后,这位"领导"大发雷霆,拍着桌子大声吼道:"你们的胆子也太大了,这犯了死罪,我管不了,也不想管,你们还是去投案自首争取宽大处理。"小何等人苦苦哀求林"领导"一个多小时。这时,林"领导"一一问了她们的工作情况、家庭情况,还令小何把那几名男士叫过来。

那几名男士一过来,便跪在"领导"面前大声嚎哭。在一片哀求声中,"领导"说先做个鉴定再商议如何处理。经过"认真检测","领导"称,"国宝"的市场价要超过4亿元人民币。随后,几人打算将"宝物"卖到国外。

这时,大家的目光又转移到"领导"身上。"领导"也不谦虚,自称有一个姑妈在新加坡,是一个收藏古董的老行家,可恐怕只能半卖半送。同时他们得先接她到国内来看货,然后把她和"宝物"一起偷渡过去,这笔费用最少得200万元。

经商议,每人出20万元,到时卖出的钱大家平分。刚刚从噩梦中醒来的何英英及另外几人都表示只能出1万元。这时"领导"又发话了,"国宝"卖出后按出钱数的3倍返还,剩下的钱再平分。小何想,也许是发财的机会来了。韦志强等人也不断做她的工作,同时,韦志强等人将现金、银行卡交给了"领导"保管。这时,小何心动了:"我只有19万元,钱和银行卡都在抚州。"3月21日上午,小何在韦志强等人的陪同下来到抚州,取出了10万元现金,并携带了银行卡匆忙赶回鹰潭,如数将这10万元现金和存有9万元的银行卡以及身份证、银行卡密码全部给了"领导",还让其好姐妹廖月华也打了2万元进她的账号。

当天下午,"领导"说要坐火车去杭州,再乘飞机回北京。随后何英英再拨打电话时却发现拨不通了,和其他人也联系不上了。这时,她才发现自己上当了。随后,何英英等人报了案。

评析:何英英上当受骗也难怪,因为她涉世未深。你看,本案中的韦某为使其落入圈套,前前后后动用了十几人做"托儿"、"演戏",环环相扣,天衣无缝,这使何英英几乎无法发现任何破绽,更不用说具备风险防范意识了。

不过,面对此类"探矿挖宝"的案例,每个人都应当想一想,如果是真的,那伙人还会轻易让你一个陌生人参与吗?另外,所谓挖宝工作进展的也过于神速,这本身就是一大疑点，它纯粹是表演给人看的，是不法分子事先埋藏在地下再挖出来骗人的。

善良人明白了上述道理，相信就不会轻易上当受骗了。

15. 玻璃充古玉狂骗100万

前几年，一部国产片《疯狂的石头》挑动了成都人的笑神经，围绕真“玉石”和地摊上买回的假“玉石”，护宝者和偷盗者斗智斗勇，爆出许多笑料。而几乎就在同时，还有人“导演”了另一个版本的《疯狂的石头》：几元钱淘来的玻璃小玩意儿，眨眼就成了“古玩珍品”，凭着一部“骗人宝典”，一个诈骗团伙在全省各地诈骗67起，涉案金额高达100余万元。目前，成都龙泉检察院对该团伙6名成员批准逮捕。

2010年3月24日中午，一名男子在成都龙泉驿区滨河北街拦住王婆婆问路，并掏出一对5厘米长、3厘米高的绿马，神秘地告诉她这是一对“玉马”，是他在泸州开挖土机时挖出的，准备以15万元卖出去。随后，另一名穿西服的男子走来，称可以帮忙找到买家。这时旁边一胖子向王婆婆神吹道，如果是一对玉马可卖68万元。“西服”拉住王婆婆商量，两人合伙出钱，将这对玉马一起买了吃差价。

王婆婆回家向儿媳要钱时，儿媳向龙泉派出所报了案。双方在西河镇交易时，民警现场抓住6个人，并当场缴获面包车、工艺马和一些银行卡。

6名嫌疑人陆续交代了67起违法事实，至此，一个流窜四川省内各地的特大诈骗团伙终于浮出水面。民警调查发现，这个团伙的成员都来自宜宾，从2009年6月开始纠集到一起。团伙老大名叫陈某，宜宾市人。他在一次逛宜宾夜市时，无意中看到几个玻璃做的工艺马、羊，于是心生一计，准备将这些小玩意儿吹成千年难遇的古玩珍品，向人兜售行骗。陈某的想法得到了王某、赵某两人的支持，眼看“业务”越做越大，陈某又陆续召了几名老乡一同入伙，其中还有一个是他在老家担任村长的舅子罗某。

据交代，陈某买了一辆白色面包车，还对成员做了细致分工。每次外出时，他就会通知属下到自家楼下报到，安排第二天的出行线路，分配搭讪、望风和开车的工作。在几个月的行骗中，该团伙曾远到西昌、重庆，近到乐山、自贡、云南。

陈某还编了份“骗人宝典”，要求新进来的人狠钻“业务”。“宝典”对如何与陌生人搭讪、如何使用工艺马行骗、相互之间如何配合等作出了详细的指点，部分段落甚至安排了问、答的形式。陈某的良苦用心还取得了“成效”，曾经有次在龙泉一次性骗得受害者3万多元。

在这本“骗人宝典”中，老大陈某严格要求“业务员”，在街上搭讪的对象最好是中老年人，并且说话要讲礼貌，言必称“大爷、老师”。在故事情节的编造上，久经江湖的陈某也很有一套，比如是挖别人祖坟得到的“宝贝”，当地文物部门还曾出过10万元有意收购等等。对于可能出现的质问，他也想出了“标准答案”。

问：小伙子，你给我说老实话，你这个东西究竟是从哪里来的？

骗：最近我在挖一座土方时，挖到别人的老祖坟，无意中捡到了这对玉马。我们还交给文物局看过，他们出了12.8万的奖金。

问：既然出了10多万，你们咋个不卖给文物局呢？

骗：文物局虽然出了这个价钱，但要我们拿证明，拿不出证明他们就要收去。你想嘛，我们是从别人家祖坟里捡的，哪有什么证明，幸亏文物局里有个熟人张主任，给了他1000块钱就把玉马拿回来了。

评析：本案也是犯罪团伙作案的例子，所不同的是，这个犯罪团伙十分重视内部培训，向团伙成员传授诈骗技能，因而屡屡得逞，作案次数多达67起。

他们还把诈骗目标的重点锁定为中老年人，利用中老年人风险防范意识较差的特点实施犯罪，致使许多中老人上当受骗。

这就从一个侧面告诉我们，在收藏领域，中老年人更应当提高警惕，面对骗子特别是团伙行骗犯罪的，无论什么花言巧语均不可相信，如此才能避免钱财损失。

16. 古玩新手被骗

谎称盗墓挖出西周、汉代的玉璧，孙某竟在3个月内诈骗事主10万余元，并全部挥霍一空。近日，北京朝阳警方将涉嫌利用假古董诈骗的孙某抓获。

家境富裕的于某一年前喜欢上了古董，2010年5月，他经人介绍在北京某古玩市场认识了19岁的河南来京青年孙某。孙某自诩从小在老家经营古董并深有研究，见于某刚入道，就向其吹嘘自己曾在陕西盗过古墓，极力向于某推荐手中西周、汉代的古董“玉璧”，说这东西价值百万。

于某在孙某的蛊惑下，从5月至7月，共花费10.3万元，先后5次从孙某处购买9件西周、汉代的古董玉器，骗取钱财后孙某玩起了“消失”。于某求助研究古董的朋友对这些出土“玉璧”进行鉴定后大吃一惊，所有的玉器全是不值钱的赝品，不仅都是现代制造的，而且材料也全是玉石下脚料，总价值不过百元。

8月12日，于某向警方报案。在警方的安排下，于某几经周折再次联系上了孙某，并以再买古董为名相约见面，前来赴约的孙某被朝阳警方当场抓获。

孙某交代：他原来在老家给古玩店打工，对古玩有些研究，就想出了赝品冒充古董卖给古玩新手赚钱的办法，并特地买来一些古玩仿制品来到北京的古玩市场。

评析：新手被骗的案例已经屡见不鲜，关键在于许多新手自以为是，直至上当受骗多次才如梦方醒。

从本案来看，于某刚刚入道，竟然对骗子一而再、再而三地提供所谓"古董"毫无怀疑，这是其丝毫没有警惕性的主要表现。如果于某第一次购买"古董"后就去请专家鉴定，也许他就不会继续上当了。

好在于某最后协助警方抓获了犯罪分子，然而，诈骗犯已经将其骗来的巨款挥霍一空，这使于某仍会十分郁闷的。

17. 铜粉充金粉骗 190 万元

2011 年 3 月，浙江义乌人楼先生通过朋友介绍，花 190 万元向几名非洲男子买了 10 公斤"金粉"。虽然交易前进行了检测，可他最终还是中招——这些非洲人伙同一名中国女子用掉包计，把 10 公斤铜粉卖给了他。

案发后，义乌警方通过缜密侦查，不到两天就破获此案，来自非洲 5 个国家的 6 名外籍不法分子和一名中国女子悉数落网。

义乌人楼先生在义乌城区开了一家黄金投资公司。3 月 11 日，楼先生在深圳参加一个珠宝展时接到老乡余某的电话。余某是义乌一行业协会负责人，曾向楼先生买过几千元钱的黄金首饰。

余某说，几名非洲商人有大量金粉出售，"成色是 4 个 9 的"。楼先生知道金粉的成色不可能达到 99.99%，但他对这笔生意很感兴趣，"等回义乌对金粉检测后再谈"。

3 月 17 日，楼先生回义乌后联系余某，对方带着 2.87 克金粉赶到他的办公室。"这么点金粉不够做检测，你要多拿点来。"楼先生说。

当晚，回头去找非洲商人的余某又给楼先生打去电话："老外很小气，说要么你亲自去取样，要么就把金粉样品拿回去。"

3 月 19 日上午，楼先生和余某在义乌城区一家收藏品商行见面，商行唐老板也极力游说他买下这些金粉。楼先生见这家商行的规模比较大，心里放松了警惕。

当天上午 10 时许，非洲商人的翻译"张小姐"出现在收藏品商行，随后她带楼先生和余某去一家四星级宾馆与非洲商人见面。两名非洲商人拿出一只花纹布袋，说袋里有 10 公斤"金粉"。将"金粉"搅拌后，两人装了一些在瓶子里，让

“张小姐”交给楼先生拿去检测。

接下来,作为中间人的余某拿出一个事先准备好的铁柜,把剩下的金粉放进铁柜。楼先生和非洲商人分别拿出一把锁锁牢后,余某又在锁上贴了封条。

3月20日,楼先生带着样品到杭州检测。检测员说,这些金粉的成色是94.5%。尽管杂质较多,但楼先生认为这是正常现象。随后,他又找朋友做了一次检测,跟杭州的结果差不多。当晚,楼先生通过余某向两名非洲商人报价:每克金粉190元。非洲商人没讨价还价就答应了下来。

3月21日中午,楼先生凑齐了190万元钱。按照约定,余某和唐老板拿走了20万元中介费,两名非洲商人拿到170万元钱。

拿到装有“金粉”的铁柜后,楼先生回到公司取出600克,让工作人员化成金水。结果,他发现化出来的“金水”居然是铜水,立即赶到宾馆,此时两名非洲商人已退房离开,他于是立即向警方报案。

接警后,义乌警方立即成立专案组。经侦查,警方发现作案的除了“张小姐”外,还有6名非洲男子。

3月23日晚10时左右,义乌警方在上海抓获4名非洲男子。第二天晚上10时许,“张小姐”和另外两名非洲男子也落入法网,190多万元赃款被警方追回。

“张小姐”真名叫吴某,吉林长春人,是这些外籍不法分子中名叫亚拉吉赛的女友。2000年,吴某到英国工作。7年后,她回国在广州开了一家外贸公司,随后与同行亚拉吉赛确立恋爱关系。

2010年,因公司经营不善的吴某与亚拉吉赛合谋到义乌骗钱。2011年1月,吴某到义乌寻找作案目标,很快,她就锁定了开收藏品商行的唐老板。

随后,亚拉吉赛到达义乌。他通过朋友萨姆得知,艾瑞克有大量假金粉,于是制订了诈骗计划。

3月初,艾瑞克与两名外国人带着20多公斤铜粉来到义乌。随后,他们又拉来对黄金较为内行的桑尼。因为唐老板当时没有投资黄金的意向,于是,亚拉吉赛等人许诺给予高额中介费,让唐老板和朋友余某寻找买家,最终联系上了楼先生。

10公斤金粉怎么变成了铜粉?办案民警说,其实锁在铁柜里的全部是铜粉,并没有变化。原来,楼先生去宾馆拿金粉样品时,两名非洲男子装进小瓶子的是铜粉,不过他们把瓶子交给吴某后,吴某趁楼先生不注意用金粉掉了包。

评析:巧施“调包计”是本案中楼先生中招被骗的主要原因。楼先生对非洲商人提供的金粉样本进行了两次检测,不可谓不谨慎,风险防范意识也很强。然而，他却犯下了一个致命的错误，这就是没有亲自从10公斤所谓“金粉”中取样，而是轻信了骗子提供的样本，于是未能及时发现假金粉被偷梁换柱的关键问题，从而一步步落入骗子设下的圈套。

看来，不法分子的诈骗能得逞是利用了义乌商户急于做成生意、对外国人盲目信任的心理。这就提醒我们，与外商做生意前一定要核实对方身份。因为，从义乌警方近年办理的涉外案件来看，不少外商并不富裕，他们在义乌的生活甚至很拮据。其中，还有小部分是滞留在我国的“三无”人员，有的护照过期，有的护照是假照等等，故诈骗已成为他们的主业。

18.山里挖出“金龟”骗老汉

日前，福建建瓯市公安局芝山派出所民警在城区供销大厦抓获周某、肖某等14名利用假金龟、假金块进行诈骗的犯罪嫌疑人，缴获假金龟、假金块等作案工具20余件。

2010年8月31日上午，小桥际上村60岁的农民邱某在梨山煤矿附近山地干活时，被人用假金龟骗走6000元，幸好报警及时，派出所民警在犯罪嫌疑人正要逃离之际将其抓获。案发当日，其余犯罪嫌疑人也在小松等地伺机作案。

经查，这一犯罪团伙成员大多来自湖南，他们冒充“天津水土水质检测局”检测员，雇用受害者为其取土进行检测。当受害者在他们指定的地点挖土时，一名犯罪嫌疑人趁受害者不备，将用所谓“藏书”包着的假金块或假金龟放入坑内，另一名犯罪嫌疑人按响充作“金属探测器”的电子门铃遥控器。犯罪嫌疑人称土里埋有金属，让受害者将假金龟或假金块挖出，他们对受害者说发现了国宝，一只可值几万甚至几十万元，由犯罪嫌疑人出巨资收藏，但须回家筹钱，于是将“金龟”或“金块”押在受害者处，让受害者先“借”几千元做路费。

评析：本案中的邱某被骗6000元，让人对骗子的诈骗手段不得不“佩服”。你想啊，一个山村中老实巴交的农民，如何能分辨出电子门铃与金属探测器的区别呢？他亲耳听到了声响，又在土中挖出了所谓“金龟”，自然会深信不疑，于是上当受骗。

这表明，当前有些诈骗分子专门打农民的主意，利用一些农民文化程度不高且缺乏收藏经验的特点实施诈骗，其行为隐蔽性很强，欺骗性很大，故具有一定的成功率，致使善良人防不胜防。

19.“金砖”老把戏还在骗人

“警官，我花8000元买了块假金砖。”2010年9月，年过六旬的向大爷来到四川金堂县某派出所报案。接警后,民警迅速将犯罪嫌疑人何某抓获归案。

8月中旬的一天,向大爷应何某之邀来到一茶馆喝茶。何某掏出一个红布包裹往桌子上重重一放:"大爷,给你看样好东西!"打开红布,一块闪着金光的东西映入大爷眼帘,上面刻有"大清金库,龙凤吉祥"的字样。"金砖?哪来的哦?"老人半信半疑。何某说:"当然是真的,这可是我家祖传的宝贝。看嘛,是清朝年间的。"何某称,"宝贝"升值空间很大,原本不舍得卖,迫于家人生病急需用钱才不得不忍痛出售。

离开茶馆,老人心里一直惦记着那块诱人的"金砖","要真是买下来,说不定转手就能赚上几万呢!"于是,老人拨通了何某的电话,要求对方到自己家商讨交易一事,双方最终以9000元的价格成交。由于现金不够,老人还向对方打了一张1000元的欠条。几天后,当老人一称"金砖",竟重达0.8千克时,顿生疑虑。后请专家一看,"金砖"不过是块废铁,老人立即报了案。

据何某交代,所谓的"金砖",不过是他3年前上山挖兰草时拾得的一块生铁,他请人将生铁加工成金砖的样子,自编自演了这场骗局。

评析:生铁加工成金砖模样蒙了8000元,本案中的向大爷被熟人所骗,主要原因还是贪心,以为会发光的东西一定是金子,加上看到"大清金库"的字样,于是掉进陷阱。

本案提醒我们:在日常生活中,大家应加强对相关法律法规的学习,明白私自收藏、交易文物或地下出土物是违法行为,随时提高警惕,切忌太过贪恋财物,占小便宜,以免被人许以的高额利润所蒙骗而给自己带来损失。

20. 万元买天珠仅值500元

近日,蔡先生在广州一家古玩店花136080元的天价买回两颗古老天珠,岂料经过鉴定竟是赝品,价值还不到500元!

蔡先生说,当时他在这家古玩店观赏珠宝,店主向他推介"镇店之宝"——两枚古老天珠,说是来自西藏的千年五眼玛瑙,极具收藏价值,而且说全广州甚至全中国只有这独一无二的两颗,并且向蔡先生保证质量。蔡先生是个古玩爱好者,在看了这两颗"天珠"的成色后,觉得十分喜欢。经不住店主的一再推介,他狠下心来,决定以136080元的高价买下这两颗"天珠"。

将这两颗珠宝买回家之后,蔡先生听朋友说最好到权威部门做一下鉴定,以免花冤枉钱。于是,他委托广东省珠宝玉及贵金属检测中心鉴定,得出的结论让他差点没晕过去!原来,这两颗天珠竟然是普通的玛瑙制品,根本不是什么千年五眼玛瑙,总价值才500元左右!蔡先生随即要求古玩店全额退款并赔偿鉴定费，但店方最初只同意退还11万元，近日，经过广州市12315中心的调解，古玩店才退还了余下的26080元和480元赔偿费，并对蔡先生口头道歉。目前，工商部门已经对该古玩店的欺诈行为进行立案调查。

评析：蔡先生实在太大意了，他居然花13万多元买下价值仅500元的所谓“天珠”，这是典型的无知加愚蠢。

本案又一次证明，搞收藏绝不能头脑发热，尤其不要被他人忽悠。正确的做法应当是，面对某一物品，首先不妨想一想，如果它价值连城，为什么会在对方手里？我们说，在正常情况下，一个小小的古玩店通常不会有无价之宝，因为如果有的话，店主也会密不示人，起码他要考虑该物品的安全吧？所以，在街头逛古玩店几乎没有可能捡漏儿，奉劝每个收藏爱好者，最好别有侥幸心理。

21.3元玻璃马卖了3万元

近日，家住四川自贡市的黄女士上班途中巧遇宝物“玉马”，在3个骗子的游说下，黄女士以3万元的价格买下宝贝。事后，经自贡市古玩鉴定中心鉴定：“玉马”只是普通玻璃马，价值仅3元钱。

当日早晨，黄女士上班途经三八路时，突遇一个40岁左右的男子上前问路，黄女士没有搭理准备离去。突然从黄女士背后蹿出一戴眼镜的男士，热情向问路人指路，并问对方找哪一个，找他有什么事。问路人便向“眼镜”道出自己挖得古墓的传奇经历：“我是宜宾某建筑公司的员工，2010年在施工时挖到一座古墓，并拾得玉马一对，由于家人生病，便拿到自贡来出售。”黄女士一直喜欢收藏古玩，听他这么说，便停下脚步。那人讲后，立即拿出一个亮晶晶、水灵灵、类似玻璃球状的马。“刚发现时，市场价是16万元。”该男子说。

“眼镜”称自己就是自贡管档案的，对古玩有些了解，而后不断打电话，让自贡资深的古玩专家前来鉴定。一会儿，专家赶到并立即鉴定，结论是：这是乾隆年间的玉马，目前市场价48万元。听到此话，黄女士动心了。此时“眼镜”便动员黄女士买下，说“转手就可赚10多万元”。经过一番讨价还价，持宝人愿以每只3万元的价格分售给黄女士和“眼镜”。黄女士四处筹得3万元，购回“玉马”，“眼镜”也花3万元买了“玉马”。

之后，黄女士带着宝物到自贡古玩鉴定中心，鉴定结果让她大吃一惊：这只3万元的“玉马”不过是一只玻璃马，市场价最多3元。回过神后，黄女士立即向派出所报了案。目前，自贡警方对此事展开了调查。

评析：本案中的黄女士被路边卖古董的不法分子所骗，价值仅3元的东西她却出价3万元，其间的价差足足是一万倍，这个亏真是吃大了！

然而还是要怪黄女士自己,她对骗子及其同伙丧失了起码的警惕,以为在街头捡漏儿的好运降到了自己头上,却不知这只是一场骗局而已。

这表明,收藏爱好者一定要看紧钱袋,对于那些报价虚高售价很低的东西,千万别轻易出手。

22. 路拾“金卡”被骗八千多

天上会掉馅饼?市民谢女士相信会。她在银行门口捡了一张珠宝网上购物金卡,上网查询后发现此卡内竟存有 19.5 万元巨款。谢女士随即进行网购,并按照对方指示不断往账户上汇保险费、保证金等。可 8000 多元现金汇出后,连珠宝的影子也没看到,谢女士这才明白自己落入骗局。

2010 年 10 月 26 日,某市北京西路上一家银行门口,市民谢女士刚办完事情出门,突然发现地上有一张类似银行卡的卡片。捡起此卡,谢女士看到卡上标明“香港莱尔珠宝网上购物金卡”。居然有这等好运气,谢女士颇为高兴地将其带回家,却一直没在意这张卡到底有什么用,让这张卡在她家中被冷落了一个多星期。

11 月 4 日晚上 10 点多,谢女士闲来无事,无意中发现这张卡的下方有网址。按照卡上的网址,谢女士很快登录上去。根据提示输入卡号与密码后,惊人的一幕出现了,网页上显示此卡内有余额 19.5 万元。谢女士有点不敢相信自己的眼睛。但网页上展示的各类珠宝琳琅满目,让谢女士看得心花怒放。她随即拿起鼠标一阵点击,在网上订购了价值 6 万多元的珠宝。

第二天上午 9 点 50 分左右,谢女士接到这家“莱尔公司”的电话。对方表示,谢女士订购的珠宝已发出,但需要交纳总价 1% 的保险费 600 多元。想到马上就要到手的珠宝,谢女士赶紧向对方指定的账户上汇款。可事情并未像她想象的顺利。11 月 6 日上午 10 点多,谢女士又接到“莱尔公司”的电话,对方私下表示谢女士订的珠宝因为走私被海关扣下,需要她汇海关关税。

谢女士也没多想,继续往对方账户上汇款 3000 多元。在焦急等待珠宝到来的一天,谢女士只等来一家名为“速达物流公司”的电话。一名男子称谢女士的珠宝已抵达南京,但需要再交 1 万 ~3 万元的保证金。一番讨价还价,双方谈定以 5000 元成交。至此,谢女士还未醒悟过来,继续向之前那个账户汇款。但随后物流公司二次催付 1.5 万元时,谢女士这才意识到情况不对,停止汇款。谢女士越想越后悔,终于打定主意到宁海路派出所报警。

评析:利用购物卡诈骗的例子屡见不鲜,但本案中的谢女士被骗却比较典型,十分值得借鉴。

其一，谢女士贪小便宜，将捡来的所谓购物金卡据为己有，结果遭到报应。

其二，谢女士被卡内显示的19万多元巨款余额打动，竟然信以为真，于是3次向骗子汇款，致使自己的损失不断扩大。

综上可见，善良人不要相信购物卡之类的把戏，尤其要对网上展示的东西多问些为什么，如此才能使骗子的伎俩难以得逞，从而上当受骗的机会大大降低。

四、邮票类

1. 假邮票骗走 40 万

珍邮大一片红(真迹)

4 个骗子利用两元一套的假“全国山河一片红”邮票,在郑州连续行骗,骗走人民币 32 万余元、美元 2 万余元。日前,郑州市中原区法院审结此案,潜逃 3 年的骗子李新江被以诈骗罪判处有期徒刑 6 年,并处罚金 1 万元。

2007 年 8 月,石家庄人马桂宾、刘红玲等人商量用假邮票诈骗。2008 年 3 月,马桂宾购买了几套假“全国山河一片红”邮票,每套价值 2 元钱,随后马桂宾、刘红玲雇用石家庄市无业人员李新江、姜振楠等人开始行骗。

3 月 18 日,4 人从石家庄来到郑州,当日上午 9 时,在工人路和友爱路交叉口,当市民魏某经过时,马桂宾上前向魏某兜售假邮票,随后刘红玲等人粉墨登场,刘红玲、姜振楠佯装急于购买邮票,李新江以邮局工作人员身份,谎称该邮票经其鉴定是真邮票,市面价值 40 余万元。魏某听信了 4 人的谎言,把 7.5 万元人民币及 1.5 万多美元交给马桂宾,购买了这套假邮票,马桂宾等人得款后逃回石家庄。

随后,马桂宾、刘红玲等人采用同样的手段到郑州诈骗,骗取被害人于某 15 万余元人民币和 350 美元,骗取被害人刘某 10 万元人民币和 4000 美元。同年 4 月 29 日,马桂宾等人再次在郑州市准备作案时,马桂宾、刘红玲被民警当场抓获,同年 10 月 6 日,姜振楠落网。不久,潜逃的李新江也被抓获。

河北省邮政局行业管理处出具鉴定证明,几名骗子所兜售的邮票均系伪品。据警方介绍,上当受骗者均系年过六旬的老人。

评析:几个骗子以每套2元的价格买来假邮票,向收藏者进行兜售,结果骗得人民币和美元各32万多元和2万多元,非法暴利令人叹为观止,让人不得不佩服这伙骗子的"高明"。

然而仔细想想,其实骗子并不高明,而是收藏者太傻,傻到轻易相信假邮票是真品的地步。

本案告诉我们,搞集邮收藏必须具备较丰富的专业知识,因为目前假邮票已经泛滥成灾,如果自己缺乏眼力又没有专家掌眼,那么难免就会上当受骗。因此,广大集邮爱好者一定要提高警惕,对于那些在街头成群结伙推销所谓"珍邮"的骗子,绝不可掉以轻心。

事实上,1968年11月25日,邮电部准备当天发行"全国山河一片红"这一纪念邮票。但后来并未正式发行,一说是由于邮票上的地图有误,还有一说是由于"山河一片红"这个提法不准确。北京市自行提前在11月23日售出500余枚,因是一张错票,发行当天就决定回收并销毁。1987年一张"全国山河一片红"拍卖时以1万元售出,1997年在上海拍卖时,"山河一片红"四方联被卖到68万元高价。

2. 邮票骗子设陷阱

2008年9月至2010年9月间,在某市8个郊区小镇上,连续发生了37件邮票买卖诈骗案,被骗者均为个体女司机,被骗金额达60多万元。2010年9月,2名犯罪嫌疑人落入法网。日前,法院对此案做出一审判决,以诈骗罪分别判处顾某、王某有期徒刑13年,剥夺政治权利3年,罚金30万元和有期徒刑11年,剥夺政治权利2年,罚金20万元。

顾某是三林镇人,曾经当过汽车驾驶员。王某是江苏省海安县人,没有工作。两人在麻将桌上先后认识了浙江人刘某和秦某,4人臭味相投,预谋用诈骗手段来圆自己的发财梦。

2008年9月至2010年9月间,顾某、王某伙同刘某、秦某等人,经事先预谋后,由顾某冒充镇政府、医院、税务所等单位工作人员,专门乘坐女司机驾驶的出租车,在车上,由刘某、秦某等人分别冒充购买邮票者或邮政局工作人员,虚构可以购进紧俏的珍贵邮票加价转手倒卖牟利的事实,诱使女驾驶员合伙做邮票生意。4个骗子先后多次在8个郊区乡镇,上演了一出又一出骗财的把戏。女驾驶员少的被骗4000元,多的被骗11万元,总共被骗钱款人民币60.9万元。

评析:4个骗子作案37起,不但屡次成功,而且颇有"新意"。这就是他们专对个体女出租车司机下手,在乘坐出租车时向女司机行骗,案值高达60多万元。

而那些女司机呢，误以为碰上了贵人，幻想有一天靠倒卖珍贵邮票发财致富，实在有些愚不可及。在这里我们要说，目前市场上的珍贵邮票十分罕见，如果有人在出租车里与你谈论此事，则十有八九不靠谱，收藏者应多具备些风险防范意识，别做梦天上会掉馅饼。

3.骗子忽悠善良老人

一天上午10时许，69岁的祁大爷在银行门口转了好几圈，最后也没等到卖给他“纯金‘文革’邮票”的外地女子。警方怀疑，祁大爷已经成为了一起诈骗案件的受害者。

前不久祁大爷出门办事，看到路口有名30多岁的女子被一群人围在当中说着什么。“一个女的抱着一个大木盒在卖‘纯金’的‘文革’邮票，要价1万元呢！”祁大爷回忆说，当时好多人围着，“他们看起来不像是托儿，有人正跟她讲价，说只要其中2张，给3000元，而那女的说要卖就整套的卖。”

祁大爷形容这名女子是内蒙古口音，背着双肩背包，对方自称叫李某，内蒙古呼和浩特人。“她说她得了肿瘤正住人民医院，等着交住院押金做手术，所以才把宝贝急着卖了。她一见我就拽着我胳膊，后来不知怎么我就上银行取了2700元给了她，说好剩下的8000元钱今天再给她，她还跟我上家里来看了，说东西先押我这里，可我当时真没想买这邮票。”祁大爷说最终也没弄明白自己怎么就被“忽悠”了。

笔者在祁大爷家见到这套“‘文化大革命’纯金邮票珍藏版”：一只长方形大木盒中，整齐摆放着81枚金光闪闪的邮票，做工确实相当精美，其中最引人注目的是右下角的一张“全国山河一片红”，木盒内同时附有一份红皮证书。证书上印有“人民日报社”字样，内页有一枚椭圆形印章：中华金邮有限公司（香港）2004年5月，证书号001094。同时提供有一张香港黄金品质鉴定部门的鉴定书，标明是2004年发行的一套1966年至1976年“文革”期间的纯金版邮票，邮票共81枚，全部由24K黄金制成，重23.06克，只印制了1966套。

祁大爷终于向当地派出所报了案。民警赶到现场后对祁大爷表示：是否真是纯金，需要专业部门鉴定，但根据事件过程判断，怀疑是一起诈骗案件。在警方的安排下，祁大爷只身前往与卖邮票女子约定的工商银行“接头”，警方在后跟随。上午10时左右祁大爷转了好几圈，始终未见到那名女子。

评析：善良老人被骗是近年来常有发生的事情，本案中的祁大爷仅是其中一例。

可悲的是，祁大爷居然相信有什么“纯金”邮票，并且鬼使神差地主动掏钱给骗子。可恨的是,社会上的众多骗子专找老人下手,利用他们知识陈旧、信息不灵的弱点以售其奸。

这就告诉我们,善良人特别是善良老人,绝不可轻信他人,尤其对活跃在街头极尽表演之人,一定要高度警惕,千万小心别掉入陷阱,从而损失自身钱财。

4. 万元买下假猴票

“我以为自己淘到了宝贝,谁曾想花了1万元买的80版猴年生肖邮票竟是假的。”一天,义乌读者龚某找到报社投诉周六和他一起买邮票的蔡某,他说,“如果不是他假装内行,我也不会一次出这么高的价买假邮票。”

某日上午,63岁的龚某到义乌农贸城买鱼,路过一处铁路隧洞时,他看见路旁有几个人围着路边一个蹲着的中年人,手上拿着几本邮集。2007年开始涉足收藏的龚某见有人在品评邮票,也上前凑热闹。

龚某说:“那个中年人能说几句义乌方言,他说这几本邮集是收废纸时一个年轻人卖给他的。因为家里老母亲生病,不得已才卖它,如果有人喜欢的话,每本1000元便宜卖了。”看他一脸的憨厚相,龚某起了恻隐之心,拿过一本邮集翻看起来。龚某对邮票并不在行,所以,也不知道手中的集邮册收藏价值如何。这时候,他身旁一位先生开口了:“你这些都是最近几年的纪念邮票、特种邮票,而且很多邮票都不全,市面上每年有成册的邮集出售,价格不过几百元……”

“好东西我有,就怕你们不识货。”卖邮票的中年人说着从衣服里层翻出一样东西。那是个用塑料袋包裹的大信封,中年人摊开小心翼翼折叠的邮票,那是一整版的80版“猴票”。

“你这些猴票是假的吧。”龚某有些吃不准。这时候,刚才很内行地评价邮品的那位“专家”接过还有一层塑料薄膜包裹的“猴票”,仔细地看了约3分钟。

“这些邮票看上去怎么这么旧了?”看完之后,“专家”蔡某问道。“藏了这么些年,总不可能像新的一样。”中年人边说边把“猴票”拿回去收好,“我说你们不识货吧。”

“你有几版,想卖多少钱?”蔡某问。“两万元一整版。”中年人说。经过讨价还价,中年人答应以一万元现钞成交。蔡某答应回家取钱。看到蔡某要买,龚某也动心了,于是和卖主说好,当即到银行取了钱,买下一整版(80张)的“猴票”。

买回家后第二天,龚某觉得有些不踏实,拿“猴票”找收藏店的专家甄别,结果发现,这版邮票是假的,根本没有收藏价值。假“猴票”是骗子按照真品翻印的,因为纸张经过特殊处理,显得像收藏多年。龚某到农贸城找卖主,结果连续两天都没有找到,于是他找到蔡某理论。两人言语不和,还打了一架。

蔡某说:“我和老龚是动了手,当时我是冲动了点,但他不该说我是骗子的托儿呀。整版的真品80版猴票起码要10万元以上,我以为那人不懂行,想自己捡个便宜,我又没有推荐他买。”蔡某说自己也是这几年才集邮,以前没有见过真的猴票。

蔡某告诉笔者,当他从家里出来准备找那个中年人买邮票时,那人已经不见踪影,所以,他最终没有买到猴票。对于龚某的指责,蔡某显得很坦然,他说:“我绝对不是骗子的同伙。现在搞收藏的都知道什么藏品都有赝品、假货,老龚的钱被骗了是可惜,但责任不在我。”

龚某说:“专家告诉我,现在市面上流通的真品猴票很少,我是缺乏收藏常识才上当的。”他说,既然蔡某不是骗子的同伙,他那一万元钱也就追讨无门了,但他还是想提醒其他收藏爱好者:不要再上街头卖“猴票”的骗子的当;如果谁遇到了这样的人,也记得告诉他一声。

评析:本案中的龚某刚刚开始涉足收藏就大笔花钱,实在是有点儿胆量。然而这使他破费了钱财,上了骗子的当。

龚某最不应该的是看到别人想买自己就动心,这是收藏领域中典型的从众心理,最容易被“托儿”所骗。尽管本案中的蔡某不承认与骗子是一伙的,但他确实嫌疑不轻,只是龚某并无什么证据指控蔡某,所以白花了一万元,权当交了收藏方面的学费,教训十分深刻。

5.精心设计的骗局

某日,一位乔先生致电报社:两个小时前,我们半山农贸市场来个人,冒充杭钢后勤部搞采购的,他们单位每天需要很多蔬菜给员工吃。他和一个蔬菜摊主说,如果价格合理的话每天都让他来送。蔬菜摊主听了肯定很高兴的,结果被骗走一万多块钱。现在,这个摊主两夫妻在吵架,还在哭!他们做小生意赚钱也不容易,一下被骗这么多钱,大半年都白做了,蛮可怜的。

被骗的蔬菜摊主姓邵,安徽人。一天上午10点半,老邵在摊上整理大蒜,过来一个50来岁的胖男人,1.75米左右,国字脸,穿着阔气。

胖男人问了几样菜价,点了点头,“我是杭钢后勤部专门搞采购的,我们食堂每天要很多蔬菜,如果价格合理,每天都让你来送。你可以跟我到单位看看,再决定。”

这可是大主顾,老邵一听,高兴坏了,留下老婆看摊子,自己就跟去了。走到杭钢宿舍35幢的后门,胖男人指了指中间单元右边的房子说:“我家就住这里,201。”继续往前走,到了44幢,一个北方口音的中年男人凑上来问路:“请问,杨经理住哪里?”

“杨经理跟我住一幢,他开会去了,等两天回来。”胖男人说。

“我是北京来的,托杨经理办点事,不知道好没好?”“北京人”问。

“噢,他走之前跟我讲了,东西放在我这里。”胖男人让他在原地等,他回家去取。很快,他就回来了,手里拿个牛皮纸信封,里面装了一沓邮票。

“北京人”挑中一张印着人头像的邮票,邮票很旧,有只边角还破了。两人一番讨价还价,以400元成交。

“其实,单张不值几个钱,要是有整套就好了,一套能卖两万两千块钱,我们在北京搞展览,就差这套,看来我还得再跑跑。”临走,“北京人”感叹。

胖男人很兴奋,拉住“北京人”让他等一等,说他有个朋友是老教授,爱好集邮,家里可能有邮票,他马上去看看。

胖男人领着老邵,钻进前面的一个单元楼,刚爬到二楼半,遇到“老教授”的儿子。“老教授”没在家,他儿子转身上楼,拿来一套装订精致、有人头像的邮票。

两人谈了一会价钱,以1.7万元成交。胖男人匆匆跑回家,又匆匆跑回来,说老妈刚把钱存银行了,家里只有3000元现金,让“老教授”儿子先把邮票给他,他去卖给那个“北京人”,再来付钱。

但对方坚持,要一手交钱,一手交货。胖男人一脸无奈,向老邵求助:“你能不能帮我借点钱,凑个数?人家有急事没办法等,你等下跟我到单位,顶多半个钟头,钱就还你了。”

老邵跑回农贸市场,找了几个老乡七拼八凑,拿了10600元现金。“他问好几个摊主借钱,也来问我借,我借给他6500元钱。当时,我还问他要钱做什么,他很急,跟我说,‘你等下,我马上回来跟你说,我现在很急的。’”乔先生说,“我想,我们摊主要进货,有时周转不过来,相互借一下也正常,就把钱拿给他了。”

因还差几千元尾数,胖男人留在原地当“人质”,把邮票交给老邵,让他拿去卖给“北京人”,再来补齐尾数。

“我觉得整个人迷迷糊糊的,就把钱给了他,捏着邮票走了十来米,我有点清醒了,马上回头找,哪里还有人!”老邵急出一身冷汗,马上跑到44幢旁找“北京人”,也没了踪影,这才晓得上当了!

评析:为了诈骗钱财,本案中的骗子可谓煞费苦心。你看,这伙骗子从头至尾一共安排了3个不同的角色登场,每个人都表演得惟妙惟肖,天衣无缝,难怪邵先生完全丧失了警惕性,直至上当受骗。

邵先生的失误在于,轻信胖男人会买大量的蔬菜从而给自己带来丰富的收入，于是一步步落入圈套，把钱“借”给了陌生人。这表明，利欲熏心是万恶之源，要想不上当，戒贪是关键。

6. 仿真猴票骗走万元

真是“天网恢恢，疏而不漏”，骗子高某和张某凯拿着40枚仿真猴票演起了双簧，从足疗店老板廖女士手上骗走了1.2万元。时隔半年，当他们再次来到福州，还没有出火车站，就遇上廖女士。

某日下午2时30分许，廖女士到火车站附近办事。在站前广场，她忽然发现迎面走过来的两名中年男子很眼熟，“这不就是半年前从我手里骗走1.2万元的那两个骗子吗?”擦身而过的瞬间，廖女士认出了他们。于是，廖女士一路跟踪他们，见他们两人住进火车站附近的一个招待所，并报了警。派出所民警火速赶到，将刚刚住进招待所的高某和张某抓获。

据介绍，半年前，宁德人高某经常在廖女士在冶山路的足疗店内消费，慢慢就与廖女士熟悉了。2010年6月29日，高某来到店里找廖女士，神秘地告诉廖女士，现在他手上有一单好生意，可以和廖女士合作，保证可以赚上一笔。一名广东专门倒卖邮票的老板来到福州这边收购猴票，自己刚好认识一个手里有邮票的人，他们可以先将猴票买下来，再抬高价钱卖给广东老板，每枚猴票可以净赚100元。听了高某的游说，廖女士决定做这一单生意。于是，她跟随高某去张某处看了猴票，又拿着“样品”到五四路某大酒店见了自称是广东老板的李某(在逃)。广东老板装着行家似的看了看猴票样品，说是真货，要购40枚。一心想赚钱的廖女士对高某等人的话深信不疑，决定从张某处买下40枚猴票。

廖女士17岁的儿子听说了这件事，觉得事情很蹊跷，劝母亲要谨慎，小心被骗。可廖女士却没有把儿子的劝说放在心上，从银行里取了1.2万元现金之后就跟随高某走了。廖女士拿着40枚猴票再次来到“广东老板”住的宾馆，却发现已人去房空，返回张某的住处，发现高、张二人也没了踪影，打高某手机不通，才知上当受骗，连忙报警。

笔者在派出所见到了高某等人用来诈骗的“猴票”，这40枚“猴票”和真猴票大小一致，颜色和印刷都相差无几，只是在邮票的面值上打了一个斜杠。一位资深集邮爱好者告诉笔者，这种邮票是仿真邮票，邮票由下角的黑色斜线就是用来区分正式邮票和仿真邮票的，另外，仿真邮票背面没有背胶。如果不是资深集邮者，一般很难分辨的真假。

评析：廖女士是搞足疗的，对收藏一窍不通，然而她却不听儿子的劝告，从骗子手中买了一万多元的假邮票。

本案再次昭示人们，搞收藏一定不要头脑发热，尤其与所谓行家手里打交道时，必须加强风险防范意识，因为你不懂，很容易误入歧途从而上当受骗。正确的做法是：谨慎出手，看紧钱袋，不熟悉的东西坚决不买，没把握的事情坚决不做，如此才可以自保。

7. 买假邮票被骗两万元

2010 年 11 月 28 日，某市发生以假十二生肖邮票行骗的案件，从事废品收购的陆某被骗走了两万元钱。

11 月 25 日，在中山路与兴平路十字路口处搞废品收购的陆某店里来了一名自称福建人的男子，说他们单位有两台报废的推土机和废铜管等物品要处理，让陆某去看看。

11 月 28 日上午 10 时，“福建男子”来到店里，说他老板在某酒店，让他去详谈。男子接到一个电话后说，老板打电话叫他到市政府拿文件。于是，陆某就骑摩托车带“福建男子”去了。一个等在那里自称是武义人的男子说他们的局长开会去了，文件被他锁着拿不出来，过一会儿他将文件送过去。这样陆某又带“福建男子”一起来到某酒店，自称老板的男子已在房间里。

随后，“武义男子”把一个文件袋递给老板并说，小杨叫他找的邮票他已找了几张。老板说他有张十二生肖邮票，值 5.8 万元，并拿出来让众人开开眼。“武义男子”看后称他亲戚也有这种邮票，老板说如果真有这种邮票，他愿意出 5.8 万元收购。“武义男子”让陆某陪他一起去。“武义男子”带陆某来到市人民医院附近时从楼上走下一名女子，很热情地和“武义男子”打招呼，并谈了买卖邮票的事。女子说她的十二生肖邮票 3.7 万元就卖。“武义男子”说差价有 2.1 万元，两人就可各赚 1 万多元。随后，“武义男子”让陆某去凑 2 万元，陆某马上到住处拿了 2 万元钱。随后，女子拿出一张十二生肖邮票递给陆某，陆某把 2 万元钱交给对方。“武义男子”让陆某赶快把邮票送给老板，取了钱后返回原地平分利润。当陆某赶到酒店时，房间里一个人都没有。

评析：当前邮票诈骗活动很多都是团伙作案，这从本案中再次得到证明。

本案中的陆某前前后后遇到 4 个骗子。先是有人要处理报废资产引他上钩，然后就扯到邮票上吊他的胃口，最后骗走陆某的钱财。在这一过程中，陆某恰恰忘了自己本来是要干什么的，糊里糊涂地从收购废品变为收购邮票，从而落入一伙骗子设下的圈套。

这就告诉我们，很多人上当受骗是因为想捞偏财，故毫无戒备地一头扎进自己原本不熟悉的领域，如此岂能不翻车呢？

8. 十万元买来一张假邮票

走在大街上,如果有人告诉你,现在全国邮局正以30万元高价收购“文革”时期的珍邮“全国山河一片红”,而他手里正好有几张,但因有急事想“便宜卖了”,您可千万别信。近日,市民高女士就落入几个骗子精心编织的圈套,用多年积攒的10万元买回一张假邮票。

“这些骗子太缺德了,我一辈子积攒下的辛苦钱就这么没了……”今年50多岁的高女士提起被骗的事,眼泪就掉了下来。

某日上午10点多,高女士正从往家赶,忽然一个矮小、穿一身黑西装,眼睛好像有点毛病的小伙走到她身边,掏出一张邮票兜售。高女士当时很警惕,一口回绝。这时,一60多岁穿着一身蓝制服的老年男子走来,小伙又掏出邮票走向老者,两人开始交谈。见有人回应卖邮票的小伙,高女士很好奇,问老者:“他的邮票有啥特别?”老者立即告诉她,这邮票是“文革”时期发行的,因数量少,特别值钱,他还建议高女士跟着小伙,看他到底能把邮票怎么办。高女士以为遇到同路人了,就和他跟在小伙身后。不一会儿,小伙又拦住一40多岁的女子,两人交谈一阵后,小伙把一张邮票给了女子。老者与高女士跟买邮票的女子搭讪,女子指着自己衣服上的一个“邮局”字样的牌子说,自己就在邮局工作,知道国家正以30万元高价回收“红票”。昨天,自己和小伙约好以16.8万元的价格成交,今天在这里一手交钱一手交货。

高女士有点相信了,忙和老者追上小伙。小伙称自己的父亲最近惹了官司,所以要把家里珍藏的3枚“全国山河一片红”卖掉救急。老者一听忙劝高女士:“这么值钱,我们不如一人买一张,我有个同学在邮局工作,让她鉴定一下真假,保证不能吃亏。”高女士于是和两人来到邮局。老者拨通手机,不一会儿,一位40多岁的女子脖子上挂着工作牌,戴着套袖从邮局里走出来。女子自称姓吴,从小伙手里接过邮票说要进去检验,再出来时,手里的邮票已被压了膜,还贴上了“检”字。女子说,邮局确实在回收“红票”,小伙的邮票经检验是真品,但现在领导没在,不能“批条”,最快要明天早上才能把钱交给他们。

这下高女士彻底相信了。老者让高女士和小伙先陪他回家,到附近的一座楼,老者独自上楼后拿来一摞“外币”买走一张。然后高女士把小伙带回自己家,拿完身份证后将小伙带到站前,从银行取了10万元。在取钱时,小伙却不进银行大门。高女士后来才知道,“那是怕银行里的录像把他拍下来。”小伙接过10万元后,还让高女士写了一张6万元的欠条,约定以后再把钱补齐就离开了。

高女士回家后还很高兴,以为自己买到了珍品。可家里一位搞集邮的亲属一看就认出,这是一张假票。高女士忙报了案,警方到邮局一查,倒是有一位工作人员姓吴,可和刚才那个女子不是一个人,穿的制服也和女子不一样。笔者随后咨询了某集邮公司,得知根本没有回收邮票一事。警方提醒,这个骗局与以前出现的“踹金表”诈骗手段类似,多是利用团伙联手作案,市民不要因小失大,以免上当受骗。

评析:在本案的诈骗过程中,高女士先后两次碰到骗子假扮的邮局工作人员,于是她从开始的将信将疑发展到后来的深信不疑,从而最终没有顶住诱惑,损失了自己一生的积蓄。

分析骗子的作案手段,其实也没有什么高明之处,无非是雇托儿下套,声称邮局正在“高价收购”所谓珍邮,致使高女士一步步上当受骗。在这里,高女士的最大失误是轻信,被几个骗子的逼真表演所蒙蔽,然而更深层次的原因还是贪心,贪心令其丧失理智,进而殃及钱财,教训着实深刻。

9.假邮票骗老年人

2010年,两伙共16名“高龄”骗子在北京利用假邮票骗了十几万元。后北京警方请求鞍山警方帮助核实两个团伙的头目刘某和解某的身份。

北京宣武警方8月9日在白纸坊桥附近早市发现,有4男2女正在向早市周边进行晨练的老人高价兜售邮票册,其中一名事主发现上当拨打110报警后,该团伙成员迅速逃离。

侦查员经对北京市同类发案进行分析发现,同年1月以来,共发生多起利用假邮票册等手段诈骗案件。侦查员逐步查明该犯罪团伙成员平均年龄在50岁以上,主要针对公园、早市遛早的老年人为作案目标,在各个区县甚至北京市周边地区流窜作案。8月24日,侦查员将正在进行诈骗的该团伙8名成员抓获。

9月6日,北京昌平警方也摧毁一个8人诈骗团伙,他们专用假“文革”邮票进行诈骗,一年时间里骗得数万元。

经查,两个团伙成员多为鞍山人,成员之间均为同乡或亲属关系,其中年龄最大的犯罪嫌疑人已经66岁,两个团伙诈骗所得赃款十余万元。

评析:老年人参与诈骗活动更具隐蔽性,它对更多善良的老年人来说,更容易丧失应有的警惕性。

本案同时也是典型的团伙作案，几个不同的男女向正在晨练的老人兜售假邮，利用后者信息不灵、风险防范意识不高的特点，更容易得逞。这表明，普通老年人不应随意进入收藏领域，因为目前这个领域良莠不分，真假难辨，老年人很难胜任，故建议老年人搞收藏必须谨慎出手，以防止上当受骗。

10."中山倒"邮票法庭争真伪

"纽约版孙中山像2元中心倒印"邮票是1941年2月21日发行的一套孙中山像邮票，为美国钞票公司印刷，因出现中心图倒印的错误成为珍邮。据了解，目前一枚原价两元的"中山倒"市值已经高达100多万元。

2011年，买家薛某自称花30多万买了一枚假"中山倒"，要求卖家杨某交付真邮票或者退款。后此案在东城法院开庭审理。

薛某称，这种邮票总共只有50枚，价值很高。他与杨某因集邮已相识多年，2005年底，杨某称有一枚"中山倒"出让，薛某受一台湾收藏家委托，花32.5万元买了这枚邮票。但半年后，台湾人提出邮票是假的，退给薛某。认为被骗的薛某找到杨某要求交付真邮票或者退款，并要求加付4000元损失费。

"你也是邮票界大名鼎鼎的人物，邮票是真是假你能看不出来？"杨某称，他卖出去时邮票是真的，但半年后薛某却拿着一张假邮票找上门。原告称，当时相信杨某在邮票界的口碑，所以才没有在交易时对邮票进行鉴定。而经台湾买家事后鉴定，这枚邮票是假的。

杨某说这张"中山倒"已经被调包了，现在薛先生拿回来的邮票已经不是原来他出售的那张邮票了，但原告坚持说他买到的就是这张邮票。

评析：本案中薛某的主张很难得到法院的支持，原因在于一枚邮票几经倒手，问题到底出在哪个环节已无从查考。

其一，该邮票本身是假的，但薛某购买时未当面鉴定真伪，所以转卖台湾人后遭对方退货。

其二，该邮票本身是真的，但薛某转卖台湾人后被其掉包称假退货。

以上两种情况均有可能，主要原因还是薛某缺乏风险防范意识，要么被杨某所骗，要么被台湾人所骗，二者必居其一。

11. 用假邮票诈骗19.8万

项某假冒某军区后勤部政治处处长，在舞厅与女子阿梅（化名）相识，取得阿梅信任后，精心策划了一个骗局，用假邮票诈骗阿梅19.8万元。日前，项某及3名同伙因犯有诈骗罪分别被判刑。

项某是辽源市人，2008年6月因犯有诈骗罪被判处有期徒刑3年、缓刑5年，刑期还没过，他就又着手实行新的诈骗了。2011年4月中旬，他到一个老干部活动中心舞厅寻找作案目标，年龄40岁左右、看上去经济条件较好的阿梅走进他的视线。

“我是某军区后勤部政治处处长，我姓李。”项某对阿梅自我介绍，并很快取得了阿梅的信任和好感。两人来往一个多月后，项某和另外3个人实施诈骗计划。徐某负责出售假邮票，刘某冒充邮局工作人员，李某冒充项某的司机，负责跟踪阿梅。

2011年5月9日，阿梅和几人在长春市朝阳区桂林路附近见面，徐某卖假邮票，刘某确认此邮票是真的，有珍藏价值，阿梅掉入几人的圈套，拿出了19.8万元。事后，项某分得10万余元，徐某分得8.6万元，刘某分得3500元，李某分得6000元，后4人于2011年6月3日被刑拘。

评析：从本案可见，项某是个经验丰富的诈骗惯犯，他先冒充有一定地位的军官，取得受害人的高度信任，然后再纠集同伙兜售假邮票，致使受害人防不胜防，而受害人阿梅则完全丧失警惕，对一个在舞厅认识的人居然深信不疑，并且出手大方，一次就被几个骗子骗走近20万元，教训极其深刻。

这表明，如今在收藏领域，生手一定要牢记：“天下没有免费的午餐。”珍邮不是什么人都能有的，即便别人有也不会轻易转让给你的，因此必须小心，防止上当受骗。

12. 4本假邮票骗走10万元

某日上午，山西并州东街，两名男子以两万元“利息”为诱饵，骗走了一名妇女的10万元现金。

受害人赵女士在并州东街上开着一家理发店，前天下午，店内来了一名山东口音、30岁左右的男子，穿着十分讲究。赵女士为他理发过程中，两人聊得很投机，对方称自己来往于鲁晋之间做邮票生意，十分挣钱，每次来太原均会住在双塔寺街一家宾馆，还向赵女士出示了宾馆的房卡。离开时，他连夸赵女士手艺好，称以后来太原肯定找她理发。

那天上午9时许，理发店刚开门，这名男子便领着另一名年龄相仿的男子登门了，他给赵女士介绍说是自己的合伙人。随后两人从包内拿出4本邮票，声称这些邮票全是珍品，价值50多万元。最初认识的男子说，上午他们准备再收购一些珍品邮票，售方称上午就要钱，但他们手头的钱全部花完了，山东方面中午才能汇过钱来。想向赵女士先借10万元，中午钱到后还12万元。他们提出用4本邮票做抵押，为使她“放心”，还让赵女士向宾馆打电话询问。经询问获悉，两人确实是住在这家宾馆。随后，赵女士从银行取出10万元现金交给对方。中午时分，赵女士赶到这家宾馆欲要回借款，但宾馆方面称那两名男子在上午已经退房。赵女士感到不妙，立即报了警。经民警调查，发现留在赵女士处的邮票全是假的。

评析：只在赵女士这里理过一次发，并夸奖了赵女士几句，赵女士就借给面前的陌生人10万元，这不是典型的弱智是什么？

天真的赵女士可能认为，如果对方不还钱，还有4本珍贵邮票押在自己手上，可她却不想一想，那4本邮票会是珍邮吗？如果不是珍邮，你要它必定无用，而如果是珍邮，对方又怎会放心留在你那里呢？

赵女士的失误就在于想入非非，梦想在理发之外发大财，结果是做了一场噩梦。

13.“文革”珍稀邮票全是赝品

“我一直以为自己是一个挺精明的人，这么多年，从来没有受过骗，没想到现在栽在一个票贩子手里。”日前，南京市民马先生在朝天宫露天市场里花低价购买了一套“文革”时期的邮票，回到家越想越不对劲，于是找人鉴定，发现所谓的“文革”时期的邮票竟是假的，以为捡了便宜的马先生这才知道自己上当了。

前不久的一天早上，南京市民马先生像往常一样来到朝天宫露天市场买书。走进市场马先生就径直朝着自己熟悉的地方走去，放眼望去，他发现在市场很显眼的地方出现了一个卖邮票的摊位。

当时，那个摊主看到他停下来，就立即拿出一套邮票，并向马先生保证这是一套“文革”时期的邮票。马先生告诉笔者，前不久自己看到过有关的报道，知道“文革”时期的这样一套邮票的收藏价值达七八万元的样子。

那位摊主说，这是一个大户人家拆迁的时候忘记带走，落下的，后来拆房子的工人们把它扔出来，被他不小心捡到了，他现在只是想赚点小钱，贴补家用，便宜一点卖出去，反正也是捡来的。

正在马先生半信半疑时，旁边走上来一个老头，他看到马先生手里的邮票，一脸惊喜的表情,一口地道的南京白话,"'文革'邮票嘛,多少钱多少钱,我买,我买。"说着,真的就从口袋里掏出一沓百元大钞,一副预备付钱的样子。站在旁边的马先生被他这么一说,刚刚还在犹豫的心立刻坚定了,当即跳出来对老头说:"你这人懂不懂规矩,做什么事情有个先来后到的嘛"。老头"谦让"地说:"行行行,你先买,你不买,我再买。"说完,老头就转身离开了摊位。老头离开后,马先生掏出了150元买下了这套"文革"时期的邮票。

马先生带上邮票来到位于南京夫子庙的中天邮票交易市场,找到了自己的朋友,也就是中天邮票交易市场的一个老板孟先生。常年跟邮票打交道的孟先生凭着自己多年来积累的邮票知识和经验,一看到马先生拿来的邮票,就摇摇头说:"这是假的,这个东西你拿来玩玩还可以,要是收藏,那是一点价值都没有。"

评析:本来对邮票并不在行,那天早上也没想买邮票,然而被骗子的双簧所蒙骗,于是马先生沉不住气了,最后上当受骗,白白花了150元。

尽管个人损失并不大,但被骗的感觉与现状令人十分后悔,甚至会成为一个长期困扰人、令人不断自责的阴影。

本案告诉我们,如今与人打交道,防骗已是第一要务,社会上陷阱多多,善良人不可须臾大意。

14. 老翁800元换回假邮票

"就是一根弦没绷紧,花800元钱还以为得了便宜,结果上了当。"70岁的陈老先生仍为自己在家附近的早市上淘来一套邮票耿耿于怀。他说自己平日里也积攒了不少"防骗"经验,可没想到事到临头还是没禁住诱惑。

一天,陈老先生带着这套邮票专程找到笔者,笔者见这81张带有邮戳的"文革"期间的"信销票"被贴在一份1977年4月出版的《化石》刊物上,乍看上去的确像有些年头的"文物"。陈老说,3天前他到家附近的早市逛,看到一名外地口音的男子正在卖这本"套票",爱好集邮的他便立即走了上去。男子说他在收来的旧杂志中发现了这套邮票,就摆出来看看能不能遇到个懂行的人。陈老立即和对方砍起价来,最终从2000元砍到800元,为此陈老还特意折回家取了趟钱。

回到家后,陈老特意掏出邮票目录仔细对照了一下,发现目录中的撤销票"全国山河一片红"都明晃晃地呈现在眼前,这让陈老犯了嘀咕:"女儿告诉我,仅这一张'全国山河一片红'的邮票网上就叫价18万元……"陈老又仔细一看,邮票上的邮戳全部整齐地盖在右下角,位置完全一样。

对此,中国邮票博物馆鉴定室的刘先生表示,近半年来他们鉴定室接触过的类似情况已有10余起,有些人自认倒霉,有些人还报了案,"这些被骗者一般都是从路边‘不懂行’的人手里淘来的，价钱从几百元到几千元不等，而且基本上都是老年人，对集邮一知半解。”

评析：800元买到81张“文革”邮票，其中还包含一枚珍邮“全国山河一片红”，这本身就说明邮票必然是假的，因为真品远不止这个价钱。

然而，陈老先生拿着假货回到家才明白这个道理，此刻为时已晚。

事实上，真正的“文革”套票价值至少在20余万元左右，尤其是其中的“全国山河一片红”十分少见，单张就可达到17万元左右。而那些路边骗子的制假手段其实并不高明，真正的集邮爱好者很容易识破，只要随时保持警惕、不被诱惑，就能避免上当。

15. 街头骗子用“新招”行骗

近日，一种新骗术出现在大连街头，骗子以自己是高干子弟，父亲因被“双规”急于将受贿的高档物品出手为由，专门盯有文化、有素质的妇女进行诈骗。

一天，有两名中年女教师上当受骗，一名女教师花34万元买了两枚一文不值的假邮票，另一名教师被骗了9.7万元，损失惨重的两个女教师叫苦不迭。警方提醒市民，要警惕这种并不高明的新骗术，一定不要有贪占便宜的思想，天上根本不会掉下馅饼。

那天早晨，大连某高校女教师贾某刚出家门就被一名操北方口音的中年男子缠住：“大姐，能不能帮我个忙？”贾某仔细端详了一下这个人，仪表堂堂的不像是坏人，便问道：“你有什么困难需要我帮忙？”那人一脸的愁容：“我父亲是省财政厅的厅长，半个月前被‘双规’了，家里唯留下两枚父亲收藏多年的‘全国山河一片红’邮票。现在家里等钱用，我想把它卖掉。”贾某问：“两枚邮票能值多少钱？”那人说：“这种邮票每枚在市场上价值超过百万元，我只要20万元。”贾某动了心思：“你怎么能证明这种邮票的价值？”那人连忙说：“这好办，中山广场有一家集邮协会可以做出鉴定。”他用手机拨通了一个电话，然后把手机放到贾某耳边，里面传出一个小姐的声音：“您好，我们是中国集邮协会技术鉴定检测中心。”刚听了一句，那人就把电话拿了回去，和对方说请他们帮忙鉴定一下邮票。几分钟后，一辆的士在他们面前停下，下来一位身着邮电制服，带着检测仪器的女子。她先是用仪器做了测试，然后用放大镜翻来覆去地看了几遍说：“这两枚邮票是正版的。”并出具了一张证明，现场加盖了中国集邮协会印章，收取了100元的检测费。临走时，她留了一张邮票价格表，上面标注着这种邮票每枚价值150万元。贾某在她走后又提出了疑问，既然两枚邮票这么值钱，为什么不卖给国家？那人回答说，邮票是父亲当财政厅长时别人送给他的，属受贿物品，一旦查出来肯定会被没收。贾某疑虑顿消。心想,我把邮票买下,不就占大便宜了吗?经过讨价还价,以每枚17万元成交。之后,贾某在那人的陪同下,取走了家中多年全部的存款34万元,买下了这两枚邮票。

当她乐颠颠地把邮票拿回家给丈夫看时,丈夫找了一位集邮专家。经过甄别,两枚邮票是一钱不值的假邮票。贾某在家人的陪同下到侯家沟派出所报了案,之后,懊悔的贾某一病不起。

无独有偶,当日下午,某中学教师邵某也被一个体貌特征相似、诈骗手段相同的骗子骗倒。骗子这次拿的是一个钻石戒指,对邵某说是父亲的受贿物品,价值50多万元的钻石戒指只卖20万元。邵某和他讨价后,以9.7万元成交。邵某回到家里,把为女儿出国准备的9.7万元全都交给骗子,买回了这个戒指。经银行鉴定,这枚戒指只是一个值几元钱的装饰戒指。邵某哭得休克过去,女儿的出国梦也泡了汤。

评析:冒充贪官亲属行骗,的确是有些“创新”,然而万变不离其宗,这种新骗术无非是让你相信贪官的东西可能保真,从而丧失警惕,掉进陷阱。

本案中的贾某应当想到:其一,面前的人也许是在编故事,因为他与贪官的所谓“父子”关系无法确认;其二,即便是贪官的东西,也未必没有假货,因为行贿之人也完全会以假充真蒙骗贪官。

有鉴于此,贾某未经核实就花34万元买下两枚假邮票,说明她发财过于心切,故落得个财货两空的下场。

16.假邮票骗老太

最近,一个用假邮票“碰瓷”的诈骗团伙为了行骗,居然雇了6个托儿,幸好被路过民警识破,一位大妈才没有上当。

2011年5月8日早晨7点半,在北京柳芳西里早市里上演了一出用假邮票“碰瓷”的骗剧。但和往常行骗不太一样的是:一般的诈骗团伙只有一两个托儿,而这个团伙居然用了6个托儿,而且不像以往的托儿大都是年轻的男女,而是配备了“男女老少”,来增加托儿的可信度。最后,一位大妈险些上当,幸亏路过此地的一名民警表明身份,吓走了骗子。

据这位民警介绍,早上7点多,他出来吃早点,结果先看见一位40岁左右的妇女拿着两本邮册开始跟旁边的人说:“我这里有两本元帅套票,家里等着钱用。”一位50岁左右的男士“出现”了,说:“大妹子,你这是中央军委内部发行的邮票,很值钱的,可千万别卖。”旁边又“出现”了一位30岁左右的小伙子接口说:“我看看,这样吧,我给你200块钱,你卖给我吧。”恰好“经过”的看上去像是一对中年夫妻的男女马上说:"200 块钱不卖给他,你跟我们到银行取钱去,我们给你 1000 元。"没几句话,这两套邮票就升值了。那位便衣民警不露声色地看了一眼邮票,也巧了,这位民警还是个集邮爱好者,只是瞟了几眼,他就知道这两套邮票是假的。接着,旁边的两位 40 岁左右的中年男子着急地说:"去银行取钱不保险,你跟我们回家取钱多稳当啊。"这几个骗子有的争着出价,有的继续劝说,"别卖,卖了你就吃亏了",却没一个人真的掏钱。旁边的民警没有说话,没过一会儿,一直在看他们"演戏"的一位 60 多岁的大妈轻声对拿着邮票的骗子说:"要不,你跟我到我家去一趟,让我闺女看看,如果她说值,我给你 3000 元。"骗子很高兴,想跟着这位大妈去取钱。这时,民警把那位即将上当的大妈叫到一边,给她看了一下警官证,轻声说道:"大妈,我是警察,我看了,邮票是假的,那些人都是托儿,您千万别买。"几个骗子一听是警察,马上吓跑了,大妈才没上当。

评析:一场骗局动用五六个"托儿",而且男女老少都有,可见骗子为保证诈骗的成功率的确够下功夫的。

这也难怪很多人上当受骗,因为他们被骗子们逼真的表演所蒙蔽,如本案中那位 60 多岁的大妈,竟然主动提出要给 3000 元购买假邮票,而这些邮票开始只要 200 元,最后经"托儿"讨价还价顷刻升值了十多倍,幸亏警察及时提醒,那位大妈才未落入圈套。

本案再次表明:老年人在收藏领域千万别被他人忽悠,尤其要防范骗子们接二连三抛出的花言巧语,如此才能保持清醒的头脑,保证自身财产的安全。

17. 买假邮票老人上当

只要花两万元就可以买到一本珍贵的"集邮册",里面不仅有"梅兰芳舞台艺术"、"毛泽东最新指示"邮票,更有价值不菲的"全国山河一片红"邮票一枚,这样的好事最终被证明是一场诈骗。

上海宝山警方近日破获一起发生在本市多个区县的系列假邮票诈骗案,涉案价值约 10 多万元。目前,犯罪嫌疑人朱某已被刑事拘留,此案已查证 12 起,案件正在进一步审理中。

2011 年 4 月 3 日 15 时许,60 多岁的陈老伯在宝山区泗塘邮局门口碰到一名中年男子。他自称父亲去世后留下一本邮册,可惜家中已无人爱好集邮,想变卖换钱。而退休后迷上集邮的陈老伯,当即跟该男子来到附近某小区。男子"回家"拿了那本集邮册,交给陈老伯。

令人吃惊的是,邮册里面居然有"梅兰芳舞台艺术"、"毛泽东最新指示"……张张都是珍品。而最后一页一枚背面存放的邮票,翻正后一看竟是世界珍邮“全国山河一片红”,这枚小邮票曾经卖出 68 万元的高价。

最令陈老伯意外的是,整本邮册男子只要价两万元。“当时就觉得碰到了不懂行的人,都没有验货就急于交易。”老伯用自己多年收藏的价值一万多元的纪念钱币与男子交换邮册。

交易完成后,陈老伯回到家用镊子一一夹出邮票,却发现这些居然都是赝品,该男子更是不知所终。

次日,陈老伯向派出所报案,宝山刑侦支队成立专案组展开侦查。经分析,2008 年 1 月至今,宝山、闵行、嘉定、闸北、虹口、普陀、金山和浦东多区发生此类邮票诈骗 27 起,仅宝山就有 5 起。侦查员最终确定犯罪嫌疑人为本市居民朱某,49 岁的他曾因盗窃、赌博、妨碍公务被处罚。

4 月 26 日下午,朱某准备再次作案时被抓获。他交代,集邮册中所谓多枚珍邮,全是他从邮票目录书抠出的印刷图片。为达到逼真效果,他还用锥子和铰链自制打孔器,在图片边缘打出一圈类似邮票上的齿孔。

警方介绍,27 名受害者的年龄从 51 岁至 83 岁不等,均为爱好集邮的老年人。老人们不仅经济受损,精神也受到严重打击。少数受害者上当后积怨成疾,甚至抑郁而终。

评析:本案中的陈老伯低估了骗子的智商,认为对方是集邮的外行,故花一万多元购买了假邮册,而且没有当场验货就急于交易,上当受骗在所难免。

这使得人们不得不提高警惕,即每个收藏者都不要自以为是,把别人当成阿斗,把自己当成诸葛亮。须知“人外有人,天外有天。”如今骗子已是高智商、高科技犯罪,任何人稍有不慎都有可能水中翻船。

事实上,上当受骗的人多半还是因为贪心,以为骗子真不懂行而贱卖邮票。

18.5 万元买回假邮票

湖南湘潭县一名年轻女子在与人谈业务时,因受巨额利益诱惑,花 5 万元买回了 5 张假邮票。接到报案后,湘潭县警方经过半个月的缜密侦查,一举抓获 4 名犯罪嫌疑人,连带破获假邮票诈骗案十余起,涉案金额高达 60 万元。3 月 30 日,陈某等 4 名犯罪嫌疑人被刑事拘留。

2011 年 3 月 14 日中午,文某前往湘潭县公安局易俗河派出所报案,称自己被骗了,她出示了 5 张印有孙中山头像的邮票,称自己是以 1 万元 1 枚的价格从骗子手中买来的。

文某详细描述了自己被骗的过程。3 月 13 日上午,一名中年男子来到文某的店里,男子自称姓刘,是湘潭市某宾馆后勤部业务员,称宾馆要买 15 张麻将桌。文某与对方谈起了业务，业务很快谈妥。最后，男子称要“王总”同意才能定，并约定次日上午再联系。

次日上午，刘某前往文某店内，并带她前往易俗河五州通宾馆与“王总”面谈。双方见面后，业务很快敲定。“王总”打开皮箱，里面露出一扎扎百元现钞，并取出一个大红包，要司机送给易俗河的一个朋友。司机走后，一名男子进屋找到“王总”，说自己搞到了民国时期的邮票，并拿一张给他看。“王总”说：“我要的正是这种邮票，可惜这张邮票缺了一个角，只能值 8000 元，要是有好的，我可以出 2 万元一张，你有多少我要多少。”男子说：“我有个朋友有好几张，你去看看吧！”“王总”指着皮箱说：“我带这么多钱不方便，你和文小姐一起去看看。”

文某虽然对邮票不懂行，但为了这笔业务，她愿意跑一趟。

文某随男子前往某茶楼，经电话联系，有人很快送来 5 张印有孙中山头像的邮票。

这名男子仔细检查后说：“邮票倒是真的，纸张都发黄了，多少钱 1 枚？”“1 万元 1 枚。”男子对文某说：“要不这样，你先拿 5 万元来，我们先买下，然后再以 2 万元一张卖给王总，我们转手就能赚 5 万元，怎么样？”文某答应了，并很快筹得 5 万元。拿到 5 张邮票后，文某前往五州通宾馆找“王总”，但已不见此人，宾馆工作人员称这里根本没有“王总”这个人。文某又去找带她买邮票的男子，但对方也不见了踪影。文某这才意识到已受骗，于是赶紧报案。

办案民警仔细询问骗子的基本特征，然后围绕邮票展开调查，最终认定陈某、徐某、周某等人有重大作案嫌疑。3 月 29 日晚，专案民警在湘潭市某茶馆将徐某、周某擒获，二人对诈骗文某一事供认不讳。次日下午，冯某和陈某（系批捕在逃人员）落入法网。

经审讯，自 2000 年以来，该诈骗团伙利用同一手段在娄底、益阳、湘潭市一带疯狂诈骗 10 余次，涉案金额高达 60 万元。2011 年 2 月以来的短短一个月内，他们便在湘潭市区、易俗河等地疯狂作案 5 起，诈骗金额 27 万元，最多的一次骗得 10 万元。

民警在对陈某家进行搜查时，共搜出印有孙中山头像的假邮票 500 余枚。陈说，这些邮票是他 1 元钱 1 枚从地摊上买来的。徐某供述，诈骗文某是他们 3 月 11 日就设计好了的，冯某扮演司机，山妹子（在逃）扮演“王总”，周某扮演业务员（即刘某）物色目标，徐某扮演做邮票生意的中间人，陈某扮演邮票商。他们将邮票以 1 万元 1 枚的价格卖给文某，设计好 2 万元 1 枚由“王总”收购，以 1 万元 1 枚的利润为诱饵，终于骗得文某上钩。

徐某交代，他们过去一直用这种方法诈骗，由于掌握了被骗者贪财的心理，每次作案均能得逞。

评析:先以购买麻将桌为诱饵与你套近乎,再利用不同的“托儿”设局让你上当,这就是本案中诈骗团伙的作案手法。

可惜文某涉世未深,非但没有丝毫警惕,相反还对自己未见过的所谓“民间邮票”产生了浓厚的兴趣,并且认为一经倒手便能百分之百升值,于是一步一步迈向骗子挖好的陷阱,白白损失了5万元。

由此可见,普通人最好别轻易进入收藏市场,尤其不要相信陌生人的收藏建议,那是很危险的。

19.骗子倒卖假邮票珍藏册

一段时间的早晨,在山东省烟台市区大世界市场附近,出现一个专门利用邮票珍藏册欺骗老人的骗子团伙,他们手持所谓的珍贵邮票引诱一些晨练和买菜的老人,并常常尾随老人上门兜售。一天早晨,读者孙先生打来热线电话说,骗子们又出现了。

笔者赶到现场时,孙先生已经报了警,骗子们远远看到警车立即四散逃跑,目击群众反映,这伙骗子一共有5个人,3男2女,年龄都在40多岁,自称是辽宁鞍山人,用假“珍贵邮票”进行诈骗,有天早晨就有一位老先生被骗去8000多元。

报料人孙先生介绍,早上7点,他走到大世界市场附近时,忽然有一个东北口音的中年男人凑上来,其手里拿着一本邮票册,邮册里有一张“全国山河一片红”和“猴票”,价值数万元。手拿邮票册的男人说,家中老人得了尿毒症,需要换肾钱不够,无奈之下,只好把珍藏多年的邮票低价卖了,筹款给老人治病……这个时候,周围很快又围上了几个人,这几个人边翻邮票边忽悠,很快孙先生就看穿了把戏,转身就走,骗子们在后面追着喊:你看我像骗子吗?

烟台白石路派出所民警介绍,估计骗子晚上住在小旅馆里,白天几个人一伙出去寻找作案目标,有叫卖的、有当托儿的,还有望风的,骗到钱后立即溜之大吉。警方提醒市民,骗子就是抓住买主不懂邮票,又想通过收藏获利的心理而骗取钱财,千万不要上当受骗。那个被骗8000多元的市民至今并没有报案,可能还蒙在鼓里呢。

评析:在集贸市场诈骗晨练和买菜的老人,已是近几年全国各地屡见不鲜的社会现象。

本案所不同的是,骗子手中的道具并非普通生活用品,而是貌似高雅的所谓的“珍贵邮票”,这就使许多善良的老人动了捡漏收藏之心,从而完全丧失了应有的警惕性，最终上当受骗。

类似案件提醒我们，本属稀缺的珍贵邮票不可能到处都有，如果在集贸市场也大量出现，这本身就值得怀疑，十有八九是诈骗。

20. 演双簧倒卖假邮票

日前，安徽省蚌埠市中级人民法院做出终审裁定，驳回上诉，维持一审判决。以倒卖假邮票为名进行诈骗、抢劫的王国章、尹玉利、徐彬、徐勇、徐爱国、尹现华犯罪团伙受到法律严惩，分别被判处4年6个月到20年不等的有期徒刑。

2008年至2011年3月间，被告人王国章、尹玉利、徐彬、徐勇、徐爱国、尹现华以倒卖假邮票为名进行诈骗犯罪活动。先由第一人出面寻找作案目标，其与被害人搭话后，就电话通知第二人。第二人冒充收购邮票者，以寻找卖主为由主动与第一人搭话，询问某人住处，并谎称愿以每枚1600元的价格收购80版猴票或其他邮票。此时，第一人就假称其朋友有此类邮票，是否同意出售要去问问，同时让第二人在原地等候。其假装去找朋友，并让被害人一同前往。其找到假冒出售邮票的第三人后，问其是否愿意出售邮票，该人谎称：有一定数量此类邮票，愿意以每枚1300元价格出让部分，但需现金交易，并将一枚假邮票交给第一人，让其试卖赚取中间差价。此后，第一人就以手头现金不足为由，询问被害人是否愿意出钱一起购买邮票，赚取差价利润共分。被害人相信后，就会回家或到银行取款。被告人一伙安排人员开车跟踪被害人，当被害人将现金交给第一人后，第一人借口离开，与其他被告人开车逃走。

被告人王国章诈骗作案9起，参与骗得钱款37.2万元；被告人尹玉利诈骗作案10起，参与骗得钱款39.2万元；被告人徐彬、徐勇均诈骗作案9起，参与骗得钱款37.2万元；被告人徐爱国诈骗作案2起，参与骗得钱款15万元；被告人尹现华诈骗作案2起，参与骗得钱款5万元。

此外，2010年12月29日上午10时许，被告人王国章伙同方本满、李金钱、邹春才预谋后，驾车窜至安徽省濉溪县。其一伙分工后，在濉溪县种子公司门口利用假邮票，以倒卖邮票赚取差价为名，诈骗被害人王长玉现金人民币15000元。4被告人准备离开时，被害人发现上当，当即阻止其一伙逃离，王国章一伙便采用暴力手段打伤被害人，强行逃离现场。

法院审理认为，被告人王国章、徐爱国、尹玉利、徐彬、徐勇、尹现华以非法占有为目的，采取虚构事实的手段，骗取他人财物，5被告人的行为均构成诈骗罪，且系共同犯罪。王国章在诈骗过程中被被害人发现后，为抗拒抓捕，当场使用暴力，其行为又构成抢劫罪。

评析：本案中的王某等6人诈骗团伙可谓疯狂作案，总共诈骗32起，诈骗金额高达130多万元，这伙骗子主要是以低价销售假珍邮作为诱饵坑害收藏者，而后者丧失起码的警惕，信以为真，最终人财两空。

这就再次提醒人们：面对明显低于市场价格的收藏品，千万别相信，这类货色往往是毒品，应当远离。

五、钱币类

1. 农民冒充收藏家诈骗

以声称收藏了价值上亿元的旧币，只要资助其“解冻”经费便可获利为由，先后骗取现金27万余元的湖南省邵阳县村民李某，近日被湖南省某法院判处有期徒刑12年，处罚金5万元。

经法院查明，2010年初，李某宣称手中收藏了一批价值上亿元的民国时期“蓝三星”“老美金”旧币，正在进行其声称的所谓“民族资产解冻”（即将该收藏的旧币到联合国进行登记，政府就可按市场收购价回收和变现）。李某以只要投钱给他作为解冻活动经费，便可获得百倍以上的利润为诱饵，2010年7月从文某、曾某手中共骗得人民币6500元。随后，李某又以招待领导急需费用为由，从文某手中陆续骗取人民币近15万元。

为了骗取更多钱财，李某又纠集他人，以投资“老美金”“蓝三星”旧币买卖为幌子，在湖南的邵阳市、邵阳县、永州市等地行骗。截至2011年4月，被告人李某单独或伙同他人共向10人行骗，骗取人民币达27万余元。

法院认为：李某以非法占有为目的，虚构事实，骗取他人财物，数额巨大。其行为已构成诈骗罪，故依法做出上述判决。

评析：现在还对所谓“民间资产解冻”的神话深信不疑，并且提供解冻经费，本案中的文某等人实在愚不可及。

其一：“解冻”一说已是老掉牙的江湖骗术了，早在20世纪90年代末就流行过，文某等人应当具备辨别能力却未如此，从而上当受骗。

其二：骗子李某声称有价值上亿元的旧币收藏，明眼人一看就知是假，根本没必要给其什么资助，从而掉进陷阱。

可叹如今有些人总想一本万利发大财，结果却是事与愿违，善良人应当以此为鉴。

2. 骗子推销“纪念币”

2010年9月1日上午，家住浙江省丽水市区的陈大爷接到一个陌生男子打来的电话，该男子自称是市区某银行的职员，他打来电话的目的是向陈大爷推销一套具有很高收藏价值的抗日战争纪念币。这位“银行工作人员”还对陈大爷说，这套纪念币全国只发行500套，丽水有30套，纪念币上都是抗日将领头像，原价要3800元，给老同志的话只要1980元。陈大爷听后，就让他送一套来。

当天下午，一名自称是湖北人的小姑娘送货上门，于是陈大爷便买了一套。同时，该女孩还将该纪念币的收藏证书、公证书、鉴定书等相关的材料也给了陈大爷。

事后，陈大爷问起银行的熟人，丽水是否发售过这样的抗日纪念币，熟人说根本没有这样的事。陈大爷这才发现被骗了，随即向某派出所报案。

民警将这套纪念币送有关部门鉴定后，发现是假的，根本不值钱。同时，民警还发现，这套伪造抗日纪念币的收藏证书、公证书、鉴定书等相关的材料印刷质量很差，且内容多处自相矛盾，警方遂对此案开展侦破工作。

评析：一个电话就让陈大爷损失了近2000元，看来电话诈骗的杀伤力很大，电话诈骗加实物诈骗的杀伤力就更大。

本案中陈大爷被骗还在于骗子不仅提供了假纪念币，而且还提供了伪造的收藏证书、公证书和鉴定书，这使用来诈骗的道具十分充实，形成组合陷阱，难怪陈大爷防不胜防，最终上当受骗。

本案留给人们的教训是：如果不轻信他人的花言巧语，不贪图现价与原价之间的所谓差价，那么任何骗子都是难以得逞的。

3. 老板贪财被骗万元

2010年9月的一天，老潘正在自己经营的竹材店打盹，一个夹包的中年男子进来：“我姓杨，是××区政府的，有个老板要投资一个休闲山庄，你发财了！”

两天后，老潘在杨的带领下见到了“老板”。生意谈妥，杨拿出一枚旧银元请“老板”帮忙鉴赏。

“这是好东西啊！”“老板”大喜，“这是民国的银毫，就是那时的‘毛票’，别看它是小钱，可因数量稀少，现在成了收藏珍品，一枚珍品价值上万元，普通的一枚也要数百元。”

“老板”问杨:“你手上还有没有?我全要,一枚1000元!”说着,他买下了这枚银毫。杨说他朋友家有200枚,但已被别人以800元一枚的价格订购了。“老板”开价900元一枚,说着就要去看货。杨说朋友不愿见生人,让老板给钱他帮忙买。“老板”不干,说没有看到货不付钱。

杨称钱不够,私下找老潘借钱,称他可以800元买、900元卖,差价平分。潘取了1万元,和杨找到其朋友“瘦子”,先买下了13枚银毫,打算回去先卖给“老板”,拿了钱再买剩下的。“瘦子”不干:“你们说要100枚的,得一个人在这里等。”杨便要老潘去找“老板”,自己留下。

可哪还有“老板”的影子!回头去找杨和“瘦子”,这两人也“蒸发”了!老潘这才发觉上当了,经鉴定:所谓的“银毫”是仿制品。

2011年1月11日,“老板”、“瘦子”被民警抓获。原来,2010年5~12月间,他们采用上述手段,诈骗作案3起(包括老潘),共骗得3.6万元,二人已于近日被某区检察院提起公诉。

评析:先假装与你谈妥生意,让你尝到甜头从而放松警惕,然后再看似很自然地向你兜售假钱币,这就是本案中3个骗子共同作案的一套惯常程序,但老潘却不明白其中的奥妙,还帮骗子垫付了1万元钱,落入对方的圈套。

这就告诉我们:偶尔遇到的好事难免有诈,不贪不信才能防危防骗。

4.假钱币设局被抓

3名安徽省涡阳县农民来京后,以清朝假钱币设骗局骗取他人钱财,当即被警方抓获。近日,北京延庆法院以诈骗罪判处被告人阚某有期徒刑10个月,被告人程某某、程某分别判处有期徒刑8个月,3被告人均并处罚金2000元。

经审理查明,3被告人来京后,预谋用清朝假钱币骗取钱财。为使假戏做真,2010年11月1日,被告人程某以收购古董、旧货为名租用延庆县三里河村常某家的房屋,后被告人阚某来到程萍租房处,将部分清朝假钱币以低价卖给程萍,接着被告人程某某到程某住处以高价收购这些假钱币,诱使房主常某认为买卖旧钱币也可获利的假象。2010年1月5日,被告人程某借故离开常家,当日11时许,被告人阚某某到常某家以卖旧货为名,诱骗常某以8500元的价格购买其事先准备好的假乾隆钱币、嘉庆钱币、顺治钱币共计106枚,收取常某人民币3500元及5000元欠条一张,便离开常家,3被告在乘车逃跑时,被民警抓获,骗取的钱财被当场起获发还事主。

法院审理认为,3被告合谋,以非法占有为目的,采取虚构事实和隐瞒真相的方法，骗取私人财物，数额较大，其行为均已构成诈骗罪。在此起共同犯罪中，3被告互相配合，所起作用基本相当，法院根据各自罪责承担刑事责任，延庆法院根据刑法规定做出上述判决。

评析：当着你的面买卖钱币，让你看到有利可图，但你却并不知道他们是一伙的，而且所谓能赚取差价的钱币都是假的，于是，本案中的房主常某便做起了收藏梦。

让我们说他什么好呢？房主能正常收取房租就很好了，千万别再去考虑什么收藏，因为你的确没接触过这个行当，应该时刻小心谨慎才是。

5.姐弟倒卖假古钱

年过40岁的姐弟俩，为了“发财致富”，买来百枚假古钱币，来到南京再翻倍出售给古玩店。日前，某法院以诈骗罪对姐弟俩判了刑。

江家姐弟是外地人，都已过40岁，虽然已各有家庭，但都不富裕。2010年10月，姐姐从邻村人手中买来一堆假古钱，准备从中大捞一笔，因姐弟感情较好，姐姐还不忘“带弟弟共同富裕”，遂相约带着假古钱来到南京。当月23日上午，姐弟俩来到南京朝天宫一家古钱专卖店，店老板李某一看到两个农村人带来这么多“古钱”后，相当吃惊。见店老板有些好奇，姐弟俩按预先背好的台词，称这些钱币是他们在工地上挖出来的，还骗老板是在挖掘现场跟工友抢夺来的。

店老板见这些钱币都是方孔钱，上面还沾着泥土，便信以为真，没仔细鉴别就以每枚400元的价格收购了100枚，共花费4万元。直到姐弟离开后，李老板经仔细鉴别，才发现100枚古钱全是假的！李老板当即报警。

法庭上，姐姐辩称，她出售假币时并未明确告诉李老板钱币的真假，是对方自己确认是“真钱币”才买的。但法院查明，姐姐以50元每枚的价格，买来一批仿造古钱币，随后带弟弟来宁找买家。审理期间，姐弟俩主动退还了赃款，鉴于被告人有悔罪表现，法院一审判处两人有期徒刑3年、缓刑4年，各处罚金5000元。

评析：本案中骗子的诈骗手法并不高明，甚至可以说是毫无新奇之处，然而却把开古钱专卖店的李老板给蒙了，说明李老板不但风险防范意识极差，而且鉴别能力极低，这与他在大都市从事古钱币生意的身份很不匹配，很有可能是新手上路。

对此我们要说：收藏的水深，不具备知识与经验之人最好别涉足。

6. 过时纸币套得 17 万

2010 年 12 月 17 日，在某县做家具生意的黄老板来到江西南康市国际家私城进货。上午 9 时，他选购了两套沙发后，正要去挑选其他产品，听见背后有人问："老板，你是不是来进货的？"黄老板转身看见一年纪约 40 岁、穿黑色西服的男子对他讲话，就随口答道："是。"

随后，那人自我介绍说："我是广东人，生产家具的，总厂在广东，南康有一个分厂，要不要去看一下我的货？"黄老板向来都是到熟人处进货，对这个陌生的"广东老板"的提议有点犹豫。"黑西服"又说："如果你买我的货，我可以帮你送到家里。"黄老板听到可以节省一笔运费，就答应去看看货。

"黑西服"带着黄老板往第三期市场后面走去。这时，一个穿着皮夹克、自称是九江人的男子也来找广东老板进货。"黑西服"领着二人边走边说："我舅舅在香港喜欢收藏旧币，如果你们有'中央银行币'，也就是印有孙中山、蒋介石头像的旧币，我可以 1∶5 兑换，不兑换人民币也可以特优价买我的家具。"黄老板对此并未在意。说话间，3 人来到一间锁着的仓库前，"黑西服"说："这是我的仓库。哎呀！钥匙忘带了。"于是忙向黄老板二人道歉，让他们在此等一下，说要去厂里找老婆拿钥匙。

"黑西服"刚走，一个 45 岁左右、衣着破旧的中年男子来到仓库门前，向黄老板二人打听广东老板在哪里。"皮夹克"问他有什么事，中年男子说他是宜春人，有"中央币"来找广东老板兑换。

中年男子说，本来是他父亲来兑换"中央币"的，但在来的路上被车撞伤了，现在急需钱用。"皮夹克"听后忙把黄老板拉到一旁悄悄地说："这个人有中央币，我们合伙来赚一笔钱。"黄老板还摸不着头脑，就听"皮夹克"对宜春人说："你的中央币怎么兑换？""我家急等钱用，就以 1∶4 的比值兑换给你。"宜春人说着拿出一张 50 元面额的"中央币"，并说："就是这种币，如果要兑换的话，我这里还有一张 1 万元的。""皮夹克"掏出 200 元人民币换过这张"中央币"，拉着黄老板就走。刚走到市场旁就碰见"黑西服"，"皮夹克"拿出中央币问道："是不是这样的钱？""黑西服"看后确定是"中央币"，马上用 250 元买了下来。

这时，黄老板已在一旁看得目瞪口呆：这个"皮夹克"眨眼间赚了 50 元，真令人羡慕啊！"皮夹克"又问，还有一张 1 万元的"中央币"会不会兑换。"黑西服”很感兴趣地说：“可以，快拿过来兑换！”并郑重其事地付给“皮夹克”300元定金，还押给他一本证件。

“皮夹克”叫黄老板一同去找宜春人，兴奋地说：“看来你我今天有财运，轻易就可赚1万元。”黄老板也被眼前的发财机会弄得莫名兴奋，竟把进货的事丢到脑后，跟着“皮夹克”返回仓库去了。

在返回仓库的路上，“皮夹克”与黄老板商议，“不要让那宜春男子跟广东老板碰头，我们从他手里买下这张万元币，兑换给广东老板，挣到1万元钱就两人平分。”黄老板点头称是。

10分钟后，两人在仓库门口找到那男子，将他带到离家私城几百米远的汽车东站，然后跟他说要兑换他手中的1万元“中央币”。宜春人听后来了精神：“要现金兑换！”“皮夹克”指着自己的手提包对黄老板说：“我这里只有1万元，你有多少钱？”“我有1.3万元。”黄老板脱口而出。宜春人说：“你们没有这么多钱，我找别人兑换。”“皮夹克”急忙拉住宜春人，“别走，我们俩的钱先放到你这里，把你那张‘中央币’给我们，换到钱后，再补你1.7万元，你要不放心，我们留一个人陪着你。”

随后，他就叫黄老板拿出1.3万元，连同自己的手提包交给宜春人。宜春人这才拿出一张印有孙中山头像的1万元面额的“中央币”给“皮夹克”，“皮夹克”又把这张“中央币”递给黄老板，叫他去找广东老板兑换，自己和宜春人就在原地等他。

黄老板拿着这张“价值5万元”的“中央银行币”去找广东老板，可是，走到仓库门口哪有广东老板的身影，再到家私城内找一圈，仍不见其踪影。他忙雇了辆摩托车赶回南康汽车东站，天哪！“皮夹克”和宜春人都不见了。他捏着这张薄薄的“中央银行币”幡然醒悟：受骗了！

事后，笔者就这张“中央银行币”的价值询问了中国建设银行赣州分行。该分行一名姓刘的工作人员解释，他们有相关规定，只要不在市场流通的纸币，一律没有使用价值，所以不能兑换成现在的人民币。但鉴于是那个特殊年代的纸币，它有一定的收藏价值。

黄老板迅速来到工业园公安派出所报案。工业园派出所刘所长接案后一拍桌子，“这伙骗子又来了！”原来，从2010年9月下旬开始，南康国际家私城先后发生多起类似案件，涉案金额近17万元。同年11月29日，南康市公安局刑警大队会同工业园派出所成立专案组。经过一段时间的侦查，专案组已摸清此类案件的作案特点和规律，受害者都是外地来进家具的老板；作案者均是3人一伙，说普通话，衣着特征很稳定；作案时先以优惠条件吸引进货老板，然后再以兑换“中央银行币”的方法，骗取受害人钱财后逃之夭夭。为防止客商再上当受骗，专案组向家私城业主印发案情通报，并在市场内悬挂了警示标语。

工业园派出所认定，蛰伏了一段时间的骗子会按捺不住，重新跳出来作案。于是一面派民警带巡防队员加大在市场的巡查力度，另一方面带专案组成员深入市场，发动群众，一旦发现可疑分子，立即向专案组举报。

2010 年 12 月 22 日上午 9 时 30 分，专案组成员易某的手机响了，原来是家私城一位业主的电话：“那伙骗子又来了，现正在一期市场游逛。”民警小赖赶到一期市场东面，正在园区巡逻的两民警赶到家私城南面监视拦截，易某带几个人驾车赶到一期市场北面。于是，一张围捕的网在 10 分钟内悄悄撒开了。

刘所长进入一期市场后，目光扫视一周，发现市场东南角有几个人体貌特征与犯罪嫌疑人相似。他装作客商的模样迂回靠前，看见了“黑西服”和“皮夹克”正在交头接耳。这时，易某和小赖也靠了上来。刘所长发出“动手”的信号后，冲上前去一把抓住“黑西服”右臂，“黑西服”脱掉西装要逃，刘所长卡住其脖子，另一民警冲上来一起制服“黑西服”。“皮夹克”见势不妙，撒腿往市场外跑，易某恰巧拦住去路。随后，在几位热心业主的协助下，“皮夹克”也被民警抓获。

经审讯，“黑西服”杨某、“皮夹克”周某均是安徽省宿松县人，伙同几名老乡时分时合，于 2010 年 9 月起，在南康市国际家私城利用“中央银行币”诈骗作案 10 起，骗得人民币近 17 万元。2009 年早些时候，该团伙还曾流窜至江苏常熟、浙江桐乡、安徽合肥等地行骗。

评析：黄老板原本是卖家具的，然而却鬼迷心窍进收藏领域，这是他最终上当受骗的重要原因之一。

本案中的骗子雇托设局，专骗黄老板这种缺乏收藏经验又想发外财的人，可惜黄老板却浑然不知，误认为所谓“中央银行币”能值大价钱，从而落入一伙骗子精心设置的圈套。

这就再次提醒我们：走自己的路，别去轻易尝试其他发财渠道，这样才能保平安不亏本。

7. 轻信骗子钱打水漂

“本想着是老友的儿子，谁知是骗子……”2011 年 1 月 23 日，家住某市光明路的王老汉夫妇向笔者讲述了被骗走 1700 余元钱的经过，希望引起市民的警惕。

据王老汉夫妇讲，21 日上午 10 点多，王老汉夫妇从家属院出来，刚走到市卫校门口附近，从北面过来一个穿灰袄的男子，开口喊道：“伯，您和俺姨上街去?"王老汉怔了一下疑惑地问:"你是?""你不认识我了,我是某某(王老汉的老友)的儿子,这两年我当兵去了,去年转业到检察院。"两人站在路边聊了起来。

这时从南面过来一个30来岁穿大衣的男子,问王老汉附近哪里有中国银行,该男子边问边从衣袋里掏出一张面值为壹角,图案、数字倒置的"错版货币",说去银行鉴定这张错币的真假。穿灰袄的男子看了看错版币,便把王老汉拉到一边,说:"这张钱是印钞厂印刷错误造成的废品,由于数量稀少,具有很高的收藏价值,我看这张钱在黑市上至少能值四五万。"接着他又把穿大衣的男子叫到一边,说:"你把这一角钱卖给我算了。"两人站在路边讨价还价起来。不大一会儿,穿灰袄的男子把王老汉拉到一边,为难地说:"我想把这张钱买过来,可我带的钱不够,还差1700元钱,伯,你能帮帮孩儿的忙吗?"说着就从衣袋里掏出一沓钱。王老汉为难地说:"孩子,我出门没带那么多钱!""伯,有俺爸在,我就是跑也跑不了呀。"王老汉看他把话说到这里,就对站在一边的老伴说:"去,回家给他拿些钱。"穿灰袄的男子接过钱对王老汉说:"伯,姨,下午我让我爸把钱给你送来。"在一阵感谢声中,穿灰袄的男子拿着钱就走了。王老汉扭脸看看,穿大衣的男子也已经走到湛河桥了。

22日,王老汉不见老友来还钱,就拿起电话试探一下,老友一听事情的经过,便对他说,你上当了,我儿子一家早几年就去深圳了,叫他们春节回来过年都回不来。王老汉这才知道自己被骗了。

评析:本案中的王老汉自己并没有买假币,但却碍于情面帮了所谓朋友儿子的忙,亏掉了1000多元,这本是不应该发生的事。

你想啊,如果在街头遇到任何人都与你套近乎,声称自己是你朋友的亲戚,你会轻易相信吗?那么王老汉就是被对方描述中的某些真实信息所蒙蔽,误认为对方与自己的朋友有关系,因此上了大当。

由此可见:凡涉及钱财之事,还是先搞清楚来龙去脉再决定是否掏腰包为好。

8."流通券"背后的鬼影

1945年,国民党政府将东北三省划分为辽宁、安东、辽北、吉林、松江、合江、黑龙江、嫩江、兴安九省。

1948年,国民党政府在这个经济已陷崩溃之势的特殊地区发行了"国民党流通券",此券在东北九省只通用了11个月,国民党政府便宣布实行币制改革,"国民党流通券"随之被废除,并改用了"金圆券"。当时规定,一元"金圆券"可兑换"国民党流通券"30万元。

半个多世纪之后,当一股收藏中国纸币、硬币之风悄然兴起时,这部分在民间的“国民党流通券”也被一些别有用心的人“看好”,于是,便有人以此券为诱饵,大肆从事诈骗活动。

2010 年,在辽宁省普兰店市辖区的一个繁华小镇里,住着一个刚走出黄土地不久的农民,他叫沈某。

沈某在市中心租有住房,一来二往,结识了不少城里人,并逐渐被推为“龙头老大”。在追随者中,蒋某、顾某、陆某、柳某、张某与他来往最频。上述几人,均无正当职业,主要靠“朋友”相助或为商家、业主打零工赚取钱财,微薄收入,满足不了消费的需求。

古物市场繁荣以来,沈某开始留心行情,并对纸币、硬币价格“大起大落”现象产生了浓厚的兴趣。

早春的一天夜晚,几人再次到饭店小聚。席间,又一次提到了“国民党流通券”问题,醉眼朦胧的沈某挥手发言:“这种券我见过,很多人不知它的底细,用它诈人,肯定能赚到大钱。”蒋、顾、柳、陆等人见大哥说能赚钱,便齐声附和。顾某更是急不可耐,酒杯一端说:“既然能赚钱,那就得赶快想办法干,总这样混,驴年马月也富不起来。”要骗人,就得设机关,下圈套。为防隔墙有耳,沈当夜将几个“铁哥们儿”领到自家后屋,前后认真筹划了一番。

他们决定:由柳某装成收券老板,蒋某装成卖券人,沈某专门负责“拉套”。行骗对象是顾某提供的,名叫梁某,家住在市周边小镇的小旺村。顾以前曾经认识梁某,因此顾在这次行骗中不露面。

小旺村距市内不足百里,为争取首骗成功,沈某换成一套商人装束,骑一台嘉陵牌摩托车。按事先行动路线,次日上午 9 时许,沈即找到了梁某,一见面,他就满脸堆笑。寒暄数语后,神秘兮兮掏出了一张“国民党流通券”,神话般地吹起了它的收藏价值。

梁某绰号“乖猴子”,对上门的买卖素来抱有戒备之心,斜视道:“这票子早就过时了,你拿它唬谁呀。”“哎呀!我说你这就是死脑筋,这叫收藏。”沈某边说边贴近梁的耳腮道:“现在有人卖,有人收,两边的人我都熟,你不就是中间转了一下手吗。”

“你小子该不是在忽悠我吧?”

“肯定不是,现在,卖方每 100 元这种票子只要人民币 40 元,而收方每 100 元则能给你人民币 70 元。我主要是手里没有钱,找你合作,只想用你的钱‘借鸡下蛋’,只要咱俩买了再卖,每 100 元这种券,便可赚人民币 30 元,这可是一笔不少的收入。”

见梁还在犹豫，沈某又道："你不信是不是？这样吧，我借给你一张面额为1万元的'流通券'咱俩一块到镇前旅社去见见那位收券的老板。真要是挣了钱，说不定你还得感谢我呢。"梁克深见他底气挺足，就跟着去了。

在镇前旅社的一个房间里，梁确实见到了这位"收券人"，但他并非真的老板，而是诈骗分子柳某。梁出示"票样"后，"收券老板"立即仔细看了起来，随即道："这券是真的，我可以付给你们人民币7000元。"沈某立即接口道："这张票是样品，我这位朋友家里还有点货，待会儿我们俩一块拿给你。"这明摆着赚钱的"买卖"使梁终于上了套。他辞别沈某，赶回家中，不一会儿，便拿出了人民币4000元。

沈判定行骗已有了把握，便暗中向柳发出了"我们一走你马上撤退"的信号。为防梁某反悔，沈以最快速度载梁在距镇前旅社一侧公路边见到了假扮卖券人的蒋某。在商谈中，蒋故意抬高券价，而沈则以梁是自己的"亲戚"为由，站在梁的一边，从中为梁周旋，他劝蒋多让点"利"留份"人情"，也好拉个"主顾"。

几个回合下来，蒋终于"吐口"，梁可以先交一半款，即梁先付人民币4000元，蒋给梁两张面额各为1万元的"国民党流通券"，答应待卖到钱后，再回交余下的4000元钱，但须留下一人作保，沈是"牵线人"，自然充当了这个角色。

梁拿到两张券后，不敢怠慢，急忙租车到了镇前旅社，但到处也没有找到这位"收券的老板"，又返回去找姓沈的和那位"卖券人"，踪影全无！

梁知道受骗，慌忙拨打了"110"。

这次得手，沈、蒋、顾、柳等4人各分得赃款1000元，因怕追查，他们销声匿迹达6个月之久，当确信不会再有危险时，便开始了第二次行动。

二次行动被选中的行骗对象是某厂职工孙某，家住普兰店市郊区，家有存款数万元。这次由蒋某装扮"收券老板"，沈某出面"拉套"，张某扮演"卖券人"。为人狡猾的顾某毛遂自荐，主动要求提供"国民党流通券"和暗中进行观察。

孙某有一个叔叔，从前家中曾有过"国民党流通券"，因曾有人上门收购过，便以为能卖到大价钱，此事在孙某心中留下了深刻印象。

那是个星期日下午，沈某像个"幽灵"一样盯上了孙某。一见面，便使出了"杀手锏"："你叔叔让我来找你合作一桩'国民党流通券'的生意。"见叔叔没忘记自己，孙心中涌出一股对叔叔的感激之情。

话头拉开后，沈故伎重演，详细向孙介绍了这种券为什么能够赚钱的经过。接着又领着孙到市公园内见了假"卖券人"张某，张又乘机向孙吹了一通自己收藏纸币的经历。在多买券能赚大钱的心理推动下，孙决意用2.4万元人民币买8万元的"国民党流通券"，见孙已经上钩，沈急忙把事儿"拍死"，从兜里掏出

2000 元人民币，十分“卖好”地为孙交了“定金”。

之后，沈又领孙到市某招待所见了假“收券人”蒋某，孙对卖券换钱深信不疑。孙不知是计，乐颠颠地领着沈到银行自家账户取出现款 2 万元。在和张某重新见面后，买了“国民党流通券”8 万元。除去沈为他交的“定金”，尚欠“卖券人”2000 元，沈又被留下“做保”，孙独自搭车去招待所卖“国民党流通券”。

遥相呼应，密切配合，不到半天，便钓出了一条“大鱼”，2 万元巨款随之被参与此案的 4 名嫌疑人瓜分。随后，4 个骗子到舞厅狂欢，到饭店豪饮，尽情挥霍。

诈骗几次成功，为骗子们鼓了劲，壮了胆，他们的“胃口”开始增大，活动周期开始缩短。

第三次行动是在两个月之后，由柳某扮“收券老板”，蒋某扮“卖券人”，沈某能说会道，找人“拉套”自然非他莫属，顾某再次负责接应。

行骗的地点定在首次行骗同一个镇子的小店村，骗子们认为：此村地处偏僻，信息不灵，根本不会知晓别处曾发生过“国民党流通券”骗人的事件。

行骗对象是刘某，蔬菜大棚主，是位侠肝义胆之人。这次作案，他们合搭了一台出租车。在离小店村不远的地方，柳、蒋、沈 3 人按“方案”先后进入预定位置。顾某在两次行骗后，形成一种莫名其妙的恐惧心理，他让司机把轿车开到离行骗地点几百米远的一处草垛旁，像缩头乌龟一样趴在车内向行骗方向观察。

成了，他就接人，发生意外，他就提前逃走。

这天，刘某与妻子在棚内干活，忽见一位脸上有黑痣、头上佩戴假发之人推门而入：“你是刘某吧，我认识你的岳父，是他让我来的。”沈某轻车熟路，像背台词似的重复他的谎言，只用几分钟时间，便开始将刘某往买“国民党流通券”的话题上拖。“我就不信你这破票能卖到大钱。”刘某性格刚直，歪打正着，把沈某吓了一跳，他急忙辩解道：“这还是少的，哈尔滨银行，现在收这种券 1 万元就卖 1 万元。”沈吹过了头，但刘却叫起了真，非要用摩托车载着沈去见个真假。

在小店村一家小卖店内，刘见到了“收券老板”柳某，接着，又见到了“卖券人”蒋某。尽管如此，但刘仍未动念。沈急了，不得不唾沫星子四溅地劝说刘无论如何也要弄点钱，哪怕一张张地买，一张张地赚。

沈的超级热情，使刘大起疑心，为了彻底弄清他们葫芦里究竟卖的什么药，刘某于是“将”了“卖券人”一军：“你非要我买，那就先赊券，后付钱。”见此人不见兔子不撒鹰，内心空虚的“卖券人”坚决不干。刘某心中有数了，为不打草惊“蛇”，他急中生智，微笑道：“这事我得先回家和我老婆商量商量。”

妻子听丈夫所说的迹象，也觉得很不对劲，急忙催促丈夫说：“你赶快到派出所报案,报晚了,说不定他们就跑了。”

自小旺村梁某被骗4000元报案后,当地公安干警一直都在明察暗访。刘驾驶摩托车赶到派出所后,马上报告了全部案情。

“脸上长的黑痣,头上戴的假发”,根据体貌特征,公安人员认定这就是他们正在追查的行骗人。4名便衣公安立即嘱咐刘某先赶回去稳住罪犯,他们则分兵两路,迅速扑向两个目标。

按公安人员的吩咐,刘某赶回小卖店继续与沈、蒋交谈,正当谈兴正浓时,门外突然进来两位大汉。当四对目光相遇时,沈、蒋二人立即意识到来者不善,于是,便假装作镇静,起身欲从小卖店侧门溜出。

“站住”,随着炸雷般的喊声,两名公安冲上前去,刘某也迅速跳起,3人一起制服了骗子。

刘某手戳沈某的后脑门喊道:“你也不打听打听我是谁,真是瞎了你的狗眼。”

与此同时,“收券老板”柳某也被另外两名公安人员抓获。

当3名诈骗分子被公安人员押出村外准备带走时,躲在200米以外出租车内的顾某被吓出一身汗,他急令司机将车冲出土道,全速向公路方向疾驶。跑了和尚跑不了庙,不久,他也落入法网。

评析:一个诈骗团伙利用“国民党流通券”作案3次,其中前两次都顺利得手,成功率高达67%,说明如今还有很多善良人缺乏应有的风险防范意识,甚至轻而易举的就能被骗子搞定。

然而,本案中的刘某却是骗子的克星,他那一句“我就不信你这破票能卖到大钱”的话,终于敲响了骗子的丧钟。这就表明,面对骗子的花言巧语,始终保持清醒的头脑,这样才能克敌制胜,保住钱财。

9. 自造错版币骗钱

4名使用变造的5角纸币(将纸币的“中国人民银行”几字抠下,再倒着贴上),冒充错版人民币,谎称具有收藏价值在商店进行诈骗的犯罪嫌疑人,被太原市杏花岭警方抓获。

2011年5月以来,杏花岭区发现多起利用变造人民币进行诈骗的犯罪案件。

据了解,作案时,4名犯罪嫌疑人同乘一辆晋B25458的红旗轿车,选择单身女性值守的小商店,由犯罪嫌疑人赵某进入店铺同店主搭话,之后打电话通知其他同伙进去打听集邮公司,随后掏出经过变造的5角人民币,谎称集邮公司收购

“错版”人民币。犯罪嫌疑人谎称银行朋友已证实国家正收购错版人民币，每张8万元，诱使受害人上当受骗。

这个由赵某等4人组成的团伙，从2010年11月份以来先后在内蒙古包头、山西大同、朔州、忻州等地多次作案。2011年5月10日以来，4人先后在山西太原市7家商店骗取人民币4万余元。

评析：在收藏实践中，有些错版钱币的确值钱，是收藏者可望而不可即的所谓“珍品”。然而，伪造的错版钱币却一文不值，因为它不是印刷错误所致，而纯粹属于造假。但本案中的骗子居然能用这类假错币蒙骗7家个体商店，可见许多人涉世未深，只懂得经商不懂得收藏。

这就告诉我们：对于错版钱币一定要慎之又慎，否则就会上当受骗。

10. 贪心买了假银元

前不久，某城区汤溪镇上的一位年轻人来电说：我在汤溪镇的大街上从一个看上去很老实的外地妇人手中花500元钱买了40多个假银元，真是倒霉。

2011年5月13日上午，这名年轻人走在大街上，一个三十五六岁的外地妇人拦住他，小声问：“这个东西能不能从邮局寄回家？”年轻人一看，是一些清朝的“银元”，就随口答道：“这个恐怕不能寄吧！邮局要检查的。”那妇女说，前几天，她老乡在汤溪一工地上挖出个酒坛子，里面全是“银元”，老乡要她寄回去。

年轻人拿起一个“银元”，用嘴吹了吹，放到耳边听，有“丝丝”的颤声。妇人说：“看你这么老练，要不便宜卖几个给你？”年轻人想，买几个也好，拿到古玩店里，可卖上百元一个。于是他给了这位妇人500元钱，她从一个包里拿出一筒用纸包好的“银元”给了他，说有40多个。

年轻人回家后仔细把玩这40多个“银元”，才发现是假的，他立即到汤溪派出所报案。民警说，你不是第一个被骗的，瞧，这箱子里都是收缴来的假银元。

当天下午，笔者与汤溪派出所联系。值班民警说，两个多月前，他们抓到过好几个类似的骗子，有的说“银元”是挖宝挖来的，有的说是祖上传下来的，有的说是路上捡来的……行骗的套路也有多种，骗子大多来自云南、贵州、安徽等地。

评析：本案中的年轻人以为低价淘到了清代银元，殊不知全是假币。

关键是这个年轻人还自以为聪明的对银元嘴吹耳听，鉴定了一番，从而放松了应有的警惕。事实上，对于街头变换各种套路行骗之人绝不能相信，同时，如果自身缺乏鉴定能力，也不要贪小便宜大把花钱，这已是多少人的经验教训了，大家一定要记取。

11. 假美元诈骗

曾在四川成都市发生过的利用假美元进行诈骗的案件再次在绵阳上演。2011年6月27日，经过绵阳警方数小时侦查，一起利用假美元大肆骗取他人钱财的特大诈骗案件告破。警方接到受害人报案后仅用了4个小时的时间，便成功将犯罪嫌疑人刘德志抓获归案，并追回其骗得的现金近10万元，收缴大量作案工具。

警方披露：6月17日，家住安徽省亳州市涡阳县的57岁男子刘德志来到绵阳向朋友杨晓波神秘兮兮地透露，他手中有一批美国政府在上世纪20年代发行的旧银币券，如果有门路进行兑换的话，可以大大地赚上一笔。后来，杨晓波将这一"喜讯"告诉了有收藏旧钞爱好的广东东莞市人王国平。王国平见有利可图，连忙与刘德志取得了联系。

6月25日，王国平千里迢迢地从广东省来到绵阳城区，在一家星级酒店1301号房间与外貌老实憨厚的刘德志见了面。刘德志吹嘘道，他手上的这批旧银币券是美国1923年发行的，面值100万元一张，共100张，总额1亿元。他要求王国平先行支付10万元人民币的定金，待对方将旧币兑换之后，所赚取的巨额利润两人再对半平分。信以为真的王国平当即就向刘提供的账户上转账10万元，然后提着1亿"美元"高兴地返回了广东老家，但没几天，王国平通过技术验证发现这些竟全部是假币，才发现上当被骗。

6月27日下午1时，心急如焚的王国平打电话向绵阳警方报案。下午5时，在接到王国平报案后4个小时，专案民警在绵阳市金龙宾馆附近，一举将刘德志抓获归案，但落网的刘德志拒不交代其从事诈骗活动的事实。专案组民警一面加大审讯，一面通过进一步侦查，在涪城区圣水村刘德志的两处出租房内搜查到印有"THE UNITED STATES OF AMERICA"字样纸币若干张、人民币现金9.87万元元以及刻有"中华民国南京政府财政专用章"5枚等物品。

在大量的证据面前，刘德志不得不交代了全部犯罪事实。根据刘德志交代，这捆"美元"系其多年前被他人诈骗后所留下来的，为弥补自己的损失，他又采取同样的手法骗取他人钱财。

评析：本案中的王某实属财迷心窍，误以为低价就能买到所谓旧版美元，他也不想想，如果能发财，骗子为什么还要找你呢？

难得骗子刘某也是个煞费苦心的人，他手上这些"美元"都是其当年贪财被骗的结果，故为了转嫁损失，他也走上了行骗之路，并且还刻制了民国政府的印章，各种诈骗工具应有尽有，致使善良人防不胜防。

然而不管怎样，任何人只要做到不贪就能减少风险，保住钱财，这已经是如今必须信奉的社会准则了。

12. 被骗买下一批假纪念币

中国金币总公司发行的北京奥运会贵金属纪念币具有收藏价值，每套售价在万元以上。商贩洪某受骗买下一批假奥运纪念币后，没有报警，反而和赵某一起将这些假币加价后倒卖。近日，洪某和赵某因涉嫌销售假冒注册商标的商品罪被北京海淀检察院公诉至法院。

2010 年 7 月的一天下午，在马甸邮币卡市场摆摊的洪某遇到了昔日经常给自己送货的男子李某。李某说："我这有北京奥运金属币，要不要？货是内部渠道来的，每套卖你 6000 元。"在李某的车上，洪某看到李某拿来的奥运纪念币做工精美，每套的外包装都是一个锦盒，里面还套着一个木盒，上面都有奥运的标志。木盒里分别装着 2 金 4 银、一共 6 枚纪念币，每枚币都有一张写有编号的证书。洪某手里掂着纪念币的分量盘算，纪念币从重量上看不像假货，一套的市场销售价格应该在万元以上。洪某认为，这种纪念币一定不愁销路，能赚上一笔。

经过讨价还价，洪某以 5600 余元一套的价格，从李某手中买了 43 套。然而在拿到货的第二天中午，洪某与真币进行对比后，才发现低价收来的纪念币凹凸感和立体感都不如真币。此时，洪某并没有选择报警，而是盘算着把这批假币再卖出去。

之后，洪某找到生意伙伴赵某，商量把这些纪念币转手卖掉。赵某说，自己认识的一些生意人想买这种奥运纪念币。几天后，经赵某联系，洪某以 5800 元一套至 6000 元一套不等的价格卖出了 29 套假纪念币。

此后，一些买家发现了问题并报警。赵某随即被抓获。2011 年 7 月 23 日下午，警方将洪某抓获。

评析：本案中的洪某本可以依法维权，诸如报警捉拿犯罪分子。然而，他却采取了极端错误的做法，用手中的假货进行诈骗，从而触犯了刑律，将自己从受害人变成了加害人。

这就再次告诉我们，收藏中如遇不法侵害，报案是首选措施，私了难免事与愿违。

13. 假奥运纪念币骗两万

随着 2008 北京奥运会的日益临近，奥运产品持续热销，一些不法分子也趁机混水摸鱼，某市北郊的朱先生就买到假冒的奥运纪念币，被骗两万余元。

家住北郊的朱先生是一位收藏爱好者，奥运纪念币自然成为他的收藏目标。7月初他接到一个北京打来的电话，对方自称是奥运纪念币销售商，有多款纪念币对外发售，一套奥运金银纪念币市场上卖1万多元，可以8900元的内部价格卖给他。

朱先生便向对方订购了两套奥运金银纪念币，并给对方汇款1.78万元。几天后朱先生收到了北京寄来的奥运金银纪念币，每套里面各有一枚面值200元的金币和一枚10元的银币，还有中国人民银行、中国金币总公司监制的防伪证书，朱先生感觉还可以，他又花数千元邮购了一套“歼十”飞机金银纪念币。

过了几天，当朱先生从报纸上看到市场上有假冒奥运纪念币的消息后，对自己从北京邮购的金银纪念币产生怀疑。他来到中国金币总公司在陕西省唯一的特许零售商西安华夏钱币公司，对自己购买的几套纪念币进行鉴定，经有关专业人士鉴定，这几套金银纪念币均系假冒，价格远低于真品，由中国人民银行、中国金币总公司监制的防伪证书也是假的。

评析：北京奥运会那年真是有人欢喜有人忧，本案中朱先生就肯定乐不起来，因为他太大意了，盲目相信所谓纪念币和防伪证书，无端损失了钱财，落入骗子设下的陷阱。

事实表明，跟风收藏最容易上当受骗，这时人们往往过于兴奋从而忽略了风险防范，但愿朱先生的教训能让广大收藏爱好者引以为戒。

14. 假币当错版被骗

本以为用低价收购了错版币，却不想只是一张被对接的人民币。张女士面对银行人员的鉴定结果时，才如梦初醒。

2011年7月18日上午，某市的张女士手持一张1毛钱的第三套人民币来到农行营业大厅，请求银行工作人员给鉴别一下她花3000元购来的错版币的真伪。银行工作人员告诉她这张人民币根本不是什么错版币，而是被人将人民币揭开后用对接的方法拼凑的一张假币，根本不能使用，而且即便真的是错版币，因错版币属于残币，也没有收藏价值。张女士大呼上当。

原来，张女士这天上午准备到农行办理业务，刚到银行门前，一位中年男子主动上来搭讪，说自己是本市的农民，手中持有一张1毛钱的第三套人民币，是错版的，听说当年人民银行只发行了10张，后来国家发现后立即收回，每张收购价30万元，目前已经收回了8张，在外边流通的只有两张，自己手中的就是其中一张，因急等钱用，来到市里换钱，但是不知道去什么地方兑换。听完这话，平时爱好收藏的张女士一下子来了兴趣，看了一下错版币，发现确实如此，于是开始讨价还价,张女士最后以3000元现金买下了这张“错版币”。

评析:说张女士愚不可及似乎并不为过。

你想啊,既然骗子声称所谓错版人民币国家回收价是每张30万元,那么他为什么仅卖3000元呢?他就是卖3万元也是很便宜啊!由此可见,这是地地道道的诈骗,然而鬼迷心窍的张女士却看不出来,相反,还以为占到了大便宜。

从张女士被骗我们应当更加清醒起来,这年头没有那么多“漏儿”可捡,善良人还是谨慎些好。

15.假奥运纪念币骗人

“要不要纪念币?”2007年9月19日上午11时40分许,62岁的事主张老太在某保险大厦门口散步,这时一个中年男子主动上来搭讪。该男子自称姓王,是北京某消防单位的工作人员。他告诉张老太,前不久,一辆运输2008年奥运会纪念币的汽车在北京高速公路发生事故,他在处理事故时悄悄从车上偷得奥运纪念币2枚。“上面还有萨马兰奇的头像,都是金的。”该男子说。

就在这时,又出现一个男子,自称是保险公司员工,姓张。经张鉴定,“这是真的奥运纪念币,按照有关文件规定,找回一枚纪念币奖励30万人民币。”

张老太信以为真,心想现在就这么贵,以后还可以升值,如果一转手,还可以赚大钱。张老太便与姓王的讨价还价要求购买纪念币,最后双方谈妥每枚2万美元的价格。于是张老太从某银行提取人民币16万元,向那名姓王的男子购得纪念币一枚。

张老太回到家里细看,才知道上当受骗,于是向警方报案。

10月16日,类似的“奥运纪念币”诈骗案件再次发生。当天中午12时许,51岁的事主周女士在某工商分局附近行走,这时提着一只盒子的男子向她问路:“往邮局怎么走?”周女士指了方向,该男子一再道谢,且十分热情地告诉她:“我是去邮局鉴定奥运纪念币的。”此人晃了一下后就将盒子的盖子“啪”的一声扣上了。周女士并没有在意到这个举动,只看到盒子里有几枚大小不一的“金币”。

该男子前脚刚走,又出现了两个人。其中一名自称某公司做期货的男子,和周女士讲起“奥运纪念币”的来历。他说北京奥运纪念馆某次火灾后,有数枚纪念币流失民间。他还拿出一份红头文件,声称找到一枚国家就给25万元奖励。最后两人追上前面的男子,两名男子以每枚15万元的价格成交。眼看着有人买了纪念币,周女士也心动了,随即从银行提款两万元钱,收购余下的两枚纪念币。

接到周女士的报警后,钟楼公安分局北大街派出所立即赶赴银行,提取了监控录像资料,记录下犯罪嫌疑人的体貌特征,安排民警在银行、证券公司等金融机构周围布控。同时,由民警陪同周女士在市区巡逻查找。

10月25日,北大街派出所民警在一家证券公司门前将贩卖“奥运纪念币”的犯罪嫌疑人宋某抓获。经审讯,宋某为辽宁鞍山人,他对利用假纪念币诈骗周女士一事供认不讳。

评析:本案中的张老太和周女士被骗在于犯了同样的错误,这就是轻信了骗子的花言巧语和现场表演。如今的骗子都非常了得,他们特别重视表演技能的提高,通过自身的购买行为去影响和打动善良人,而后者一旦丧失警惕,便很容易上当受骗。

这就告诉我们:不要轻易相信街头骗子的忽悠,对他们精心编造的故事听之即罢,千万别信以为真,否则难免破财被害。

16. 秘鲁币冒充股票

2011年10月26日,浙江省镇海市某派出所接到这样一起报案,一名六旬老太被骗5万多元。

当天上午,该老太走在街上时,迎面过来一个自称从广东来的中年男人,该男人向她询问某公司的地址,老太说“不知道”。这时,一个操本地口音的中年妇女走过来表示知道该公司的位置,于是该男人要求老太及中年妇女一起陪其前往。老太觉得上午也无事可做,便欣然答应。在途中,该男人与中年妇女聊起了股票,他还从身上拿出了几张,并介绍说那是纪念澳门回归的“原始股”,他这次专门从广东来到镇海,就是将这些原始股送给他叔叔的。于是,中年妇女便要求该男子出售几张给她做纪念,该男人遂以每股9.8元卖了10股。

随后,该男人借口说去接在镇海家世界超市门口的母亲,让老太和中年妇女在此等候一下。广东人走后不久,又过来一个胖男人,中年妇女向老太介绍,这个胖男人是她朋友,很懂股票,说着还把刚才买的“股票”拿出给胖男人看。胖男人说市价每股12.8元,而且升值潜力很大。中年妇女遂以每股13元的价格将10股“原始股”卖给胖男人,胖男人还许诺“有多少要多少”。聊了一会儿后,胖男人便走了。不久后,那个去接母亲的广东人回来了,中年妇女便要求再买一些“原始股”,该男子一开始“坚决不肯”,最后经不住中年妇女的软磨硬泡只好“勉强答应”,但要求“必须上1万股才卖”。中年妇女表示愿意购买1万股。

随后,该妇女以“没有这么多的现金”为由,愿意和老太“有福同享”。老太想,一转手每股就能赚3.2元,于是从家里拿来两万元国库券,并从银行取了3万多元。中年妇女拿到老太的5万多元后,给了老太一沓“原始股”,并让老太到月亮湾饭店门口找那个胖男人。结果,3 人全消失得无影无踪。老太只好去报案,民警一看,原来这些“原始股”是一文不值的秘鲁币。

评析:又是团伙诈骗的典型案例,可怜六旬老太在骗子逼真的表演面前的确招架不住。

不过案例中的老太忽略了一个十分浅显的问题,这就是不懂股票你买股票干嘛?连股票和秘鲁币都分不清你又焉何不上当啊?

由此引出一个话题,老年人投资与收藏更需谨慎,因为你缺乏一些应有的知识,更容易成为骗子忽悠的对象。

17.9 万元换回 100 枚假银元

3 个湖南怀化籍农民,自称是政府机关的工作人员,用老掉牙的“套笼子”伎俩,从浦江某美容院经理手中轻松骗走 9 万元巨款。日前,浦江县公安局破获了这起特大诈骗案,正准备携巨款逃跑的两名犯罪嫌疑人被义乌警方捉拿。

2010 年 10 月 27 日,浦江县城某美容院来了一位自称是“吴总”的客户。“吴总”一到该美容院,就提出要了解消费金卡的有关事项。美容院老板朱女士向“吴总”热情介绍了金卡消费流程后,“吴总”叫朱女士一起到浦江某政府机关找开发区的“钱主任”。为了生意,朱女士只好跟“吴总”去找“钱主任”。

找到“钱主任”后,“钱主任”根本不谈金卡的事,而是到工商银行取钱去了。从工商银行出来,“钱主任”拿了一只箱子,径直去了浦江某大酒店。

到了酒店房间后,“吴总”说他的一个朋友爱好收藏,并问“钱主任”有没有什么东西帮他找来,“钱主任”拿出一枚银元让“吴总”看。“吴总”看了后说银元很值钱,还翻资料给在场的人看,说现在价值 1200 元一枚了。说着,当场拿出 1200 元给“钱主任”,说要买这枚银元,然后问“钱主任”银元是哪来的,还有没有了等等。“钱主任”说是一个老领导送的,不知道有没有了。“吴总”就让“钱主任”帮忙过去看看,说是有多少他要多少。

就这样,“钱主任”带着“吴总”的秘书去找“老领导”。出于好奇,朱女士也跟着去了。3 个人来到浦江人民西路保险公司附近的弄堂里时,碰巧遇见“老领导”的女儿“小瞿”。“钱主任”问“老领导”在不在,“小瞿”说出去了。然后“钱主任”又问她家里还有没有银元了,“小瞿”说有,并到家里找出 200 多枚银元。

“钱主任”要买时,“小瞿”说这些银元有人以每枚 850 元人民币要买,定金都付了,“钱主任”就和“小瞿”商量要以每枚 900 元的价格买 100 枚。

经过再三恳求,“小瞿”答应给货,但一定要现金交易才给货。于是“钱主任”和朱女士回到大酒店“吴总”那里拿钱,但“吴总”说要先看看银元的质量才给钱。

此后,“钱主任”就和朱女士悄悄地商量,要朱女士先以 900 元的价格把银元收回来,再用 1200 元的价格卖给“吴总”,中间的差价两人平分。

就这样,朱女士从工商银行、建设银行取了 9 万元钱,在浦江某咖啡厅向“小瞿”买下了 100 枚银元。

当朱女士天真地拿着这 100 枚银元去找“吴总”要钱时,“吴总”早已逃之夭夭了。等她返回咖啡厅,“钱主任”等人也不见了踪影。这时,朱女士才恍然大悟,大呼上当。

巨款被骗后,朱女士立即到浦江县公安局浦阳派出所报案。正在值班的副所长分析案情后认为,犯罪嫌疑人极有可能逃往金华、义乌、诸暨,便与三地公安机关取得联系,通报了案情。当天下午 4 时许,犯罪嫌疑人田某、瞿某携带 9 万元巨款在义乌“打的”去诸暨时,被义乌市公安局出租车管理站抓获。

据了解,田、瞿两人被抓获后交代,“吴总”叫吴某,“秘书”叫谢某。10 月初,4 人就在湖南怀化商量用假银元“套笼子”骗钱的计划,说好事成后吴、田提成一半,剩下的再 4 个人平分。10 月 19 日 4 人乘火车到衢州行骗,但没有成功,之后又到金华市区行骗,也没有成功。10 月 26 日窜到浦江,经过精心策划,终于骗得 9 万元巨款。

评析:一般来说,美容院老板是何等精明之人啊,但如今也被骗得惨不忍睹,可见现在的骗术是何等高超。

然而仔细一想,骗子的花招也并无复杂之处,如果朱女士不介入收藏,不贪图所谓的钱币买卖的差价,那伙骗子也就无计可施了。

无数事实说明,人不可能轻易发横财,安于现状最好,知足者常乐。

18. 收藏钱币被骗

长春市二道区的马先生是个钱币收藏爱好者,多年来,他收藏了许多钱币、粮票和贝壳等。10 年前,因为妻子体弱多病需要照顾,他便放弃收藏一段时间。近日,他在进行钱币收藏交易时,竟被骗走 1400 多元钱——买来的钱币全是假的!

“10 年没打雁,这回让雁给叨了眼,真的老了啊!”一天,马先生谈到自己被骗的经过,哭笑不得。半月前,他到附近万通大市场买菜,在路过市场门附近时,发现一个正在收“1960 年版”1 角钱人民币的男子,男子身前放个牌子,牌子上写着“每张一百元”!“你有 1960 年版的红 1 角(1960 年版的人民币,背面是红色的)和背绿一角(背面是绿色的)吗?”好奇的马先生凑上前去问。那男子一听赶紧搭话,"当然有啊,我是 100 元收的,你要是买的话,我 150 元一张卖你,你要买?"马先生听后,觉得很便宜,又与该男子谈了一会儿,并且相互留下联系方式。

马先生回到家心想,如果买到这些红 1 角和背绿 1 角,那么他就收藏到了 1960 年版的所有人民币了。于是,他于 2007 年 11 月 5 日给该男子打电话,约定在东大桥附近旧货市场交易。当天,马先生带上 3 张六成新的 1 角钱人民币。两人见面后,以每张 130 元钱成交。"那天,我买了他 4 张 1 角钱的人民币,还把我带的 3 张 1 角钱人民币抵给了他,我共交给他现金 260 元。"11 月 12 日,马先生接到了该男子打来的电话,他又在外地搞到了 10 张这样的人民币,问马先生要不要。马先生一听,马上答应了,双方约定在劳动公园正门口见面。"我是一狠心买下的,因为我太喜欢这套人民币了。"于是,马先生又花了 1200 元买了 10 张。

买到 14 张人民币的马先生回到家后,心情一直不能平静。因为,他的妻子 10 年前患上了脑血栓,当时他放弃了收藏的想法,专心给妻子治病,但这次他又花了 1400 多元钱买了古钱币,觉得有些舍不得。13 日,马先生拿着他买来的钱币来到了重庆路一古玩城的朋友那里,后经过有关专家鉴定,马先生买来的人民币是假的。马先生表示他已经有 10 年没有碰过古玩市场了,没想到被骗,他将到公安机关报案。长春市某派出所一名民警称,其实,这就是因为贪小便宜吃大亏。据他们了解,1960 年版的红 1 角和背绿 1 角目前的市场价格在 500 元以上,人们要防范在大街上招摇过市的所谓收藏家、古玩专家的欺骗。

评析:难怪本案中的马先生被骗,因为他离开 10 年的钱币收藏市场早已今非昔比了,如今陷阱多多,骗术更高明,这是马先生所始料不及的。

尽管他对钱币收藏具备一定的知识,但他对钱币作伪的新类型并不熟悉,同时对钱币市场行情也缺乏新的了解,于是落入骗子设下的圈套。

马先生的遭遇提醒我们,收藏市场一日三变,仅凭经验很难适应,还是要加强风险防范,处处小心谨慎才行。

19.200 元"诱饵"钓得万元"大鱼"

近日扬州发生一起以收购第四套人民币"四方联体钞"为名行骗的案件,骗子"略施小计",一在街头靠修自行车为生的市民被骗走 1 万多元的"血汗钱"。

扬州市民丁某在运河北路一带经营一个修车铺,勉强度日。一天上午,一个操安徽口音的男子来到丁某处修车。闲谈中该男子自称姓姜,是收购第四套人民币"四方联体钞"的,因在扬州"人生地不熟",想以丁某的车铺作为交易地点,方便生意往来,当时丁某并未太在意。过了几天,姜某又来到丁某的车铺,很

“客气”地带了水果送给丁,并将一套自称价值1200元的角券联体钞展示给丁某看,向他详细介绍收购这种联体钞的好处。

在姜某的吹嘘之下,丁某心动了,同意将车铺作为交易地点。不久,一同样操安徽口音的自称姓陈的男子手持收购第四套人民币四方联体钞的广告来到了丁某的车铺,并声称出售一套角券联体钞,经过一番讨价还价后,丁某花1000元收购了陈某的联体钞,经与姜某联系转手后获得了200元钱。毫不费力就“赚”了200元,丁某尝到了甜头,也消除了对姜某的怀疑。2007年11月18日,陈某又带了一包15套四方角券联体钞来到了丁某的修车铺。想到能从中谋取“巨额”利润,丁某连忙去银行提取了1万多元现金收购。可是当丁某再次与姜某联系时,却怎么也拨不通姜某的手机了。丁某这才意识到自己可能上了当,连忙请有关收藏专家进行鉴定。经鉴定,这一包角券联体钞虽为真币,但市价很低。

评析:原本修自行车的丁某却十分大意的闯进钱币收藏领域,这事儿换了谁也不靠谱,被骗是必然的结果。

丁某的失误在于骗子先让他赚了200元小钱,于是他放松了警惕,又去想赚大钱,发大财,最终上当受骗。

本案中给人的启示在于,别轻易进入收藏领域,这是个水很深、环境很复杂的地方,靠收藏赚钱发财的人永远是少数。

20.镀金铜币冒充“奥运金牌”

2010年12月5日上午10时许,衡水市民李女士行至中心街时,一个手持信封的高个男子突然将其叫住,打听“中国银行衡水分行国际部”的地址。该男子自称是天津市的一名消防队员,不久前,当地一收藏“2008奥运会金牌”的博物馆失火,他趁灭火之机拿出几块价值上百万元的金牌,现在要到银行兑换。

此时,一矮个男子也凑上前来,告知高个男子银行的地址。待高个男子走后,矮个男子说自己是衡水市某保险公司的经理,“奥运金牌”在天津丢失确有其事,其所在的保险公司正高价向社会悬赏回购。同时,矮个男子拿出一张盖有保险公司大红印章的通告。他见李女士信以为真,便怂恿李女士与自己一起追上那个高个男子,并当着李女士的面,以1.5万美元的价格购买了一块“金牌”。

两个骗子的双簧表演彻底蒙骗了李女士,她从银行取出25万元现金买了两块“极具升值空间”的宝贝,并兴奋地将这一“喜讯”电话通知了儿子,儿子立即意识到这可能是一场骗局并迅速报警。

接到报警后,衡水警方开始对所有出入市区的干道进行监控,严查出市车辆及人员。12月5日11时30分,该市公安局刑警支队城东出租车出城登记站查获了两名去往德州方向的东北籍乘客,并从其携带的背包内发现4块“2008奥运金牌”及25万元现金。经讯问,两人供认了利用假奥运金牌诈骗李女士25万元的事实。

评析:以奥运会为题材诈骗真是骗了不少人,然而,本案中的李女士也太“小儿科”了,她不仅愚昧而且无知。

举例来说:骗子自称偷走博物馆的金牌,后又要去银行兑换,对此,李女士也不想想,骗子敢吗?那样他胆子也太大了吧?这不是小偷往警察怀里送吗?事实上,仅听骗子的这一席话,李女士就应当判定是个骗局,但她却没有反应,最终上当受骗。

奉劝广大收藏爱好者,别轻易相信他人,对别人编造的故事尽量找出破绽,这样自己的钱财就安全得多。

21.假“错版币”诈骗

本想买张“错版币”回家收藏,谁知却上了骗子的当:“错版币”其实是经人加工过的假货。

近日,市民王先生的父亲路遇一男子,该男子从口袋里拿出一张10元面值的人民币低声称,他手里有张印错了的钱,很有收藏价值,拿到市面上能卖个二三千元。因为急着回老家,没空去卖,500元就可以卖给王先生的父亲。

王先生的父亲仔细看了看那名男子手里的钱,发现左上角的“中国人民银行”几个字果然是印反了。因为曾听人说过“错版币”很值钱,便决定买下,结果掏遍了全身就剩下不到300元钱。

回家后,王先生觉得父亲遇到的事情不太对劲,便和父亲到银行进行鉴定,结果被告知这张“错版币”是经人加工的假货。

评析:看到钱币上有印刷错误就认为它值钱,本案中的王父也属于无知,因为骗子造假的手段层出不穷,你为何不想想这可能是造假的结果呢?

由此我们不难发现,如今在收藏领域一些人被骗,很大程度上是缺乏基本常识,从而被骗子并不十分高明的手段所蒙蔽,这是每个人都应当引以为戒的。

22.骗子设套老翁上当

2011年3月,一天早9点多,高大爷出门买菜,路上他遇见一个自称是从西藏来的小伙子,向他询问和平门怎么走,紧接着又说要去经九路某银行。

热心的高大爷想着两人要往一个方向去,就说让小伙跟他一起走。没走多远,有一个穿咖啡色夹克的男子追过来,着急地对那名小伙说着什么。话音未落,又追上来一个黑衣男子,对那名小伙说自己包里现在就有10万元,只要小伙愿意,现在就能交易。

这三个人的对话让高大爷摸不着头脑。一打听,那个小伙自称有600张1962年版的1角钱,价值12万元,后面来的两个人都想买。听着三个人一唱一和,高大爷不觉也动了心。高大爷回家拿存折,在附近的工商银行取出1万元现金和小伙换钱。高大爷回忆:“他说风太大,怕把钱吹走。我们俩就站到墙根,让我把1万块钱给他,他给我一包塑料纸,里面是整沓1962版的1角钱人民币。”

小伙走后,高大爷拆开塑料纸,心一下就凉了。原来那一沓“钱”只有正反两张是1角人民币,中间全部是白纸。高大爷用1万块钱就换来了两角钱!

高大爷带着那两张1角钱进了银行,工作人员告诉他,如果是作为货币兑换,这两角钱一文不值。因为该币已于2000年退出流通领域并已作废,银行视为废纸。如果是作为钱币收藏品拿到钱币市场出售,则要根据其版别特征进行具体分析估价。高大爷说:“这两张钱币的真假还不知道呢,说不定分文不值。花1万元买的这个教训太深刻了。”

评析:高大爷花的这1万元钱的确太冤枉!

可恨骗子没有丝毫良知,专对老人下手。同时也怪高大爷轻信他人,被犯罪团伙的表演所忽悠。还是那句话:天上不会掉馅饼。凡事都要问个为什么,如此才能捂紧荷包,防止上当。

23. 在收藏市场被骗

一个星期天的清晨,王某在古玩市场看见一位老者背着一个大旅行袋,走到地摊前放下包,拿出一些铜器、古钱、锡壶,就过去翻了几下,除“统货”外,绝大部分都是假货,没有收藏价值。

可能是老者看出了王某的意思,对王某说:“实话告诉你,这些是蒙外行的,卖不了几个钱,如果你真想要好东西,我这里有一件,是挖树坑时挖到的。”他神秘兮兮地从一个布包里取出一枚银锭。该锭面记阴文“京销浪银”和“赵宅”字样,呈亚腰形,背部密布蜂窝状气孔,经测,长12.4厘米,宽7.05厘米,厚0.81厘米,重984克,币身有一层厚厚的包浆,王某用手搓,搓不下,符合远古银锭的特征。然后,王某在石灰墙上轻轻一划,划出一条黑痕,确是真银。这时,那位老者又绘声绘色地说起他挖银锭的经历,以及和这件银锭相关的事情。

在王某断定这件银锭是真货后,便开始问价,老者开口要5000元,王某摇头，老者讲白银一克起码值3.5元，这件银锭重984克，仅银重就值3444元，何况还有文物收藏价值。王某觉得有道理，在一番讨价后，终以4500元成交。后来，一位好友告诉王某，他手中也有一件这样的银锭，也是不久前在地摊买到的，已被行家鉴定为假货，该锭在福建平和、南靖、永安、大田一带要多少有多少。于是王某想，自己手中的这枚八成也不可靠。

评析：王某被骗在于太自信，以为自己手搓轻划就能鉴定古币的真伪，殊不知骗子也不是等闲之辈，其造假手段足可以假乱真，让人防不胜防。

另一方面，王某还听信骗子的所谓"分析"，对其一派忽悠之词信以为真，这也是导致他在地摊翻船的重要原因之一。

24. 假分币骗走4000元

这就是骗子的"道具"

"从外表看，就是真的，可摸起来才发现是假的！"

2011年4月，一身着黑色夹克、蓝色牛仔裤的年轻人走进吉林市花鸟鱼市场，他背着一个包，转了一圈，来到二楼一家刚开业不久的钱币礼品社。"我这有25套第二套人民币纸分币连体钞想卖。"年轻人从包里拿出一堆装有纸分币的册子。

一看有人来了，营业员急忙给懂纸币收藏的王先生打电话，在一楼同样经营钱币礼品社的王先生急忙跑上二楼，看了看那些纸分币，就把年轻人领到了自己的柜台前。

"200元钱一套，我这一共25套，都有证书的。"年轻人说。王先生仔细看了看证书，"是真的！"随后又看了很多遍纸分币，还拿出放大镜看了，在确认是真的后，开始跟年轻人讲价，没想到年轻人都不回价，最终以每本165元的价格成交。

"你数数钱对不对？"把4125元钱递过去，王先生好心提醒对方数清楚，没想到那个年轻人连喊"不用数"，随即快步走出。

一看年轻人这样，王先生顿生疑惑，急忙仔细看这些纸分币，后来干脆放到手心里看，结果这一摸，他发现不对劲——这些纸分币都没有纹理。为确认真假，他又找了几个懂纸币收藏的人，大家一致认定这是假币。

发现被骗后，王先生调取了市场的监控录像，发现那名年轻人走出市场后，打车跑了。"我前一天晚上一宿没睡，太困了，就没看清，要是平时，根本不会出现这种情况！"王先生已到辖区派出所报案。他表示，这个骗子听口音是吉林本地人，应该还会到其他地方行骗，让大家注意提防。

评析：本案中的王先生本人就经营钱币，但却在最需要鉴别真伪的时候掉了链子，看来鉴定技能的掌握绝非一日之功。

另外本案还告诉我们，当一个人声称有几十套珍稀钱币的时候，本身就有许多疑点，于是你首先就应当提醒自己，他从哪淘来的？"量大必假"的可能性不是没有，如此你就会提高警惕，从而避免损失。

25. 假银元行骗

2011 年 4 月 24 日上午，福建某县岚下乡偏僻的山村钱墩村蔡坑自然村，来了两位操外地口音的中年男人，他们以高价收购银元为幌子，挨家挨户搜寻诈骗对象。骗子手上举着一枚银元和收藏钱币的书籍，逢人便问："请问你家有这样的银元吗？如果有一枚会值一万二千元。"村民魏某被这么高的"天价"吸引了，觉得家里的银元与骗子手上的很相似，便将两个骗子带到了家里。

两个骗子来到魏某家里，魏某谨慎地先拿出一枚银元，一个骗子装模作样地翻来覆去用放大镜辨认，另一个骗子则在带来的假银元中选准相同图案的握在手掌中，经暗示，前者立即将真银元递给后者"辨认"，为了达到以假乱真的效果，后者故意用烟灰放到银元上搓，让人产生"骗子"是行家的错觉。

骗子用烟灰搓着真银元，搓着搓着，再将银元往后脑勺头发上刮，这时真银元已经从骗子后衣领落进"腰包"得手了，骗子将事先准备好握在手掌中的假银元捏在手上，亮在事主面前故弄玄虚地说："这枚是真的。"就这样，两个骗子配合得天衣无缝，动作相当连贯娴熟，十几分钟就把 10 枚银元调包。

全部真银元到手后，骗子对魏某说："你这些银元都是真的，但不值钱，一枚只值四五十元。"这样的价格与原先的一万二千元有天壤之别，迫使交易中断，而达到金蝉脱壳的目的。

在当天的行骗中，两个骗子又以同样的手段骗走魏某弟弟魏某某的 3 枚银元。再好的骗术都终将被揭穿，在当天的行骗中，暴富心理迫切的魏某，最后拿出一枚图案特殊、比较罕见的银元，让两个骗子感到为难。因为这枚银元有英文字母，有"观音拿花"的图案，骗子也暗知这枚银元的价值。但是骗子们苦于随身携带的假银元中没有相同图案的，骗子又要出一招，问："这枚，你出价多少？"魏某说："就按你们说的一万二千元吧！"骗子为了稳住魏某说："如果这枚没有小印戳，肯定会值一万元以上。这样吧，我回去请示老板后再决定，你告诉我电话号码，有情况就和你联系。"到了家里骗子们连忙赶制一枚相同图案的假银元。第二天，骗子打电话给魏某："我明天把老板带来看货，你在家等着。"4月26日，骗子又找来另一同伙来到魏某家，又利用相同的手法将真银元骗走，正欲以不值钱为由企图脱身，而当魏某接过假银元时，发现戳印位置不对，便向县公安局岚下派出所报警。

经调查，这伙骗子均来自三明市尤溪县新阳镇，专门到外地偏僻农村下手，警方从其手中收缴假银元136枚。

评析：本案展示的骗术不是销售假币，而是以收购真币为名，行掉包之计，以假换真。

难得这两个骗子练就了一身特别的"功夫"，能在言谈话语之间迅速完成偷梁换柱的把戏。这使得我们大开眼界：收藏领域内活跃着形形色色的骗子，善良人凡事不可大意，一切小心谨慎为妙。

26. 伪造"错版人民币"诈骗

2011年5月9日上午，山西定襄县城60多岁的胡老汉在街头散步，遇见一自称某钱币协会人员的外地人摆摊兜售早期退出流通领域的人民币。胡老汉平时就爱好收藏钱币，便凑上去看个究竟。外地人见胡老汉看得入迷，便拿出一张1980年版的第四套人民币5角券，称这是一张极其罕见的"错版人民币"，有非常高的收藏价值，沿海一带价位一般在20万元以上。胡老汉看到这张5角券上面的"中国人民银行"完全倒置，他把钱拿在手里反复揣摸，觉得不像假币。

胡老汉欲买，经过几番讨价还价，最后二人以6万元成交。谈妥后，胡老汉兴冲冲地回家取钱。老伴听说后怀疑是骗子，让胡老汉报了警。接到报警后，定襄县公安局刑警队的民警迅速赶到现场将犯罪嫌疑人控制。经人民银行定襄县支行进行技术鉴定，该"错版"5角券是将一张真币的"中国人民银行"用特制刀具剪切下来，然后倒置粘贴在另一张真币上伪造而成。

评析：本案中的骗子未能得逞，胡老汉保住了钱财，功劳都归于胡妻的风险防范意识很强，这是十分值得称道的。

反观胡老汉，看见所谓钱币就信以为真，在自己明显缺乏鉴定能力的情况下，还要掏钱购买，实在有点不可思议，这是典型的"收藏病"，即头脑发热型买家，需要广大收藏者引以为戒。

27.“小纸币”能变“万能币”

2011年6月18日上午,80岁的孙大爷和老伴李大娘因身体不好,到医院去输液后,走到附近的工商银行取些钱。当他们刚出银行门,便看到有几个人正围在一张桌前招呼着过往的行人。一名男子高喊:“今天是国际集邮日最后一天,集这套能增值,谁买谁便宜。”说话间,一名老人出面购买了一套。平日也集邮的李大娘和老伴便上前,想听听是怎么回事。这时,一名中年男子靠过来说:“这东西能增值,收藏时间越久越值钱。”李大娘拿过来,当看到是贺礼卡不是邮票时遂想离开,几名男子拉住孙大爷劝说:“购买一套中国小纸币贺礼卡,可以收藏增值,还可以持此卡和身份证到中国人民银行去定期取钱。”

这时,一名中年妇女看到李大娘仍怀疑,便靠过来说道:“这东西老值钱了。”看到中年妇女说的这么肯定,李大娘心想也没有几个钱,便掏出100元购买了一套。

李大娘买了一套后,对方表示还剩一套,在这伙人的极力劝说下,李大娘便又掏出了100元买下,她刚走出几步远,便有一个路人告诉她被骗了。

6月23日上午,李大娘和老伴再次路过医院时,突然看到骗她的几名男子就在附近继续行骗,她找到行骗的中年男子质问,中年男子挣脱后逃跑了。李大娘转身看到曾向她打保票的那名中年妇女还没有来得及逃跑,便一把拽住了她。在众人的相助下,将中年妇女送到了派出所,中年妇女将骗来的200元钱返还给了李大娘。

笔者看到李大娘所买的贺礼卡中夹放着1分、2分、5分、1角、2角、5角的纸币各一张,1分、2分、5分铝制分币各一枚,1角、5角、1元硬币各一枚。据警方介绍,这些钱币全是对方在邮币市场以每套10多元价格买来的,根本没有什么特殊之处,人们不要轻信受骗。

评析:孙大爷与老伴儿被骗不是因为假币,而是骗子夸大了一套低档贺礼卡形式的真币的作用,几乎无所不能,如可持卡去银行取钱等,从而掉进骗子设下的陷阱。

尽管这类案例并不多见,但还是让孙大爷他们赶上了。这表明:老人在街头千万不要听信他人特别是陌生人的忽悠,尤其收藏品还具有借记卡之类的功能,谁主张谁一定是骗子,百分之百是谎言。

28.贪心栽进“满洲币”陷阱

2011年7月,天津市大港区发生一起以旧钱币为道具的诈骗案件,一市民被骗走15万余元。

受害人段某家住津南区，当天上午，骗子甲找到段某，假称和他做生意。随后，甲拉着段某来到骗子乙(女)处。乙谎称自己有事外出，要甲帮其接待她表哥。过了一会儿，骗子丙登场，称给表妹送来一张“伪满洲国”时期的钱币，骗子甲立刻以1500元的价格买了下来。待丙走后，甲故作神秘地对段某称，这种钱币在市面上要卖上五六万元。这时，骗子丙再次返回，称自己战友手里还有大量这种钱币。接下来，段某同骗子丙一起见到了丙的“战友”骗子丁。此时，段某彻底失去了警惕，坚持自己也要买一些。两个骗子见鱼已上钩，便以每张钱币1200元的价格卖给他。段某为了抓住“商机”，四处奔走借了15万余元交给了骗子丁。

评析：本案中的段某扛不住骗子甲、乙、丙、丁的轮番冲击，终于败下阵来，被骗走了15万余元。

其实，段某应当想到，这些骗子三番五次当着他的面交易，不就是表演给自己看吗？其目的是一遍遍地影响他，直到他头脑发热丧失警惕，以售其奸。

因此，善良之人要牢记此类教训，无论陌生人在你面前怎样从事收藏品交易，随他去，咱绝不参与。

29.“万历通宝”骗走万元

2011年8月，家住哈尔滨道里区建国街的郝大爷到建国公园晨练，一个身穿白色T恤的青年男子拿着一个印有“万历通宝”的古钱币让他辨认真伪。

正在郝大爷拿着古钱在阳光下端详时，一个身穿深蓝色衬衣黑色牛仔裤的男子从此路过，见到古钱就说这钱币是出自明代，市场价值十几万元，并愿意花5万元购买，并表示马上就可以去银行取钱，但得先回家取书来对比一下真伪。

郝大爷被该男子一说，立刻觉得这枚钱币肯定是个宝贝。此时，又过来一中年男子，见到古钱币后就与持币男青年讨价还价，最终以3万元成交。随后，中年男子把郝大爷拉到一边说自己只有两万元，想让郝大爷帮助凑些钱合伙先买下这枚钱币，然后再卖给回去取书的那名男青年，并从中赚一笔。

听中年人这么一说，一时贪心的郝大爷就答应了，并回家取来3000元现金和两个存折。持币青年称只要现金，郝大爷就又去银行取了7000元钱交给中年男子，两人从持币男青年手中换回了古钱币。

11时许，中年男子与郝大爷在等取书男青年时，中年男子说他肚子疼，先去上趟厕所，但直至12时许，该男子也没有回来。这时，郝大爷才意识到是被骗了，他急忙打车到道外的古玩市场，经专家鉴定，这枚钱币非常普通，仅值20

元钱。

评析：因贪便宜被骗走万元，这是本案中郝大爷的遭遇。

另一个重要的原因是，郝大爷并不会鉴定钱币的真假，于是在诈骗团伙的表演面前显得无能为力，完全被他们牵着鼻子走，这也是老年人在收藏市场上掉落陷阱的通病。

正确的做法应该是，别理会陌生人的花言巧语，更不要做一本万利的梦，如此则没有烦恼，不会破财。

六、杂项类

1.4000 元买假文物

2011 年“五一”节后，沈阳市民马先生一直很乐呵，酷爱收藏的他一趟朝阳之行竟购得 8 件文物。

可后来几天，马先生却因这几件文物郁闷起来，因为几位朋友在看完他花 4000 余元购得的藏品后争执起来，一时真假与否难以判定。最后，经过省博物馆专家鉴定，几件所谓“珍品”都是假货！

“当时我们听说朝阳有个文物市场，就去那里转了转，结果一个物件也没看上。”马先生说，在走回宾馆的路上，一个在路边卖文物的农民模样的人告诉他们，他家有好货，是正宗的红山文化“珍品”，只要真心实意想要买货，价钱好说……

马先生说，那人家里有好几柜子“文物”，在那个人的指点下，最终马先生选定了 8 件文物，几经杀价一共花了 4000 多元钱。

笔者看到，这 8 件“文物”中，有面目狰狞的玉猪龙、站在蝉身上的玉猪等。但引人注目的却是 3 件造型奇特的文物：一件是一尊半蹲着的鸟头人身兽，它的喙微微下垂，双手倒背，背后还背着一个空心鼓；另一尊是一位乳房高耸的女性，双腿微屈，双手轻放于膝前；还有一尊是一位表情呆板的“佝偻”人，高鼻梁、宽额头、双眼向外突出，看上去更像是“天外来客”。这 8 件“文物”周身遍布氧化痕迹。

这 8 件“文物”，尤其是那 3 件奇特雕塑，究竟出于何代，它们又想要表达怎样的文化内涵呢？

在仔细地端详了“珍品”后，专门研究红山文化的张先生表示：“这 3 件造型奇特的雕塑，根本就不是什么红山文化的艺术‘珍品’，而是按照美洲玛雅文化的雕塑图纸制做的现代工艺品。”

张解释说，玛雅文化中的雕塑品喜欢将人进行夸张的表现，比如那尊蹲着的“天外来客”就是。同时玛雅文化的雕塑还喜欢将人与禽兽的形象相匹配，比如那人身鸟头兽的雕塑就是一个例子。

那么，这些文物身上的“氧化”现象是怎么回事呢？张说那是文物贩子们用化学药品“做的旧”，专门蒙人的。

评析：一个农民家里有好几柜子的“文物”，其实这听上去百分之百就是假的，然而本案中的马先生却信以为真，并且购买了8件。

马先生忘记了，如今文物是很稀缺的，一个人怎么可能会有那么多呢？这不是诈骗又是什么？马先生太大意了，一次购买的也太多了，如此又怎能不上当受骗呢？

在此提醒广大收藏爱好者，当有人让你去他家挑选“文物”时，看看可以，千万别掏腰包。

2.“唐朝陶俑”原是诈骗陷阱

前不久，两名河南籍男子以特殊手段对普通陶俑“做旧”后，来到天津市声称是从老家古墓中挖出的唐代陶俑，一文物收藏迷遛摊淘宝恰遇，以近4万元购买，还以为自己“淘”到了宝贝。当收藏迷参加网上鉴宝得知这些陶俑竟全是赝品，自己的巨资打了水漂后，立即向公安局报案，警方经缜密侦查，终将两名诈骗犯罪嫌疑人抓获。

2011年2月10日，一名40来岁的男子韩某急匆匆赶到公安局报案称：他去年迷上文物收藏，经常到本市一些文物市场溜达，想淘点有升值潜力的文物进行收藏。2011年1月初，他在沈阳道市场溜达时，一个30来岁的外地男子与其搭讪，称他手里有几件唐代陶俑，是从河南老家挖古墓时挖出的，如果韩某有兴趣可以先看看。随后，韩某被带到鞍山道附近的一处平房，房内果然有四五件陶俑，韩某感觉不错，一一记下陶俑特征后，互相留下联系电话，韩返回家中。经查询文物鉴宝书籍，韩某发现唐朝的陶俑价值很高，心中产生购买欲望。

1月12日，该河南男子打电话找韩某，称他急需用钱，准备将手中的那几件陶俑低价卖出，询问韩某是否有意。韩某欣然答应让他们拿来看看东西再说，后定在武警医院附近见面。一个小时后，打电话男子与他一年龄相仿的老乡携带3件陶俑来到约定地点，一件骑马俑、一件唐三彩侍女俑、一件骆驼俑。韩某见到后，以自己初涉收藏得到的经验，检查了3件陶俑，这两河南籍男子在一旁极力鼓吹，说这陶俑是从古墓中挖出，不会有假，都是唐朝文物，现在的收藏价很高，是难得的好东西，如果不是家里有事急等用钱，绝对不会低价出手。韩某终于禁不住二人的诱惑，以两万元买了下来。1月14日，这两名男子又用同种方式，将一侍女骆驼俑以18000元卖给韩某。

韩某买了这4件陶俑后越看越喜欢，爱不释手，认为自己淘到了难得的宝物。2月初，韩某登录互联网，参加网易易拍鉴宝栏目，希望专家对其购买的4件陶俑进行鉴定，给估估价。网上专家让韩某先自己初步鉴定一下，将陶俑放置在水中一段时间，如果陶俑外皮不会脱落，那可能就是真品，如果外皮脱落，就是劣质仿品。韩某先拿其中一件如法做实验，结果陶俑外皮全部脱落，再对另外3件做实验也均出现脱落情况。韩某此时才发现自己被那两个河南男子给骗了，3.8万元买了4件假货。韩某气愤不已，2月10日来到公安机关报了案。

评析：韩某喜欢收藏陶俑，但却缺乏陶俑作假的基本常识，结果被人骗走巨款，教训十分深刻。

正如专家所说，假陶俑怕水泡，如果韩某对此了解和掌握，应当不会上当。这表明，收藏时将实物与书本对照比较只是一个方面，而具备作假辨伪知识则更重要。

3. 央视寻宝节目出意外

央视《艺术品投资》栏目和江苏丹阳市人民政府联合举办的“2007民间寻宝记——走进丹阳”两天来好戏连台，但在压轴大戏——评选“十大宝物”刚刚登场之际，一面曾被陈逸飞等出价100万美元的战国青铜镜，在礼仪小姐展示时不慎摔落在地，当场碎身！

当天下午，200多名国内各地的藏家齐聚丹阳电视台演播大厅，共同期待“十大宝物”揭晓。2点50分，为了增加节目的互动性，央视节目主持人请了5位现场的藏家，上台进行民间选宝，凭借他们自身的经历各自选出一件可以入选“十大宝物”的“宝物”。

常州资深藏宝人许某等被请到台上。经过许的慎重目测和手感，他选中一面战国青铜镜，并以极其专业的知识讲解这面古铜镜的价值。

主持人当即请礼仪小姐上台，手持这面古镜向在场观众展示，但令人惊愕万分的事情突然发生了，在小姐移手之际，古镜突然从盒内摔落到地面上！笔者和众多目睹这一过程的人都愣在当场，一时鸦雀无声。

在人们还没有醒悟过来之际，央视工作人员、礼仪小姐和专家都赶紧在地面上捡拾碎片，笔者注意到古镜已经碎裂成很多片。

看到宝物瞬间消失，许痛心地说："这简直是犯罪！"由于事情突然，主持人立即出来圆场，并取消了接下来的展示。栏目负责人方某当场承诺将邀请国内最著名的青铜器修复专家贾文忠将这一古镜尽全力修复完整。

经过打探，笔者获悉此镜的主人是在古镜收藏界声名显赫的陈某。笔者马上找到陈先生，坐在台下第一排的陈先生冷静的外表下是无比的心痛。

他告诉笔者，这面古镜他已收藏了16年，现在家中有古镜1000余面，这面战国青铜镜是最好的，他一生痴情古镜，通过查阅资料和探访名家，得悉这面古镜是一孤品。天津博物馆、保利集团以及已经故世的陈逸飞先生，都曾出高价向其购买，其中最多出价100万美元。

许某和从北京赶来的藏家苏某向笔者详细介绍了这面战国青铜镜的巨大价值。该镜充分反映了2500年前的工艺水准，古镜除镏金外，还镶嵌了11颗绿松石（宝石一种），周围一圈10颗仅半个绿豆大小，中间一颗则绿豆大，绿松石周围还有精美纹饰。到现在，这些绿松石是怎么镶嵌上去、历经两千多年风雨还不掉等都是不解之谜，古镜可能是此次藏品中最有价值的"宝贝"之一。

评析：这的确是一个意外。

国内拍卖界展示拍品时也有不小心损毁贵重瓷器的事发生，从而给物品的所有人带来不可估量的损失及莫大的心理创伤。这就告诉我们，搞收藏风险很大，除了真伪是一个方面，养护保险又是另一个方面，各个方面都不可掉以轻心，否则事与愿违。

4. 一心想买"发财秘笈"被骗

只要付一定资金，就可以得到致富秘笈，让你在几日之内变成大富翁，河北山海关唐大爷信以为真向河南寄出了血汗钱，谁知一年过去了"致富秘笈"还没到手，原来自己上了当。

前不久，山海关唐大爷气愤地说了自己的遭遇。

2011年3月份，自己家的信箱里收到了一封来自河南的信，好奇的唐大爷打开一看，里边是一张名为《民间收藏》的报纸，主办单位是河南三门峡市黎明民间艺术收藏公司，报纸上只有一篇文章，大标题为《一枚小分币身价数百元一条小信息一场大买卖》，上边介绍硬币收藏可以发财。这篇文章让唐大爷动了心，报纸上还说，如想得到进一步消息，需要花50元购买资料。

同年4月，唐大爷将50元按地址汇到了河南，可致富资料一直没邮来，他屡次打电话催促，可接电话的人却告诉他，他所说的公司没有听说过。无奈之下，唐大爷只好给三门峡市工商局写了信。三门峡工商局给唐大爷打来了电话说，三门峡没有这样的公司，唐大爷这才知道受骗了。

评析：本案中的唐大爷虽然没损失多少钱，然而被折腾得七窍生烟，耗费了大量的时间和精力，这对老年人来说得不偿失，有害无益。

也怪唐大爷自己，铁了心要买什么"致富秘笈"，以为这本书到手便能一夜暴富，家财万贯。殊不知世界根本不可能有这样的东西，老年人只有知足才能常乐。

5. 以出售化石为名设骗局

"转让恐龙化石一件，个人收藏，极具升值空间。有意者可联系张先生，电话……"前不久，有读者反映在某市某论坛上看到一个出售恐龙化石的帖子，他提出疑问："恐龙化石可以随便买卖吗？"笔者经过调查发现，这其实只是有人以出售化石为名所设的骗局。

某日，笔者以买家的身份联系到了这位"张先生"。"我卖的是鹦鹉嘴龙化石，要价60万元。""张先生"开门见山地说，"这东西以后肯定升值，我要不是急着用钱也不会卖。"笔者问道："这化石能有多大，要在哪里存放？"他笑着说："别以为恐龙化石都大得需要吊车来搬运，我这鹦鹉嘴龙化石不大，长宽都在一米左右，在家里就能放得下，我就是摆在厅里的。这是我到吉林做生意时从一户农民手里买的，就一个，当时就是图个好玩，现在做生意需要钱，就只能忍痛低价'兑现'了。"

随后，笔者提出想要看看化石，"张先生"说："哪能想看就看啊，要是你不怀好意怎么办？这样吧，你先给我汇500元保证金我就带你看。到时候要是没看好，保证金还可以还给你。"笔者表示担心被骗，"张先生"保证说："我卖的都是几十万元的东西，能骗你那点儿钱？再说我可以先给你看照片，这就不会有假了吧？"说完，笔者收到了"张先生"从网上传来的照片，上面是在绿色的背景下的一个体型较小的恐龙化石。

为了验证照片上恐龙化石的种类，笔者上网搜索鹦鹉嘴龙化石的照片，却无意中发现了与"张先生"所提供的照片相同的图片，只是"张先生"的照片是由原先的照片剪裁处理过的。原图上有两个化石并排放置，而"张先生"的照片则只剪裁下其中一个，而两张照片就连右下角的日期都一模一样。随后，笔者又联系到"张先生"，询问照片相同的原因，并质问其是否想骗取保证金。"张先生"听后迅速挂掉了电话。

评析：如今利用网络诈骗的案例很多，本案只是其中的一例。

本案中的张姓骗子意在诈骗500元看货保证金，因为他根本没有什么恐龙化石，只有从网上下载的一些化石图片，一旦收藏者打钱，这类骗子就杳无音信，溜之大吉，让收藏者遭到损失。

6. 骗子演双簧

2011年7月，两名骗子谎称是保险公司经理和军队人员，用慈禧相册做道具，精心布下双簧骗局，山东莱阳市民盖女士被骗去价值2.2万多元的钱物。

某日上午11时许，一矮个男子拦住盖女士，抖了抖一个有老照片的本子，盖女士并未理会。之后，一高个男子神秘地将其拉到一僻静处，出示工作证和身份证称保险公司赵经理，并说刚才男子是部队军人，他手里拿着八国联军攻占北京火烧圆明园时，流失在民间的慈禧太后相册，国家已下紧急通知回收，每本补偿13万元，不允许个人收藏。盖女士在高个男子亮出的“国家紧急通知”看到，上面赫然盖着“国务院”和“中国人寿保险公司”的印章。之后，盖女士对男子说的“国家政策将给协助者的子女安排一个好的工作单位和不少于一万元的贡献奖”半信半疑。

一会儿，矮个男子急匆匆从原路返回，高个男子上前通知必须依法将相册交到保险公司，并用仪器象征性验了验，称是真品。随后，高个男子取来13万元现金给了矮个男子。矮个男子称自己还拿着部队首长的两本慈禧相册，借高个男子仪器用一下，验验真假。高个男子决定用26万元收下。

随后，矮个男子假装跟首长通电话，“首长”指示20万元即可出手。高个男子以先去凑钱为由离开，并给盖女士留下电话。此时，矮个男子接到一个部队有紧急任务马上返回的电话，并让盖女士先凑一部分钱给他，余下的打个欠条，以便给首长交差。

盖女士对骗子精心布下的骗局完全信以为真。她立刻用银行卡提出1.8万元现金，并把自己价值4000多元的首饰交给矮个男子。

当盖女士拿着两本像册回家，给高个男子打电话时，竟然是空号！盖女士慌忙来到保险公司打听，根本没有“赵经理”。发现到受骗后，盖女士急忙报了案。

评析：一场双簧表演骗了盖女士，此人也太缺乏应有的警惕性了。

试想一下：其一，历史上是否真有所谓“慈禧太后相册”？其二，即便有这个相册，国家会出高价搞所谓收购吗？另外，1900年八国联军攻占北京并没有火烧圆明园，火烧圆明园是1860年英法联军干的。

可见，如果盖女士多问几个为什么，并具备一些起码的历史常识，她就不会上这样的当了。

本案再次告诉我们,普通人介入收藏之前应当补充些知识,遇事则不妨反复地、多角度地思考一下,切记别冲动投资。

7. 奥运藏品设局诈骗

2008年7月,浙江安溪吴先生称,一个月前他收到了一份北京寄来的“吉祥奥运”珍藏册,可是经专业人士鉴定后确认是假货。

笔者看到,这批藏品外壳上有“吉祥奥运”几个金色字样,里面有43枚直径为40mm的圆形“纯银”纪念章,纪念章的正面图案分别为“奥运吉祥物福娃贝贝、欢欢、妮妮等”、“福娃38种运动形象”,背面图案为“北京奥运会会徽”及“天坛”背景图。该套藏品的相关说明是这样写的:“珍贵奥运藏品”共有324件,包括43枚彩色纯银纪念章,2枚黄金浇铸纪念章,7枚金箔画,171枚纪念邮票,19版92枚个性化小型张,6枚奥运会福娃邮资封,3枚极限明信片。资料上说,43枚上海造币厂铸造的福娃彩色纯银纪念章,耗用纯银高达1337.4505克。

吴先生介绍说,一个月前,他突然接到一个来自北京的电话,一个男子自称是“北京奥组委”工作人员,问吴先生是否对收藏感兴趣,当听到吴先生说有兴趣时他说,目前北京奥组委正在推广发行有关奥运吉祥物邮票、金银纪念章的珍藏册,全球限量发行12008套,非常有收藏价值,可先将货邮寄过来,吴先生收到珍藏册后再给他们汇款。

“半个月后,我就收到了这批奥运藏品,可奇怪的是,电话里的男子自称是‘北京奥组委’的,邮寄地址却是河南省的。”吴先生说,他有点怀疑这是不是一个骗局。

当吴先生收到货后,那个北京男子每天都会打几个电话催款。在吴先生的质问下,男子承认他不是北京奥组委工作人员,而是北京一个广告传播公司人员,但藏品绝对是真的。

“当我去找专业收藏人员鉴定时,他们告诉我除银章有含银外(而且只是含有银质),包括邮票等全是假的。”吴先生说,尽管这批奥运藏品工艺精细,但专家一眼就识破了这是假货。当他到北京奥运网上特许商场查询时,并没有找到这家公司。另外他查询了男子提供的一个网址,发现这个网址也已被查封。

吴先生说,在一个月时间内,他连续接到了不下100个催款电话,前几天男子又打电话来催款,吴先生告诉他把那本珍藏册拿到工商局鉴定是假的,所以给扣了,这时对方说话明显有点心虚。

评析:本案中的吴先生还是很有警惕性的,这使他没有上当受骗。

吴先生注意到一个细节:自称“北京奥组委”的人,却从河南发货,于是他提高了自身风险防范意识的级别，在没有鉴别物品真假之前绝不向对方汇款，从而发现了骗子，保住了钱财。

吴先生为广大收藏者做出了榜样，这就是不能盲目轻信，不管对方什么来头，都需要稳住阵脚，先搞清楚事实再掏腰包。

8. 藏友30万元买赝品

“就是这件笔筒，整整花了我30万元钱。”一天，来自深圳一位陈姓藏友向笔者展示了一件6面镶嵌留青竹雕的楠木笔筒，而此件花了他30万元的笔筒经专家鉴定，估价不过千元。而更令人意想不到的是，售假者为了让老陈“入瓮”，在他身边忽悠了整整5年。

一次，央视鉴宝栏目特聘鉴定专家应市区一藏友之邀来广州做客。深圳藏友老陈闻讯赶来，共带了10余件竹木雕件，其中最昂贵的就是此件楠木笔筒。老陈说，当时据卖家称，如果到拍卖公司上拍，至少也是百万元的物件，而他经过讨价还价，又加上一位已有5年交情且与卖家甚熟的藏友从中协调，最终他花了30万元将笔筒买下。

笔者在现场看到，这件楠木笔筒高约30厘米，直径在15厘米左右，呈六边形，在每个面上镶嵌有一块留青的竹雕，内容为渔、樵、耕、读等6个古时生活场景；雕刻手法为阴刻留青，人物面貌刻画也栩栩如生，眉须都能一目了然。令人意想不到的是，此件价值30万元的笔筒为现代工艺品，笔筒所呈现的包浆为人工做旧，市场估价不过千元。

鉴定的结果让老陈愤愤然。他说，作为收藏爱好者，不可能没有买古玩走眼的事。但售假者为卖这个笔筒给他，专门请人在身边整整忽悠了5年之久，用心不可不说险恶。

老陈说，卖家出手时还作忍痛割爱状，说如果不是老陈的这位朋友介绍，他是断然不会出手的，因为此前已经有国内知名的拍卖公司来看过货，并邀请他将此物拿去拍卖云云。据老陈回忆，此“藏友”是他在5年前一次逛当地古玩市场的时候认识的，一来两往就成了藏友。但现在想想，每次都是“藏友”登门拜访，他从未到过该“藏友”家中。而前段时间自买了这件笔筒后，此人的电话就再也打不通了，当时老陈也未加仔细考虑，以为“藏友”外出不便联系，直到此次鉴定后，一些交往的细节越想越不对。

老陈感叹“藏友”历时5年蒙去30万元不值，平均每年6万元的“收入”在深圳也显得少了些。但在场的另一位藏友说，此人既然做此类“生意”，5年里蒙的肯定不只你一个老陈，其他很可能还有老李、老张、老王……年收入就可观了。

无独有偶,前不久有媒体报道,有骗子假称工地挖到文物,给藏家打电话表示意欲低价出手的骗局;而随着笔者乔装买家暗访深入,发现骗子为了下套,竟然“赠与”真的金子让买家去鉴定,但最终骗子仍然会巧舌如簧,要回真金子卖出假古董。类似低价售古玩的事件,可谓不得不防。

随着收藏市场的持续升温,一天一个价,一会儿一个价的情况并非少见,而一些不法之徒也看好收藏市场,制假设套牟取暴利。有业内人士提醒,藏家除了防止贪图小利受骗上当外,还必须了解古玩市场价格,在古玩界通常有“交行价”、“朋友价”和“市场价”之说。

“市场价”看的是眼光,考验的是藏家的砍价能力和砍价水平;“交行价”由于双方都是行家,同行之间互相串货、互通有无,价格自然不是普通收藏者能拿到的;而最高深莫测的要属“朋友价”,朋友是不能一一列举的,真朋友出的价格自然无话可说,但藏家不得不防一些如上述老陈所遇到的“朋友”,否则一旦引狼入室,损失很可能极其惨重。

评析:为骗钱财“潜伏5年”之久,的确是用心险恶。本案中的老陈被人“杀熟”,不但损失巨款,而且遭受心理创伤,教训极其深刻。

老陈过于轻信所谓“藏友”,自己不懂鉴定,对他人言听计从,这是其上当受骗的关键所在。

本案提醒我们,收藏中必然接触各色人等,然而断不可引狼入室,认贼为友。

9.讨钱不成怒砸假古董

一天上午7点半左右,北京丰台区六里桥北的过街天桥上,北京市民陈女士与此前卖她假古董的小贩狭路相逢,讨钱不成,一怒之下砸了小贩“古董”让其现形。小贩予以追打报复时,陈女士报警。

目击者马先生说,当时,陈女士拉着小贩,要对方退钱,小贩不肯,双方随即撕扯起来。陈女士抢过小贩手里的“古董”雕像砸碎,里面露出石灰粉。小贩见状,拿起安全帽追打陈女士,直到陈女士报警才逃开。

“之前一个月,每隔几天,这名小贩都会捧来一个‘古董’到天桥上叫卖。”马先生说,自己虽不太相信,但也不知道真假,“这一砸算是明白了”。

陈女士说,10天前,她在此曾遇到这名一副农民工打扮的小贩。当时,小贩自称在工地挖出4尊“大龟驮八仙”的雕像,并谎称这些雕像是官宦家的镇宅物。因此前曾两次亲眼看到有两名老人如获至宝般地从小贩手中买走两尊,陈女士动了心,遂以570元购买了另两尊。但回家擦洗后,陈女士发现雕像敲起来空空的,砸开后发现里面都是白石灰,才知道上了当。

评析：过街天桥卖古董，这本身就不可信。

然而，陈女士明白自己上当已为时晚矣。她看见别人购买，于是动心，这种收藏行为是许多人所经历过的，也是其中一些人掉入陷阱的重要原因之一。

本案再次表明，收藏最忌从众心理，随大流并不安全，还是要有独立见解，以免上当受骗。

10."水泥古董"骗你没商量

头戴安全帽、身穿迷彩服，一个扮成建筑工模样的人拿个"乾隆年间"的送寿龟，张口要价500元，能是真的吗？当然不是。这个拙劣的骗子刚一露头就被城管部门抓了个现行。

一天14时许，北京某区城管分队执法人员在木樨园桥巡查时，发现有人在买"古董"——送寿龟。卖"古董"的小贩头戴一顶红色的安全帽，自称是附近一家工地的工人，在施工时发现这个"古董"。他还说，龟是整块石头制成的，至少要卖500元。

城管执法人员找来一把小刷子将送寿龟表面的泥土刷掉，发现在龟的底部出现了许多沙眼儿。用指甲抠了抠小龟，发现在小龟的表面有一层硬质物。执法人员感觉很蹊跷，便将小贩带回了分队做进一步调查。

据小贩交代，他根本不是建筑工，所谓的"古董"是用水泥模子灌装出来的，然后在表面涂上一层树脂，用手摸上去的感觉很像石头。为了能够显得像刚出土的"古董"，在寿龟的外面涂上好多泥土，制作这么一只送寿龟成本不足20元。

城管部门依法将小贩擅自出售的送寿龟予以暂扣，对其擅自摆摊设点的行为罚款50元。同时提醒市民，不要轻信街头无照商贩的谎言，不要购买来路不明的旧货，以免上当受骗。

评析：装扮成建筑工人，自称从工地挖出了古董，这是当前一些骗子惯用的伎俩。

正如本案中的小贩所说，一个所谓"清代石龟"，制作成本仅20元，却卖到500元，善良人如果上当，损失何其大！

由此可见，搞收藏一定要练就火眼金睛，自己不懂，要请诚信专家把关，否则宁可看看热闹而绝不乱花一分钱。

11."神六戒指"骗老太太万元

一枚用"神六"飞船内金属原料制作的白金戒指，不但有证书，还有宇航员费俊龙的签名，市场价格是5万元，有很高的收藏价值，待数年后能升值20万元。2010年11月17日，某市的高老太就买了一枚这样的金戒指，经鉴定，金戒指却是镀了色的塑料制品，高老太被骗走1万元钱物。

11月17日11时许，该市福民街89岁的高老太乘坐公共汽车到大儿子家串门。她在火车站前下车，当她步行100米走到市邮局门前时，有一名年轻男子拦住她的去路。

年轻男子眉开眼笑地说："大娘，我手里有一枚用神六飞船内金属原料制作的白金戒指，2万元就卖给你。"高老太怕上当说不买。这时，从旁边走过来一名着装的"银行女职员"，她对高老太说白金戒指是真的，市场价格是5万元，待数年后能升值20万元。

高老太不由得动心。高老太说："我身上有现金1000多元钱，加上我手上的金手镯和耳环顶多值1万元，买也买不起。"年轻女子对高老太说："这煮熟的鸭子不能飞了，这事儿好办，我们娘儿俩合伙买，你先把身上的金银手饰和现金交给他，你拿着这枚'宝物'，我回家取钱，等我们把它卖给银行挣钱对半分。"高老太言听计从拿着"宝物"站在那里守候。不一会儿，那名男子没影了，高老太却高兴自己捡个大便宜。经鉴定，金戒指不是什么稀有金属，而是镀了色的塑料制品。事后，高老太一气卧床不起。

评析：高老太听信所谓"银行女职员"的忽悠，将自己的几件金首饰都给了别人，以为能换到"神六"戒指，结果鸡飞蛋打，致其上当受骗。

这不能全怪骗子狡猾，还要怪高老太有些贪心加愚昧，她也不想想，如此能升值数倍的好东西，别人凭啥贱卖给你，这不是诈骗又是什么？

本案告诉我们，老年人搞收藏极易成为犯罪分子的诈骗对象，大家必须努力防范，避免重蹈覆辙。

12. 假警察做"托儿"卖表

30万元的手表只卖13万元，还请来穿着警服的假警察做"托儿"，幸亏银行的工作人员及时察觉报了警，老大娘一生的存款才没被骗走。目前，某派出所正在调查此事。

一天，64岁的李某行至某市新疆大街时，看到街上有个年轻人，神色很紧张。这个年轻人拦住李某拿出一块金壳手表说，这是一块产自南非的手表，全球只此一款，有很高的收藏价值，回收价格为30万元，说着还拿出了一份银行证明，证明这块表的价值。年轻人说，现在他急等用钱，愿意以13万元的价格将这块表卖给李某。

李某接过表将信将疑。正当她观看时,有一个穿着警服、自称是检察院警察的人走了过来,拿过表看了看说,不能凭一张银行证明就相信,于是3人一起来到区建设支行门前,找了一位戴着胸牌的工作人员咨询,该工作人员对银行证明的真实性做了认可。于是那个警察当即拿出500元钱给了年轻人做定金,并说马上回家取钱买表。警察走了15分钟以后,年轻人有些等不及了,他对李某说,只要她能付同等的钱,愿意将表先卖给她。李某没有这么多存款,只有15万元的基金,虽然现在赎回赔钱,但是一想到这块表一转手就能赚17万元,便同意了。

当她来到银行窗口说明情况时,工作人员穆某告诉她,如果现在赎回基金会赔1万多元钱,可是李某态度坚决地要赎回。穆某凭经验感觉这其中有问题,于是他向李某询问了相关情况,听后他感觉这是一个骗局,立即向派出所报了警。民警及时赶到后,发现卖表的青年早已无影无踪。民警分析,这块表和银行的证明都是假冒的,要买表的警察和银行门口的“工作人员”也都是和骗子一伙的。

评析:本案属于合伙诈骗,但充当“托儿”的人装扮成警察却比较少见,它使人更容易轻信,从而加快上当受骗的过程。

值得庆幸的是,在李某执迷不悟非要赎回基金变现的时候,负责任的银行员工及时报警,这才使李某免于破财,李某应当很好的感谢这位员工而深深自责才是。

13.拍卖公司携款消失

某拍卖公司大张旗鼓宣扬拍卖名表和高档首饰,但竞买人交完保证金等待拍卖开始的时候,却没想到,拍卖公司竟在一夜之间携款消失。目前,公安、工商以及省商务厅正在对这家拍卖公司进行追查。

市民尚女士向笔者介绍了自己的遭遇。一天,她得知黑龙江省某拍卖有限公司要举办拍卖活动,拍卖物品都是高档名表和首饰,于是便来到该公司进行拍卖物品展样的场所——沪士大厦13层会议室。展厅内有不少参观者,很多人当天交纳了竞买保证金,尚女士也到拍卖公司设在楼上的财务部门交纳了两份共1万元的竞买保证金。

当晚,尚女士无意中发现拍卖公司给开具的收据号码是1号,当时那么多人去交款,怎么自己成了1号?次日,尚女士给这家公司打电话询问,可是两部电话始终没人接。正式拍卖那天,尚女士和其他参加拍卖的人赶到这里时,该公司的几个房间都是房门紧锁。

笔者随尚女士来到沪士大厦看到，拍卖公司牌子已经被摘下。沪士大厦物业管理部门一位工作人员介绍，拍卖公司用公章作为凭据，与该大厦签定了一年的租房合同，目前交纳了3个月的房款。当有市民打电话咨询拍卖公司不见了的事情后，他们也多次与该公司人员联系但都联系不上。

随后，笔者从有关部门了解到，省商务厅已经公开发表声明，该拍卖公司没有《拍卖经营批准证书》，不允许从事拍卖活动，其拍卖行为违反《中华人民共和国拍卖法》，特提醒市民防止上当受骗。目前，工商、税务、公安以及省商务厅等多家部门正在对这家拍卖公司展开调查。

评析：目前国内有5000多家拍卖公司，其中不乏无良企业，尚女士便碰到了这样的诈骗公司。

问题的关键在于，当这家拍卖公司从事拍卖宣传、拍品展示时，为什么相关监管部门集体失声，毫无作为，而直到骗子公司携款消失，监管部门才认定其没有拍卖资质呢？

本案给人们的启示是，如今拍卖公司良莠不齐，善良人切记谨慎参与，以免上当受骗。

14. 镇馆之宝原是赝品

2007年末，以色列警方和文物管理局宣布，经过两年的努力，“妄图篡改历史”的文物大案终于破获，涉嫌犯罪的6名文物收藏家和交易商落网。这些人制造的假文物不但被当作真品落户世界一些大博物馆，而且有的被认为是考古的重大发现。一时间，以色列内外舆论大哗。

以色列博物馆是中东地区重要的博物馆之一，向以收藏《圣经》时期的珍贵文物而闻名。该馆的镇馆之宝是象牙石榴雕刻，长期以来一直被认为是迄今为止发现的唯一一件所罗门王时代第一圣殿的文物。但不久前，该馆负责人宣布，经过鉴定，这件藏品居然是后人伪造的。制造这一象牙石榴雕刻赝品的，是以色列著名的文物收藏家奥德·戈兰。

1980年，以色列博物馆用55万美元，从文物贩子手中买下了这件石榴雕刻。象牙石榴上刻有一行希伯来文：“属于上帝耶和华的圣殿，祭司圣物。”考古专家当时认定它是第一圣殿祭司镶嵌在节杖顶端的宝物。然而这次会同警方侦查的以色列文物专家们发现，字迹是后来由戈兰刻上去的，而且它应该是青铜器时期的文物。

除了象牙石榴雕刻，戈兰还有几个更妄为的“大手笔”制作，其中所谓耶稣的兄弟詹姆斯的骨罐，尤为引人注目。2002年10月，詹姆斯的骨罐被公布“发现”了，当时被认为是《圣经》考古中“最伟大的发掘”，美国《圣经考古评论》杂志的编辑赫谢尔·尚克斯当年11月说，骨罐很可能成为耶稣和现代社会之间第一个“物质的联系”。长50厘米、宽27厘米的骨罐上刻着铭文：“詹姆斯，约瑟的儿子，耶稣的兄弟”字样。调查人员说，这些文字也是戈兰刻上去的。

涉嫌制造这些假文物的6人，都是以色列国内一流的专家，除戈兰外，还有海法大学的碑铭专家罗伯特·多伊奇、著名的古董和文物专家什洛莫·科亨、文物交易商法伊兹·阿马莱赫等。正因为是专家，才更能取得人们的信任，制假水平也更具欺骗性。这些人在文物制假的路上已走过20多年，通过贩卖假文物牟取了巨额非法收入。

迎合以色列国民的考古和怀旧心理，是戈兰等人屡屡得手的一大秘诀。在以色列，许多人都喜欢考古，尤其希望通过寻觅历史，在古迹中发现实证去支撑他们对圣地和宗教的信仰。例如，以色列博物馆的象牙石榴雕刻，被证明是青铜器时期的文物，年代比犹太人的第一圣殿时期早得多，但犹太人还是宁可相信它是先王所罗门时代的文物，这样就极大地满足了他们的民族亲和感、宗教认同感和文化归属感。

在以色列侦破的假文物仅仅是“冰山一角”，犯罪的触角已伸向全球，许多地方的文物都有待鉴定。为此，以色列许多考古专家建议世界有关国家的博物馆重新检查和评估其馆藏，以识别真伪，尽可能地减少损失。

评析：由本案可见，文物诈骗是世界性的，以色列博物馆亦深受其害。另一方面，在收藏领域，骗子存在是长期的，只不过有些是毛贼，有些是超级大盗。他们的共同目地就是通过诈骗获取不义之财，着实可恨。

历史是客观存在，容不得半点掺假，更不应该为投人所好去捏造和篡改。文物制假，不但亵渎了人类的历史，导致人们对文明进程的误读和错误判断，而且殃及整个人类的文明生态和文化环境，结果受害的仍是人类自己。

15. 石头刻花充文物

前不久，在受骗者王先生的举报下，城管队员将卖假文物行骗的小贩当场查获。

王先生告诉笔者，前天他路过北京马甸桥东南角时，一名小贩要卖给他一块奇石。“他说那是出土文物，有200年历史，最后我花500元买了。“随后，经行家鉴定后，“奇石”只是新近刻上花纹的普通石头。

后来，王先生路经马甸桥时再次发现了该小贩。王先生让家人稳住他后，叫来了城管队员。经城管队员查实,该小贩自己找了几块石头刻上图案冒充文物。目前,其已被移交公安机关等待处理。

评析:王先生花500元购买了一块“奇石”,事后鉴定才知是普通石头刻上了一些花纹而已。

本案中的王先生过于大意,他应当想想,天下哪有那么多奇石?真奇石哪有那么便宜?相反,骗子的数量却越来越多,收藏界有相当一批人在干丧尽天良之事,广大收藏者不得不防,千万别轻信什么“出土文物”、“历史悠久”之类的谎话,如此则骗子们就没有可趁之机。

16. 老手法骗千元

2011年8月,有柳州市民向警方举报,在柳侯公园后门的人行道上和广场路邮政大楼门前,不时有人用假古董进行诈骗。

一天早上7时许,家住三中路的秦先生路过柳侯公园后门,见四五个人围着一个戴斗笠、一身农装的男子,前面放着一尊沾满泥土的白色佛像,称最近在遭洪涝倒房后,重建房子挖宅基地时挖得“古董”。一个中年男子拿起佛像左看右看,很内行似的说是古董,“货真价实”。卖主要价2000元,中年男子还价愿出1600元。秦先生有些心动,与卖主称自己做生意,想买下这尊佛摆在门面。围观的几个男女七嘴八舌劝卖主:“人家这位大哥是真的想买,1200块钱卖给他算了。”卖主故意沉思了片刻,把佛装进一只编织袋里,双方一手交钱一手交货,之后那一帮人一下子溜得不见踪影。

几位路过的晨练市民告诉秦,“你上当了,这佛像是塑料做的,泥土是故意抹上去的,根本不值钱。”而那帮人都是一伙的,旁边讲话的几个男女都是“媒子”。

评析:本案中的秦先生又被“盖房挖地挖出宝”的故事给骗了。

尽管这类故事在收藏界已经十分老套,但总有一些人信以为真,秦先生便是其中的一位。他完全忘记了,如果是真古董,谁还会让它沾着泥土出售呢?这不明显是一种表演吗?交易现场七嘴八舌说话的人也都是骗子的同伙,目的是对秦先生施加影响,干扰他的判断力。

由此可以发现,现在收藏市场上的诈骗圈套往往是个“系统工程”,单一作案的已经不多,基本上是团伙作案,需要大家严加防范。

17. 假文物搅浑市场

锈迹斑斑的青铜器、沾着黄土的玉器、一吹就响的银元……是真文物还是假文物？虽附有权威专家的鉴定证书，但买后发现是假的。文物市场假货横行，收藏者难辨真伪。业内人士透露，一些鉴定证书的水分也很大，可信度并不高。哪怕就是在拍卖会上，假文物有时候也占到了50%，甚至更多。

2011年8月，某市巡防队员发现一外地中年男子坐在街头卖“文物”。地上摆着古时大臣上朝时用的玉制牙笏，还有青铜酒器、玉杯、玉碗、青铜佛像等10多件。它们要么锈迹斑斑，要么沾满黄土，看上去年代久远，不少“文物”上还刻有篆文。看上去，这些都是古色古香的文物。但在巡防队员的盘问下，他却很快承认这些东西不是文物，而是工艺品。他自称姓赵，这些工艺品是他在集市上买的，当地有很多这些东西，并不值钱。

前些时候，一位赵女士就曾经拿着一个在街头花500元钱买来的古董，请文物专家鉴定到底能值多少钱。专家接过一看说：“假的，这是现在产的东西。”专家的话让赵女士很是郁闷：“我看他挺可怜的，他说孩子生病住院，家里的钱花完了，亲戚能借的也都借了，孩子马上要做手术，钱不够医院不给做，迫于无奈他将祖传的花瓶拿来卖。看他的样子，很伤心也很诚恳，一点也不像是骗人的。他要1000元，我出500元就买了。”

与赵女士一样，宋先生遇到的事情也很窝囊。有一次，一个农民工来到他的小商店，看看左右无人，偷偷地从怀里掏出两个金元宝说：“老板，我是前面工地上的工人，今天上午，我和工友挖土的时候从地底下挖出一个破坛子，里面有一些金元宝，我分了两个。我想尽快出手，你要诚心要的话，我2000元卖给你。”宋先生知道附近有一个工地，看他的样子也不像撒谎，把金元宝接到手上一看，上面有一些“生锈”的黄土，掂在手里也是沉甸甸的。宋先生用1400元购买下了金元宝，至于金元宝是真是假，可想而知。

大街上的“文物”不可信，那正规市场上的可信吗？在一家商店，老板拿出一件石器说是明清时代的，售价4000元，见客户迟疑，他说价钱可以再商量。在一家书画店，客户指着一幅看上去很旧的书画问是什么年代的，老板说是近现代一位著名书画家的作品，内行人都知道他，名气很大，价钱是两万元。

评析：市场上真的有很多文物吗？

不客气地说，文物市场的水有多深，外行人很难想象，以假充真的太多了。对于文物收藏爱好者来说，拍卖会上买文物不会有风险吧，然而，据一位文物鉴定专家透露，“很多拍卖会上的文物拍卖品，50%是假的，甚至有的80%都是假的。”

我们经常看到街头上有人在卖一些东西，它们真假难辨，骗人钱财的事情时有发生。他们经常会编一些故事，故事情节都很容易引人上当。事实上，如果东西真是文物,他们是不会拿到大街上来卖的。

18. 走眼收藏家被骗10万

经验证属赝品的编钟身价翻了30多倍后,骗走辽宁抚顺市一名民间收藏家10万余元。

2010年8月,收藏古董、文物多年的抚顺市民刘某与王某结识,王某家中一只全铜制的古代编钟吸引了刘某注意。“他向我介绍说,这是家里祖传的,一共俩,是清乾隆年间的古董。第一个卖给了山东人,卖了15万元。因为资金周转不开,这个钟也想卖了。”

刘某说,自己当时看好编钟,又想少花点儿钱,后来找中间人讲了价,以10.6万元买下铜钟抱回家。直到接受公安机关调查时,刘某才知道自己被骗。经辽宁省文物鉴定组鉴定得出结论,该钟为仿“乾隆御题”铭铜钟工艺品,抚顺市价格认证中心估价编钟价值约两万元。

2011年3月,王某被举报,4月16日被公安机关逮捕。

44岁的王某是黑龙江省龙江县农民。接受调查时,王某对诈骗刘某人民币10.6万元的犯罪事实供认不讳,“我始终不知道(铜钟)是不是真的,但我认为是假的。”

2009年,王某以每公斤20多元钱的价格买下两只铜钟,一共花了6000余元。在刘某之前,他曾以3.8万元的价格向一名山东人售出另一只铜钟,“两次我都说是爷爷传给我的,等钱用,要不不能卖。”

抚顺市新抚区人民检察院认为,犯罪嫌疑人王某以非法占有为目的,通过虚构事实、隐瞒真相的手段骗取他人财物,数额巨大,其行为应以诈骗罪追究其刑事责任。

评析:本案中的刘某是被收藏界流传更广的“祖传说”给骗了。

这类故事的核心就是忍痛割爱,声称目前手头拮据,只能出卖传家之宝,让你以怜悯之心满足贪财之欲,最终上当受骗。

试想一下,王某何许人也?其家中居然能有两个古代编钟,而且保存得完好无损,未免太不靠谱了吧?然而善良的刘某并未怀疑其中有诈,实在有点自投罗网的味道,教训深刻,悔之晚矣。

19. 收藏家被忽悠

福建厦门市收藏协会会员周某没有想到自己竟会遭遇同行的“黑手”。2010年3月，二位同行骗其入股购买所谓“明代圈仔椅”，险些使其损失6万余元，一怒之下他将骗子告上法庭。日前，两名骗子被同安法院以诈骗罪分别判处有期徒刑3年6个月，并各处罚金2000元。

2010年3月，厦门市收藏协会会员金某和耀某花了800元钱在村民手中购买了一对现代明式硬杂木圈仔椅。之后，金某、耀某拆下椅子后圈，叫来周某一同观看，并告知周某这是一对明代黄花梨木圈椅的后圈，谎称椅子的主人要以十几万元的价格出售。周某信以为真，在二位同行的劝说下同意入股购买该对圈椅。3月10日，金某、耀某假装刚把椅子买回，并讲好送到周某家存放。周某则按照金某编造的购椅费用，出资六成共计人民币62850元支付给金某、耀某二人，事后两骗子各分得人民币3.14万元元。

周某付款后，看着家中的“明代圈仔椅”总觉得有点不对劲，心情也开始变得很压抑。直到2010年12月间，周某终于打听到金某、耀某买回的圈仔椅原来才花去850元。周某带着被愚弄的怒火找到二位同行家中要回了被骗去的钱财，然后向公安机关报案。

评析：同行骗同行，这种事在收藏界屡见不鲜。可怜周某自以为出了大股，能够坐拥所谓“明代圈仔椅”，事实上被同行骗走巨款。

周某应当问问，既然那两位股东也投了资，他们为什么不对该椅的占有权提出主张呢？他们这样相信周某难道不存在什么问题吗？

事实上，这种所谓合资买货的把戏也是目前收藏界流行的一种诈骗之术，所以，周某中了计还长时间蒙在鼓里，好在他最终觉悟，报警维权成功。

20. 假冒海南黄花梨行骗

黄花梨主要产自我国海南岛，名贵程度仅次于紫檀木。正因为它的名贵，近一段时间来，又成为了收藏界炒作的题材，现在质量好一点的海南黄花梨木一斤就能卖到几千甚至是上万块钱，因此，市场上有一些人就开始用劣质木材假冒海南黄花梨进行销售，牟取暴利，使许多收藏爱好者深受其害。

张先生平时就对古玩收藏有着浓厚的兴趣，眼下，海南黄花梨在收藏界中是越来越火爆，这让张先生也心动不已，总想着买上一套正宗的海南黄花梨家具，可是一看价格让他傻了眼，现在北京市场上销售的家具，只要原料是黄花梨的，哪怕是一个普通的仿古座椅，价格也在几万元以上，要是买一张八仙桌加上四个座椅的话，价格都在 100 万元，好的甚至将近 400 万元。这么高的价格，让原本收入就不太多的张先生左右为难。于是，张先生就开始频繁出入各种家具市场和古玩市场，期望找到物美价廉的海南黄花梨家具。功夫不负有心人，不久，张先生还真的就淘到了一件让自己称心的家具。尽管椅子是非洲黄花梨做的，不是正宗的海南黄花梨，但好歹也是黄花梨，而且只用了 3 万元，张先生还是感觉得了一个天大的便宜，这对椅子也成了张先生乃至整个家中的宝贝。

可是还没过多长时间，张先生就怎么也高兴不起来了。更让张先生感到气愤的是，他的这对椅子最多也就值几千块钱。原来，商家所说的非洲黄花梨，其实就是一般的木材，甚至连红木都不是，只不过这种木材的纹理、颜色和海南黄花梨比较接近，于是就有一些商家打着黄花梨的旗号来欺骗消费者。

不仅仅是张先生，笔者在采访中了解到，目前，像张先生这样受骗的消费者在北京就有数百名，被骗的金额达到了上千万元。

评析：对海南黄花梨朝思暮想，最后上当受骗，这是本案中张先生的经历。案情表明：张先生只知道黄花梨价值连城，却并不识货，故骗子用所谓“非洲黄花梨”骗他，他未能辨别真假。无独有偶，如今北京乃至全国各地，还有更多的收藏者被假黄花梨所骗，这是必须提醒大家认真检讨和警惕的事情。

对于收藏者特别是生手来说，多看少买，甚至只看不买，才是自保之术。

21. 高价买来红铁木豆沙发

2011 年 6 月，市民高先生花 6 万元买了一组四件套仿明式“红木”沙发，结果却发现，这组沙发根本不是红木制成的，其实际价格不过 6000 元。

高先生介绍，他收藏红木源于朋友的启发。两年前，高先生的朋友花 2000 多元购买了一组三件套仿明式红木圈椅，如今，这套红木圈椅已经升值到了两万多元。看到红木家具蕴藏着巨大的升值空间，高先生也决定购买。不久前，他在沈阳道红木家具市场认识了专门从事红木家具生意的朱某，并看上了一组四件套仿明式“红木”沙发，包括两把单人椅、一个单人茶几和一把三人椅。

据朱某介绍，这套“红木”沙发，使用的是红木中的红酸枝木，已经有十多年的历史。高先生知道，红木家具有成器时间上的讲究。一般来讲，在成器后的前

5年,红木家具会出现一些裂缝和收缩,因此,要在使用过程中进行整理维修,使家具慢慢定型。另一方面,酸枝木树脂有一个自然分泌的过程,会增加家具表面的油性,不仅使家具更加美观,还有保护家具的作用。因此,这套成器已经超过10年的"红木"沙发身价将会成倍增长。"沙发的材质看上去很好,表面光泽度高,而且有'包浆',雕花也十分精美。"经过一番讨价还价,双方最终以6万元成交。

以为淘到了宝贝的高先生,找来从事红木家具收藏20多年的朋友张先生,共同分享"收获"的喜悦。没想到,张先生经过仔细辨认后,却给他当头浇了一桶凉水:"这组沙发的材质是非洲红铁木豆,很容易开裂,不属于《红木》国家标准定的8类33种红木之一,其实际价格不过6000元。"按照行规,购买后的家具不能退货,高先生只好自认倒霉。

评析:红木家具市场的水很深,高先生遭此一劫并不奇怪,因为这类收藏品种对于大多数人来说十分陌生,没有几十年的丰富经历和经验,难免不上当受骗。

实际上,高先生的遭遇并不新鲜。据了解,除了用红铁木豆冒充红酸枝木外,目前红木家具市场上还存在用摘亚木冒充红酸枝,用古夷苏木、印茄木冒充花梨木等现象。

22. 名人收藏多次被骗

很多人都知道张信哲唱功一流,却不知在收藏古董方面,这位"情歌王子"也是位高手。

一天下午,张信哲带着他累积多年搞收藏体验的首本新书《玩"物"哲学》来到南京新华书店签售。接受媒体采访时他表示,做古董收藏就自然会被骗,他经历了多次被骗后,才炼就了今天的"火眼金睛"。

有人说收藏这条路是"老手骗新手",刚走上收藏这条道,难免要交一些学费,张信哲也不能例外。有两次花大价钱买古董被骗的经历,阿哲至今记忆犹新。

他曾经碰到过品行比较恶劣的古董商,很喜欢把"某大家族"的字眼挂在嘴边,给你讲很曲折动人的故事,吸引买家上钩。阿哲说,收东西的人多少都会对全台湾各地的大家族有个概念,当时他有个古董商朋友力荐他买一对公婆椅,还想尽各种方法告诉他那东西出自新竹一个郑姓大家族。他一时头脑发热,没仔细去看,一方面也相信了这位朋友,就付钱买了下来。几年后,他居然在另外一家古董店看到了一模一样的,一问才知道从上海那边来的。

还有一次是他看到一个老式梳妆台，比较喜欢，古董商就开始给他讲故事，说这件东西来自清末台北的著名烟花之地——华西街，是当时一家最好的妓院的头牌妓女所用，经过了一些著名收藏家的手，言之凿凿。阿哲一时轻信，就花了不菲的价钱买了下来，后来他才知道，这件东西是够年头了，但实际上比较普通，远没有古董商说的那么邪乎。后来，阿哲只相信自己的眼力。

不过即使积累了足够的经验，也难免会失手，可谓是防不胜防。有一次，一个熟识的卖家存心要骗阿哲，拿出两对平埔族的剑带。因为平埔族的刺绣很稀少特别，立刻吸引了阿哲，后他才知道，那个商人拿着平埔族的刺绣去云南找人绣成一模一样的。阿哲说，现在回想起来，当时四处找货的过程中虽然吃了亏，上了当，但同时也留下了很多美好回忆，尤其那段时间是收藏经验成长最快、进步最大的一个过程，奠定了他后来专业收藏的基础。

评析：歌手张信哲的经历告诉我们，搞收藏难免上当受骗，必要的学费迟早是要付的，但愿每个收藏爱好者能少付一些，别被骗得太惨。

张信哲说得对，骗子最常用的方法就是编造一些离奇故事，让你相信面前的假货有一番"背景和来历"，从而掏钱买下，最终掉进陷阱。

因此，广大收藏爱好者一定要战胜自己轻信的毛病，如此才能少上当，不受骗，保住钱财。

23. 假造国民党特务证

如今诈骗手法真是"推陈出新"，在广西一名男子竟然敢假冒是国民党老特务的亲戚，拿出一堆假的国民党特务证，国民党政府发的美钞、"国父"的密章和自称是家里长辈留下来长期在大陆卧底用的"潜伏证"，全部都成了诈骗的工具，甚至其中还有所谓的"夫人证"。

不过在他的假美钞中竟然还印上中文，让人看了啼笑皆非，他就用这些假证件，诈骗一些古董收藏家，高价卖出，总共获得了56万元人民币，最终被眼尖的行家一眼识破，假特务便难逃法网。

评析：收藏林子很大，什么鸟都有。但诸如本案这种用所谓"特务证"、"潜伏证"、"夫人证"之类公开进行诈骗的却十分罕见。

不得不佩服广西这名男子，亏得他能想出这些"妙计"，并成功诈骗几十万元之多。

可怜那些收藏爱好者们，竟然对五花八门的假证件未产生任何怀疑。试想一下：即便有"特务证"、"潜伏证"，恐怕也不至于有"夫人证"吧？这明显就是一个骗局。

但愿每个收藏爱好者都从本案中汲取教训,千万别再让骗子的低端骗术得逞了。

24.10 万元换来一摞布票

2011 年 3 月份的一天,某市 70 余岁的退休干部张某正在草场门大街附近的石头城公园散步,此时,一名 20 多岁的男子迎了上来。“你老身体越来越好了啊!”男子亲热地走到张某跟前打招呼。

张某愣了一下,“你是?”“你看看你! 不记得了? 再想想!”男子递上一根烟,给张某点了起来。“你? 我想想啊! 是不是胡师傅家的小孩?”张某似是而非地猜测。“是啊! 我就是小胡啊! 你老记性还真好!”男子开心起来,一边搀着张某,一边跟其攀谈起来。几分钟后,另外一名男子凑了过来,询问两人是否有旧布票卖。“72 版的布票可值钱了,一张 500 元钱!”男子表示,有多少他收多少,并留给了小胡一个手机号码。“有个老领导家里有很多,我带你去看看!”“小胡”热情地邀请张某前往附近一个小区。刚进小区,“小胡”便冲着迎面走来的一名女子喊了起来,“赵大姐,你家老爷子收藏的布票还有吧? 卖给我吧,400 元一张!”“真的啊? 我家还有不少呢,这样吧,我马上回家拿给您,400 元一张,一分不能少啊!”“赵大姐”开心地跑回家,几分钟后便气喘吁吁地抱来一大摞。“这是 300 张,12 万,马上付现金啊!”“赵大姐”当即同意了交易。

这时,“小胡”显得有些为难起来,他悄悄地将张某拉到旁边。“我们两家的交情你是知道的,我现在手上只有 2 万元现金,你看能不能帮我先筹 10 万元,我们明天便转手把布票卖给那个收票的,转手便能赚 3 万元,你两万、我 1 万就是了!”面对这个老朋友家的孩子,张某已经晕头转向,他当即带着“小胡”从银行取出 10 万元现金,拿到了 300 张旧布票,准备次日找男子兑换,但没有想到,次日电话便再也打不通了,张某这才发现自己受骗了。

评析:本案中的张某被几个骗子狠狠地骗了一把,损失了 10 万元巨款。

他先是误认为胡某是熟人的孩子,于是放松了警惕,然后又被一男一女的逼真表演所迷惑,从而心甘情愿地掏腰包,最终酿成悲剧。

这表明,老年人走在街头对于套近乎的陌生人千万留意,对方很可能就是骗子,必须提高风险防范意识,尤其不能被骗走自己的保命钱。

25. 工艺品充文物卖天价

某法院前不久审结一起假冒文物诈骗案:两罪犯竟拿商场里销售的高度仿真铜质工艺品来冒充“春秋时期出土文物”,诈骗了一文物收购者 10 余万元。

刘某老家在湖北荆州，当地出土的春秋战国时期文物在市场上享有盛名，商场里有仿制出土文物的工艺品出售，其中一个铜鼎标价为1万元，刘某就跟商场约定“铜鼎拿去外地卖，如果卖掉付1万元给商场，卖不掉就原物退还”。

刘某伙同姜某一人充当卖主，一人出面联系买主。2011年2月20日，姜某约到了有意收购出土文物的尉某。在某宾馆一客房内，刘某将这只高度仿真的工艺品铜鼎交给了尉某，谎称是“春秋时期的出土文物”，是偶然从一个盗墓人那里收来的。刘某开价15万元，尉某砍价后以13.2万元买下铜鼎，并多给了2000元作为刘某的交通费。刘某、姜某各分得6.2万元、7.2万元。

数日后，尉某发觉被骗，一边报警，一边再次联系姜某，谎称自己还要买其他文物。3月22日，刘某、姜某两人应约又带了1只铜鼎、1把壶，再次来到该宾馆，正准备与尉某交易时，守候已久的公安人员将他们抓获。

法院认定两人的行为已构成诈骗罪，依法对他们分别判处有期徒刑3年6个月和有期徒刑3年缓刑4年，还对两人并处罚金5000元，没收作案用的铜质工艺品2只铜鼎和1把壶，赃款退还给尉某。

评析：本案中的两名骗子狡猾透顶，他们用代卖的方式从商场里拿出铜鼎，几乎不费吹灰之力就诈骗了13万元之多。

只是上当受骗的尉某有些愚昧，竟然相信面前的工艺品是“春秋文物”，而且支付巨款购买，好在他很快醒悟过来，报警维权，最终将犯罪分子绳之以法。

通过本案人们不难发现，当前收藏领域活跃着为数众多的诈骗犯，善良人必须随时提高警惕，以防上当，使悲剧在自己身上发生。

26. 假古董“玩残”世界艺术品市场

全球富翁目前正在以天价疯狂抢购古董，在暴利诱惑之下，造假者现在可以投入上百万欧元的血本来复制一尊青铜像，其造假技艺堪称“日新月异”，专家们尤其哀叹石质雕像的真伪几乎不可能分辨。现在甚至连欧洲一些久负盛名的大博物馆也正受到愚弄，德国汉堡大张旗鼓展出的“中国兵马俑”竟然全是赝品，有些著名博物馆还有意用假古董欺骗观众达100年之久。不少著名文物专家难以抵制每次高达近百万美元鉴定费的诱惑，与制售假古董者狼狈为奸，一张赝品驱逐正品的大黑幕正在全球迅速拉开。

2007年6月7日,当助手们带着白手套将一尊大约1米高的精美青铜器雕像移进房间时,纽约苏富比拍卖行拥挤的拍卖间里充满了狂热的期待。拍卖目录上标明,这尊名为“阿尔特弥斯(狩猎女神和月神,与太阳神阿波罗为孪生姊妹)和牡鹿”的青铜雕像刻画的是罗马的狩猎女神。

雕像上是一位眼睛明亮的年轻女子,长袍齐膝,衣服褶皱中隐含着身体的玲珑曲线。拍卖行的发言人为这尊雕像而倾倒,称之为“古代遗留下来的最优美的杰作之一”。这件“杰作”迅速引起了激烈的竞价。

来自卡塔尔的一名男子最先出价,一名身着西装的不知名男子很快就报出了一个更高的价格。之后每次有人举手,价格就上升10万美元。当竞价停在1200万美元时,坐在房间后排的一名新竞价者突然加入到这场争夺中。

最终,竞价达到2550万美元(包括支付苏富比拍卖行的费用在内一共2860万美元)时拍卖槌“砰”一声落下。雕像的买主是来自伦敦的68岁的艺术品交易商基斯比·艾斯肯那基,很快他就飞往欧洲大陆,将这尊贵重的雕像交给他的一位匿名的客户。

这是罗马雕塑至今为止最高的成交价,即使是苏富比拍卖行也认为这桩交易“绝对惊人”。但那位据说是俄国人的新主人很快就会失望的,德国《明镜》周刊获得的一份报告表明,来自德国东部哈勒市的考古学家斯丹凡·莱曼对这件艺术品表示怀疑,他对雕像“缺乏表情的脸和看似完好的保存状态”心存疑惑。莱曼写道,第一眼就觉得那是一件制作于公元1800年左右的典型作品。《希腊雕塑》手册的作者、德国人乔瑟夫·弗罗仑也表示怀疑,女神站立的盒状底座看上去还“摩登”了一点。弗罗仑还质疑年轻女神的衣服,“从肩膀上交叉着垂下来的像是披肩或者面纱,在古罗马没有谁会穿成那样四处走动”。

对这件青铜器的怀疑并不是没有根据的,专家们注意到假古董增多的现象已经有一段时间了。造假者巧妙地将空的青铜雕像焊接在一起,制作出古典风格的脸庞,并模仿希腊式的铸造技术,还用酸液来做出古青铜所特有的铜绿来。

造假者们最爱伪造古代文物黄金时期的雕塑。这些时期的文物大多最终被毁灭或者消解了,然而现代艺术品市场需要稳定的新货源。经纪人和基金管理者们平时交易埃及和希腊风格的古董,就像在商品交易会上买卖大捆大捆的烟草一样。

多年以来,只有印象派的绘画作品才会创下交易额的纪录。但最近因为来自俄罗斯等国的富豪们进入市场,古董的交易价格也出现了类似的情形。2002年,在伦敦佳士得拍卖行的拍卖会上,卡塔尔的石油亿万富翁索德·阿－泰尼酋长以超过1200万美元的价格,买下了一尊裸体的维纳斯像。而在2007年12月5日,苏富比拍卖行进行了冬季最后一场拍卖会,它标志着目前投机热潮的一个高峰。拍卖行展示了一尊有5000年历史的石灰石雄狮像,还不到8厘米高,是在巴格达附近挖掘出来的,雕像的最终成交价是5720万美元。

有了这样的天价做支撑,伪造者造假不惜狠下血本。瑞士巴塞尔市艺术品交易商克里斯托弗·里昂说,要伪造一尊实体大小的青铜雕像复制品,至少要有100万欧元的预算。伪造者们为这些假的阿芙罗狄蒂和阿波罗雕像的来源编撰了一段段美妙的传说,使得它们在投入市场时可信度大增。据一位知情人士透露说:"欧洲南部有两个(造假)工作室特别活跃,一个在意大利,一个在西班牙。"

艺术品造假者要卖出他们制作精巧的赝品毫不费力,这在一种程度上要"感谢"全球范围内的那些幼稚而受教育水平不高的暴发户,他们纯粹将收购艺术品视为一种投资或者地位的象征,非常容易上当受骗。

但令人吃惊的是,真正的艺术爱好者们的遭遇也好不了多少。厄利·柏罗斯克是位千万富翁,也是一位闪族(包括犹太人、阿拉伯人、古代的巴比伦人和亚述人)文化专家。他一生中收集了大量古代玻璃制品、圆筒状图章、罗马雕塑,形成了一个非同一般的私人珍藏,他将自己的收藏捐给了耶路撒冷的圣地博物馆。但常常不幸的是,这位机敏的收藏者也被骗了,德国希腊雕塑专家乔瑟夫·弗罗仑说:"柏罗斯克收藏的所有小雕像都是赝品。"

即使是公立的博物馆也难免被欺骗。例如1979年,有人提出将一尊镀金的大力神赫拉克勒斯的雕像,出售给德国东部卡塞尔市的古董收藏馆。兴奋的博物馆工作人员前往瑞士苏黎世的一家储蓄库鉴赏这尊雕塑。雕塑上的这位大力神披着狮子皮,肩膀上扛着一根棍子。博物馆的主管人员被这件作品迷住了,立即抢购下来。这是个错误,但是直到2003年,博物馆才最终承认自己的确受骗了。

2007年12月中旬,汉堡人种学博物馆展出了一批据称来自中国的兵马俑,这理所当然应当是一件世界级的盛事,展览迅速吸引了一万多名观众。但最后证明这些陶土做的士兵其实是仿造的,这些新烘制的黏土人和花盆一样不值钱。

伯德博物馆是柏林博物院岛的一部分,观众们现在在那里也正被有意地欺

骗着。一尊名为"弗洛拉（花神）"、大约75厘米高的蜡制半身像正在博物馆展出，博物馆的导游们把这个微笑着的、赤裸胸怀的女人说成是一个传奇。她的来源很"神秘"，据称与文艺复兴时期的一位天才艺术家有关系。导游们告诉参观者："直到今天，还有一个激动人心的问题没有答案，那就是她会不会是达·芬奇的杰作呢？"

但导游们完全是在胡说八道，因为"弗洛拉"一案在很久以前就已水落石出。它曾在艺术品交易行业造成巨大的震撼，是该行业历来最为离奇的一桩诈骗案。

1909年，那时候的博物馆主管威廉·伯德秘密前往英格兰，以18.5万金马克的价格从一个地下商人手中买下这尊半身蜡像，怀着对这件艺术品的着迷，他返回了柏林，并将它吹捧成蒙娜丽莎第二。

对于伯德在伦敦的同行们来说，他的这一说法实在只是一种笑料。他们很快就展示了三份书面文件，证实这尊半身像是一个叫理查德·卢卡斯的陶瓷印花匠1846年在自己工作室里完成的。种种检验证明其材料是鲸脑——从抹香鲸头部获得的一种蜡，而在达·芬奇生活的时代，鲸脑的价格相当于黄金的两倍。

伯德被骗了，但他决定对这些证据不予理睬。当公众最终听说这件事的时候，帝王博物馆也决定帮助伯德平息所有的质疑。甚至到了1966年，当这件艺术品的碎片在柏林达莱姆新开的雕塑展上展出时，它还被描述为达·芬奇的"原创作品"，而且是一件"完美的、展现了经典的明晰与和谐之美"的作品。

直到1986年，这一谎言才最终被揭穿，各种化学分析显示那尊半身像含有一种19世纪生产的合成硬脂，但这一消息仍然未能推翻有关"弗洛拉"的传奇。半身像旁的解说牌上仍然描述说，这是"达·芬奇或其一位学生的作品，被人认为是19世纪的仿制品"。

评析：当前，艺术品造假已成为世界公害，欧美国家同样不能幸免，只不过西方更热衷于伪造各种类型的雕像而已。

从本案披露的一些事实来看，西方有些艺术品早在19世纪就被人假冒了，可见艺术品造假是有些传统的。这就告诉我们，如今一些富有的中国人喜欢投资或收藏西方艺术品，那就一定要小心谨慎，千万别让"老外"给骗了。